人文科普 —— 探询思想的边界

ZUSAMMEN IST MAN WENIGER ALT

Ein Mehrgenerationenhaus und
die wissenschaftliche Antwort darauf,
wie wir gesund und glücklich altern

Lorenz Wagner

一起幸福地
慢慢变老

四世同堂与快乐长寿的
科学解答

［德］洛伦茨·瓦格纳 著

李 悦 译
胡正裕 审校

中国社会科学出版社

图字：01-2022-3568 号

图书在版编目（CIP）数据

一起幸福地慢慢变老：四世同堂与快乐长寿的科学
解答/（德）洛伦茨·瓦格纳著；李悦译．—北京：
中国社会科学出版社，2023.9
（鼓楼新悦）
ISBN 978-7-5227-2286-3

Ⅰ.①一…　Ⅱ.①洛…②李…　Ⅲ.①人口老龄化—
通俗读物Ⅳ.①C913.6-49

中国国家版本馆 CIP 数据核字（2023）第 133787 号

Original title：Zusammen ist man weniger alt：Ein Mehrgenerationenhaus
und die wissenschaftliche Antwort darauf，wie wir gesund und glücklich al-
tern by Lorenz Wagner
© 2021 by Wilhelm Goldmann Verlag
a division of Penguin Random House Verlagsgruppe GmbH，München，Germany.
Simplified Chinese translation copyright 2023 by China Social Sciences Press.
All rights reserved.

出　版　人	赵剑英	
项目统筹	侯苗苗	
责任编辑	夏文钊	
责任校对	李　莉	
责任印制	王　超	

出　　　版	中国社会科学出版社	
社　　　址	北京鼓楼西大街甲 158 号	
邮　　　编	100720	
网　　　址	http://www.csspw.cn	
发　行　部	010-84083685	
门　市　部	010-84029450	
经　　　销	新华书店及其他书店	

印刷装订	北京君升印刷有限公司	
版　　　次	2023 年 9 月第 1 版	
印　　　次	2023 年 9 月第 1 次印刷	

开　　　本	880×1230　1/32	
印　　　张	11.125	
字　　　数	222 千字	
定　　　价	69.00 元	

目　录

致谢

1

包　裹

"……辛克莱教授的神奇分子"

悄悄地，我带着包裹来到了二楼，走进了女士休憩室。

我太喜欢"女士休憩室"（Dammenzimmer）这个词了！1908年，建筑师用哥特式字体在房子的平面图上写下了这个词语，这张平面图几个星期以来一直摊在凸肚窗的枫木桌上。尘封的笔记本、泛黄的旧照片以及装有我尚未整理的文件的木箱摆满了我的研究桌。

据我所知，一百年前，这个房间属于一位世界知名学者的妻子，她在这里穿衣打扮、读书写信。这对夫妇没有孩子。五十多年前，在学者去世后，他的妻子让人把依照她的样子所作的雕像搬出花园，而后把房子卖给了弗兰齐斯卡（Franziska）的祖父母，威利（Willi）和赫尔加（Helga）。因为他们有五个孩子，便让人打造了一个长凳和一张枫木桌放置在凸肚窗边，将房间改设为餐厅，如今只在圣诞节使用。每当那时，威利会穿上他的节日专属长裤，赫尔加会为全家烹饪她的拿手好菜。而现在，威利已有 95 岁高龄，赫尔加也已经 85 岁了，昔日充满活力的他们如今都已不再年轻。

这间女士休憩室隐藏在书房的后面，屋门始终紧闭，是房子中最安静的一隅。我在暖气和窗台之间摆了一张桌子，又在桌下给狗铺了一个小床，这个被人遗忘的房间便成了我的工作室。自打我开始写这本书以来，桌上的研究资料日渐堆积成山。

三天前，我把包裹带上楼，将它放在这摞资料的后面，紧挨着另外两个早已被我藏在这儿的包裹。从那以后，它们就原封不动地躺在那里。

现在是星期日的晚上，整座房子笼罩着异乎寻常的宁静，住在同一屋檐下的是一家四代：弗兰齐斯卡和我、我们的女儿索菲亚（Sophia）、弗兰齐斯卡的母亲苏珊（Susanna）以及弗兰齐斯卡的外祖父母威利和赫尔加。可能会存在某些时刻：没有人说话、打电话、跑步、大笑、哭泣、蹦跳、跳舞、打喷嚏、打呼噜、咳嗽、扫地、弹奏——也没有两只狗的叫声。但我还尚未经历过这样的时刻，即便是在我享受安静的现在，我也能听到赫尔加清洗餐具时发出的碰撞声。比起使用洗碗机，她更喜欢手洗，因为她觉得洗碗机洗不干净。二楼，威利的房间里传来了轻柔的电影音乐，是《教父》（Der Pate）的插曲。其作曲者埃尼奥·莫里康内已因病去世，他出生于 1928 年，比威利小三岁。威利平静地对我说："如今他也去世了。"除《西部往事》（Spiel mir das Lied vom Tod）外，《教父》是威利最爱的电影，他已经重温了无数遍。威利第一次看这部电影是在 1972 年，是电影的粗略剪辑版。查理·布鲁多恩（Charlie Bluhdorn）是著名的海湾与西部工业集团（Gulf & Western）的创始人，也因此成为这部电影的制作公司，即派拉蒙影业公司（Paramount）的所有者[1]，威利曾是他最得力的助手与朋友。

查理的经济帝国拥有 150 家企业，涉及的领域包括汽车保险杠与体育设施、制锌、制糖、动物饲养、电影与出版，还收购了麦迪逊广场花园（Madison Square Garden）以及久负盛名的西蒙舒斯特出版公司（Verlag Simon & Schuster）。而查理作为企业家的杰作是在多米尼加共和国购置了大片土地，土地面积大到仿佛整个岛屿都为海湾与西部工业集团所有。如果想在一天之内看遍所有：森林与山脉、海湾与海滩、牧场与种植园，必须要坐直升机才行。九万摩肯（Morgen）[2] 的土地在购买后的短短十年内价值翻了五倍，按今天的购买力计算，利润则高达二十亿美元，其中包括饲养牛与马球用马、种植烟草与甘蔗以及建设酒店与度假村的收益。查理挖掘出了这个国家的旅游资源潜力，吸引了众多富人与权贵，比如肯尼迪家族、福特家族、伯连纳家族和辛纳屈家族。当查理坐在海边的豪宅中，思考接下来该做哪些事情时，他的脑海里萌生出一个又一个想法：建设一个私人飞机跑道、创办一家建筑公司、开设一家水泥厂。然后，他会说："威利，去处理好这

---

[1]　1966 年，海湾与西部工业集团收购了派拉蒙影业。（如无特殊说明，本书脚注均为译者注）

[2]　摩肯，荷兰、南非等地的地积单位，相当于 2.116 英亩。

些事。"威利便开始寻找建设用地、设立仓储区域并推荐领事。除此之外，他还会协助处理电影方面的业务，与柯克·道格拉斯（Kirk Douglas）[1]、罗密·施奈德（Romy Schneider）[2]、罗伯特·雷德福（Robert Redford）[3] 都打过交道；他负责电影的筹备工作，担任过制片人。在电影史上具有举足轻重地位的《教父》曾一度超越《爱情故事》（Love Story）和《周六夜狂热》（Saturday Night Fever）等风靡一时的影片，电影票房销量从第九位升至第一位。在查理同意之前，威利在那不勒斯与小说作者马里奥·普佐（Mario Puzo）见了面，确定这本书是否合适，并与导演一起讨论这部电影的拍摄手法。黑帮犯罪影片在当时并不流行。威利还要参与选角，评判演员是否适合电影角色。起初，查理并不满意其中一位的选角：马龙·白兰度（Marlon Brando）[4]。彼时，白兰度的名声很大，而且性格极其古怪，不听导演的指挥。而担纲这部电影导演的弗朗西斯·福特·科波拉（Francis Ford Coppola）当时只是一个 32 岁的新人导演。事情会如何发展呢？

威利建议说："查理，给他一次机会吧。"威利在威尼斯见过科波拉，他兴奋地向威利讲述了白兰度对这部电影的想法。为了

---

[1] 柯克·道格拉斯，演员、制片人、企业家、导演，代表作《斯巴达克斯》。

[2] 罗密·施奈德，奥地利女演员，1955 年，因主演爱情系列影片第一部《茜茜公主》而被观众熟知。

[3] 罗伯特·雷德福，美国导演、演员，2017 年威尼斯电影节金狮奖终身成就奖获得者。

[4] 马龙·白兰度，美国影视演员、导演，代表作《欲望号街车》《教父》。

更好地贴合角色，改变自己的发音，白兰度特地往嘴里塞了棉花。威利对查理说："科波拉从一开始便知道白兰度有自己的想法。而且他和那些总想发号施令的老牌导演不一样。"

我朝着我们房间隔着的门仔细地听着，想知道是否会传来白兰度的声音。但遗憾的是，我并没有听到。

我期待已久的包裹终于到了！包裹上面有一个醒目的印记。它已经在法兰克福海关存放了六个星期，工作人员对于是否要让包裹入境犹豫了很久。我拿起剪刀，把包裹拆开：五个白色的小瓶子，收缩包装。我用力将塑料膜扯开，拧开瓶盖：里面是一种白色粉末，膨胀后会变成晶体颗粒。我沾湿手指，蘸了一点。粉末尝起来又酸又涩。我抿了抿嘴，打了个喷嚏。

这就是辛克莱教授的神奇分子。

· · ·

一年前，我在瑞士蒙特勒（Montreux）的一个会议上认识了大卫·辛克莱（David Sinclair），参加会议的有科学家和投资人，其中还包括诺贝尔奖得主以及亿万富翁。然而没有人比这位教授更引人注目。他的外表有些神秘，与他的年龄与阅历并不相符：他50岁左右，但看起来更年轻，说是少年也不为过。头上没有一根白发，面部没有皱纹，而且看起来并不像是染发或者注射了肉毒杆菌。

"你认识大卫吗？"站在我身边的卡米拉（Kamila）问道，她是我的好友，一个神经研究专家及企业家。卡米拉知道，自打我开始了四世同堂的生活后，我思考了很多有关衰老的问题。"我必须要把他介绍给你。"她向我眨眼示意："他研制出了一种抗衰老的药物。"

一群人聚集在辛克莱周围。他告诉众人，任何人都不必向年龄妥协，根据常规血液和基因测试，他的生理年龄仅有 31.4 岁。在过去的 5 年里，老年医学领域的一切研究都发生了变化。他计划至少要健康地活到 100 岁——我们拭目以待。我听过之后觉得很惊讶。这难道不是一种欺诈手段吗？但没人反驳他，卡米拉也很认真地听他讲着。过了一会儿，我和辛克莱站在不远处简单地聊了几句后，他便不得不离开，因为一位投资人正在等他，之后他还要做一个演讲——"当然，演讲的主题是什么？""让生命时钟倒转。""怎样做？变年轻吗？""是的，我们之后再聊。"他递给我一张名片，上面写着他的重要信息：

大卫·辛克莱

遗传学系教授
衰老生物学中心联合主任
哈佛大学医学院

投资人一脸凝重地叫走了辛克莱后，我坐在门厅的楼梯上浏览网上关于辛克莱教授的信息。25 年来，他一直在研究衰老并与衰老斗争。他的研究工作获得了很多奖项，《时代周刊》曾将他评选为全球百大最具影响力人物，国家医学学术会议主席称他所著书籍《停止衰老》（*Das Ende des Alterns*）是一部"杰作"。医学界已就 8 个造成衰老的因素达成共识。辛克莱正针对这些因素研发不同药物。这些药物不仅能够延缓衰老，还能让人更加年轻。辛克莱的第一个试验对象是：他自己。

· · ·

辛克莱的演讲结束后，他与我就他的研究交谈了很久。

他告诉我，生命就如同音乐一般。音乐不会衰老，基因型也不会。基因型是生物体内的 DNA 所包含的基因。我们的基因就像钢琴的琴键，必须正确弹奏才能产生美妙的乐曲。

他告诉我，有一种基因能够保护与修复我们的细胞。当我们感到寒冷、饥饿或想要逃避时，这种基因会受到触碰，并"发出声响"，对这些情况做出应对。短期内，它会确保我们的生存，而从长远角度看，它将使我们保持健康。因此，偶尔做些运动、节食或是蒸桑拿的人，寿命会更长。

但可惜，我们好吃懒做。25 年前，辛克莱曾试图寻找过同样能够让这种基因"发出声响"的物质……

随后，他对我重复道，医学正在经历一场革命。他们目前在实验室与医院里所取得的研究成果，是 5 年前无法想象的。

他提到了一种分子，这种分子能让身体以为他在运动、节食或颤抖。他还提到了一种既能延缓衰老，又能让人变年轻的药物，以及一种能够修复身心的注射剂。

辛克莱还给我看了实验室的照片，上面有两只小鼠：一只是棕色的，很活泼，而且尾巴有力、眼睛清澈；另一只是灰色的，瘦小，双眼无神，毛发蓬乱，耳朵像纸一样薄——而它们出生在同一天。人们必须只能让正确的基因"发出声响"……

他跟我讲，一只年纪很大的白鼠经由他所研制的分子治疗后，打破了跑轮纪录。因为这种分子形成了毛细血管，这种微小的血管将氧气带入细胞内部并将毒素带出，彻底逆转了导致人和动物体弱多病的关键因素。马和鼠在年老阶段也能够重新拥有生育能力。

我说："这很棒。可人类不是小白鼠。如果治愈老鼠的方法能够治愈我们，那癌症和阿尔茨海默病不是早就能被战胜了吗？"

辛克莱回答道："没错，它们不能相提并论。然而衰老的原因却是相同的。"按照他的说法，他研究的是生命本身，无论是对于人类还是动物——这种分子都有效。他还告知我有关他所有服用这些药物的同事的情况，以及一个找他咨询过的学生的故事：

"大卫，你有时间吗？我想问一下关于我母亲的事。"

"她还好吗？"

"是的……"他轻声说："但是，嗯…她又来月经了。"

"已经看过医生了吗？"

"医生说她没什么问题，看起来很正常。"

最后，他讲到了他的父亲安德鲁。安德鲁是一名生物化学家，他了解人类和小鼠的区别，也一直不太信任大卫有关分子的研究。前不久，大卫的母亲过世，安德鲁郁郁寡欢，衰老也慢慢向他逼近。他的听力开始下降，视力变得模糊，交谈时会不断重复自己的话。大约五年前，在他患上糖尿病时，他也想尝试一下大卫服用的药物。很快，他就抱怨道："我没有任何感觉。"但是有一天他发现，他的朋友在散步时不再能够跟上他的脚步。说到这里，辛克莱又向我展示了几张照片：安德鲁在骑行、漂流，还登上了塔斯马尼亚（Tasmanien）的最高峰。因为感到无聊，他又回到了澳大利亚的一所大学工作，而且是全职。

2

我该吃它吗?

"……我的家庭"

现在摆在我面前的是神奇分子中的一种以及另外两个包裹。过去三天,一直有个问题困扰着我:我该服用这个药物吗?还是要像马克斯-普朗克研究所(Max-Planck-Institut)所长一样持谨慎态度,他对我说"好吧,我不会吞下这样的药"。

自从遇见辛克莱后,我便潜心研究关于衰老的问题,沉浸于这种各界人士都认为大有前景的分子与药物的奥秘之中。《新科学家》(New Scientist)将"治愈衰老"作为封面标题,《金融时报》(Financial Times)将其称为"21世纪的巨大商机"。即使有些学者秉着严谨的态度称这一研究是"里程碑"以及"新突破",他们也会说出类似于马克斯-普朗克研究所所长那样的话。但这并不是因为这种药物没有效果。恰恰相反:正是药的效果让他们感到恐惧。

我查阅了大量论文、书籍以及医学资料,工作桌上的文件堆得越来越高。在这些文件旁边放着的，是我搜集来的有关这座房子以及我的家人的资料：老旧的设计图、几十年前的照片、威利的笔记以及我们对这种四世同堂生活的感触。朋友和熟人常常会羡慕这种生活，但有时也会表示无法接受。没有人对这个主题不感兴趣；只要有客人来，肯定会说到我们家现在的生活模式。

"把它写下来！"最先这么建议我的是亚历山大（Alexander），他是我在柏林的朋友，当时我们正坐在花园里给索菲亚庆祝第一个生日，"说不准还有些用处呢"。于是我记录了一些东西，也没想过它会有什么用途。一年后，又有人对我说："把它写下来！"这一次是牛津大学教授、世界畅销书《百岁人生》（*The 100-Year Life*）的作者安德鲁·斯科特（Andrew J. Scott）。在交谈时，我不经意间提到了我们家的情况，这引起了斯科特的注意："什么？您生活在一个四世同堂的家庭里？""是的。""这太了不起了。"斯科特说道，并开始问我问题。"回头我们必须再谈谈。"他在临别时说，"在老龄化社会中，您这种四世同堂的家庭将会为未来社会提供一个范例"。

这句话在我的脑海里回荡了许多天。我记得辛克莱也有类似的反应，但他并没有明确地说出来，相比之下，他更愿意解释年轻人和老年人共同生活时，细胞内会发生什么。

我意识到，辛克莱与衰老的斗争以及这座房子中四世同堂的生活，这两个故事存在着某种联系。在这座房子里，年青一代正准备迎接新生活，而老一代则慢慢步入死亡；衰老也逐渐成为这座房子中的一员，时而让人欢笑，时而让人沮丧，却始终存在。每当茶歇时间，餐桌上便会坐着六个人，他们正各自经历着不同的人生十年：第一个、第三个、第四个（即将是第五个）、第六个、第八个和第九个十年。我们的女儿索菲亚正经历第一个十年，她三岁时常常不会安静地坐很久，她喜欢在我们周围跳舞，偶尔张开她的如同鸟喙一般小巧的嘴巴，让我们投喂东西。

"我长的不是鸟嘴"，索菲亚纠正我说，"是嘴巴，我又不是鸭子"。

· · ·

她正在楼上洗澡。

索菲亚温柔、聪明、活泼。她有着如正午阳光般金黄的头发。清晨，她会沉迷于书本中。倘若书中的孩子哭了，她会迅速翻页。我们遛狗时，她在前面跳，每跳 20 下到 30 下，就转过身来，跑到我怀里，让我抱住她。

一个路人！

一只没见过的狗！

一架飞机！

又或是：看着我家的狗调皮玩耍。她尖叫着爬上我的肩膀，把小脑袋埋在我的颈窝里，咯咯地笑，然后慢慢说："爸爸，莱奥尼在做什么？"还没等我回答，她就挣开我，跟在莱奥尼后面跑，它做什么她也跟着做，跳进灌木丛、闯进别人家的花园。当我责骂他们时，她抬起头，眨着眼睛说："不要骂我们。这里多热闹啊！"

整日她都在唱歌、跳舞、弹奏每一种她能碰到的乐器：竖琴、尤克里里、吉他、鼓、磬、笛子、黑色大钢琴与红色小钢琴。她的外祖母看着她说："真像她的妈妈。"是啊，索菲亚对音乐的热爱和如阳光般开朗的性格，都像极了她的妈妈。

我与弗兰齐斯卡相识于 2010 年，在我随同手风琴演奏家赫伯特·皮克斯纳（Herbert Pixner）在阿尔卑斯山地区进行巡回演出时，那时他还尚未在皇冠马戏团（Circus Krone）[1] 或是易北爱乐厅演出过。我当时还住在汉堡（Hamburg），既听不懂皮克斯纳的音乐，也听不懂他讲的南蒂罗尔（Südtirol）方言，但我还是对他们很感兴趣，还有弗兰齐斯卡，她作为其中一场演出的嘉宾，为我翻译并向我介绍了皮克斯纳的音乐。她留着狂野的卷发，唇红齿白，骑着摩托车，巴伐利亚传统连衣裙外面套了件皮夹克，当她取下肩膀上与拖车中的竖琴时，各类风格的音乐家都被她吸引而来，巴伐利亚的酒馆乐师、土耳其乌德琴[2]演奏家、非洲马林巴[3]演奏者、慕尼黑爱乐乐团以及柏林的流行歌手，只要他们恰好有时间和兴趣，并通过聊天和短信得知何时有她的演出，他们都会来看她的演出。

在关于皮克斯纳的报道发表后，我发消息给她。她邀请我参加复活节星期一在皇家啤酒屋举办的音乐晚会，我对我在汉堡的

---

[1] 皇冠马戏团，又称科龙马戏团，最初由卡尔·科龙（Carl Krone）于 1905 年建立，总部设在慕尼黑，是欧洲最大的马戏团。

[2] 乌德琴，是中东及非洲东部及北部使用的一种传统弦乐器。

[3] 马林巴，木琴的一种。

朋友说："我可能要约会了。"我驱车前往慕尼黑，准时坐在了啤酒屋中，在场的有三百个客人和五个音乐家。而弗兰齐斯卡并没有空闲时间，当然没有，她必须上台演奏，第二天晚上也同样。整整两天我们就只聊了三四句话，我只能醉心于优美的乐曲中，也开始清醒地意识到，这可能并不是约会。而在我第二天晚上准备告别时，她对我说："明天我带你逛逛慕尼黑。"

我退掉了欧冠之夜的门票。十二点钟，我们在谷物市场（Viktualienmarkt）见了面，她像一个导游一样带着我走遍了慕尼黑：英国公园（Englischer Garten）、艾斯巴赫之浪（Eisbach）以及慕尼黑艺术之家（Haus der Kunst）。我本想在英国花园的圆形神庙（Monopteros）亲吻她，但她带我去了城里最好的手工巧克力店、历史最悠久的面粉厂或是新开的咖啡烘焙坊。她带着我从侧廊溜进歌剧院，在加斯泰格文化中心的地下隧道，喝了点爱乐乐团冰箱里的淡啤酒。最后，在巴伐利亚唯一一家日式餐厅，她为我点了寿司和纽伦堡小香肠并接受了皇家啤酒屋的演出邀请，啤酒屋的店主米奇让我用一把红色的小钥匙打开银色的大桶，并将啤酒倒出来。我们依然没能亲吻。

第四天，那天是个星期四，我再次联系了她。晚上我就要离开了。我们在伊萨尔河畔（Isarauen）闲逛了一天，聊天、打盹儿，看着圣马克西米利安教堂的时钟，指针嘀嗒嘀嗒地转着，但随着时间的流逝，巨大的金色指针开始飞速运转：再过两小时，再过一小时，再过三十分钟，再过十五分钟。弗兰齐斯卡把她的头靠在我的肚子上，又过了五分钟，当我说"现在我真的要走了"时，我们接吻了。弗朗齐斯卡为我开启了一个全新的世界：音乐、巴伐利亚文化、她的家人。

弗兰齐斯卡的父亲弗兰茨（Franz）心地善良，是个典型的巴伐利亚人，每当我说出"好吃"（lecker）或"再见"（Tschüss）这样的词语时，他都会觉得很不自在，用巴伐利亚方言说出这两个词应该不难吧。三十年前，他和弗兰齐斯卡的母亲离婚。正因如此，他没能作为父亲在我们的婚礼上发言。他也更不用原谅他的前妻了。与家中的其他人不同，他不住在这间房子里，但会经常来拜访。

苏珊如今63岁。她在24岁时生下了弗兰齐斯卡，离婚后，她搬到了西班牙，以制作玩偶为生。逼真的头发、瓷质的脸部，这些玩偶被销往世界各地。然而经济危机击垮了她的生意，重要的美国客户也将她拒之门外，在第二任丈夫去世后，苏珊搬进了父母的房子。他们就这样住在一起了。赫尔加和威利在一天天变老，他们需要有人帮他们把购物袋拎上楼、打理花园，以及做其他需要做的事情。

苏珊接受过自然疗法医师（Heilpraktiker）[1] 培训，专门研究老年疾病。她还在她的浴室中设置了一个用于试验的壁龛，为全家人调制茶水和药酒。几乎每天都会有邮递员送来粉末和安瓿，而我（一个持有怀疑精神的科学记者）一直劝说弗兰齐斯卡不要服用这些。这几种草药怎么会对如此复杂的衰老进程产生影

---

[1] 自然疗法医师，指未经国家考核但持有开业执照的医师，其治疗方法往往不同于传统医学。

响呢？威利也会猜疑地打量它们，主要是因为花销问题。赫尔加倒是欣然接受，并且按照巴伐利亚的话来说，有意地去服用这些药物。她的厨房里堆着很多健康杂志，从《药房面面观》（Apotheken Umschau）到生活杂志《流动》（Flow），这些杂志会解释糖尿病病因，并探讨治疗手段，也会从生物化学角度简单阐明，为何保持亲切友善对自身大有裨益。

85 岁的赫尔加是一位瓷器工厂厂主的女儿，曾有一段时间担任过威利的秘书，这段缘分让她成了五个女孩子的母亲，为了她们，她试尽了一切让自己保持年轻的办法。我们的朋友在老照片上看到她与弗兰齐斯卡站在一起时，经常会把赫尔加认成她的妈妈。在弗兰齐斯卡的音乐会与民族舞蹈表演晚会上，有不少宾客会惊叹于这位坐在礼堂中穿着闪闪发光的鞋子、白发苍苍的女士。"她是谁？"经常会有人这样问我。

偶尔我会给他们讲述有关赫尔加和我们一起去意大利露营的故事。当我们"年轻人"把矫形床垫铺开时，她只会表示拒绝，而选择睡在车里副驾驶的座位。能让赫尔加心力交悴、丧失生活热情的，也只有她的衣柜和喷嚏了，而造成这些的原因是，房子的两个烟囱坏掉了一个。

"我们七十年婚姻的秘诀"，威利曾对我说，"就是我有一半的时间都不在"。然而，当赫尔加与威利一同回忆他们是如何相知相识、买房子、抚养孩子，和罗密·施奈德一起喝咖啡、在珠穆朗玛峰上露营（当时威利已经 70 岁了）时，人们都会觉得，在这"一半的时间"中，他们所共享的时光比每天都待在一起的夫妇还要多。

威利总是笑意盈盈，却长着使他看起来不怒自威的眉毛。这两个特征对他的生活确有帮助。每当涉及免除某个公司债务、考察公司董事或是提醒阿尔弗雷德·希区柯克（Alfred Hitchcock）[1]电影预算的问题时，威利能够在友善和严肃中切换自如，查理·布鲁多恩很是信任他。威利时不时地还会谈起这些，当他——穿着热门电影《比弗利山警探》（Beverly Hills Cop）剧组的运动服——坐在花园里时，百年老树枝繁叶茂，动物植物生机盎然，伴着夏天独有的声音，树叶的沙沙声、耳语声、昆虫的嗡嗡声、鸟的叫声，当然还少不了烤肉与小提琴演奏。是的，他的花园，当年他还能自己打理。他回忆这些时，眼神就会暗淡无光。过去五年，衰老夺走了他的一切。他不再坐上他在 91 岁时买的大型割草机，也不再修剪野玫瑰。而是时常坐在云杉的树荫下，和索菲亚一起捡树上掉下来的松果，留着冬天生火用。"云杉扎手，冷杉不扎手。"他对索菲亚说，她会意地点了点头。

"我的人生已经很圆满了。"我们刚搬进来不久后，威利对我说："若是我现在离世，也不会有什么遗憾。""不想活到一百岁吗？""不，不想。"一个人如果被剥夺了享受乐趣的权利，延长生命还有什么意义呢？这种想法让他无法理解苏珊的药酒以及赫尔加的杂志建议。当我向他提起辛克莱教授时，他笑了。能让人变年轻的药丸？如果吃了之后，他能重新进到花园里劳作、再旅

---

[1]　阿尔弗雷德·希区柯克，导演、编剧、制片人，尤其擅长拍摄惊悚悬疑片，代表作《蝴蝶梦》《惊魂记》。

行一次，至少去一次意大利……

· · ·

门外传来了摸索着爬上楼梯的脚步声。索菲亚来和我说晚安了。

她按下门把手，快速地冲进来，爬到我的腿上说："写字。"我需要按一下大写键让小绿灯亮起，以便她可以用食指找到她最喜欢的单词的字母。妈妈、索菲亚、饼干、爸爸，这样的顺序。

索菲亚改变了我们所有人的生活。若是没有她，可能也就不会有如今这个四世同堂的大家庭，我就不会坐在这些分子面前，也不会如此深入地探索有关衰老研究的未知领域。如今我才明白，坐在我腿上的这个小家伙才是我探寻一切的真正原因。三年前，一个飘雨的夏日清晨，弗兰齐斯卡和我带着襁褓中熟睡的索菲亚、狗和竖琴停在这所房子前时，这个故事便拉开了序幕。

3

房　子

"……这真的是个好主意吗?"

这座房子像一只年老体弱的动物一样矗立在那里,用它的三角状的面容凝视着我。从下方看,它比实际要大得多。这一个极为少见、奇形异状的百年别墅。高高的灰白色三角墙前,在左边稍低的地方,延伸出一个瓦片屋顶结构,好似依偎着常青藤。无法透过墙壁和窗户看到任何东西。屋顶平缓地倾斜,从后面看呈圆形,上面有铁锈红色的斑斑点点。

这就是我们要搬进的房子,和弗兰齐斯卡的家人住在一起,而我的家人则住在很远的萨尔兰(Saarland)。

这真的是个好主意吗?

若是绕着这座房子走一圈,你会发现它的每一面都不尽相同,好似四个房子一般。似乎是个巧合,现在有四代人将要住在这里。走进房子,迎面而来的便是那三角状的屋顶结构、常青藤以及两根因风吹日晒而褪色的柱子。这些景象——正如我不久后从书桌窗户发现的那样——吸引了不少来往行人驻足。一些只是停下来观看，而有些则会拿起手机拍照。这种场面就像是在动物园里。但你什么时候见过这样一个奇形异状的动物呢？

　　常青藤下隐藏着一个凉亭，也就是赫尔加和威利口中的"姥爷的前厅"，这是因为六十年前，在赫尔加买下这座房子时，她的爸爸就住在凉亭后面的房间。那时，亭子还未被常青藤和野生葡萄藤遮住，从里面仍然可以看清远处的景色，而如今，坐在里面仿佛置身于世外秘境，石头潮湿且冰凉，透进的光线都是绿色的。曾经住着老爷爷弗里茨（Fritz）的房间，如今住着这座房子的灵魂人物赫尔加，屋里摆放着钢琴、磬、亚洲艺术品、室内喷泉，还有堆在地上的书籍。

　　房子的左侧立着两个爬满青苔的石狮子，守护着两个凸肚窗和一个露台。房子都浸在橡树和山毛榉的树荫中，整栋建筑宛如一座林中小屋，门前满是从鸟巢和禽舍中洒落的坚果壳和葵花子。住在这里的苏珊，喜爱动物胜过一切。她有只名叫宝拉的拉布拉多犬，在她给它煮动物的胃作为食物时，房子里会充斥着牛棚的味道；她养过马，为了它们甚至曾搬到西班牙；帮朋友照看过驴，并用土方为它治病；还用栅栏在花园里给鸡围了一小块地，在其中造了一个红色的暖房（赫尔加给它取名为"我们的鸡舍"）；还养了松鼠、榛睡鼠以及各种鸟类，自她从西班牙搬回父母家后，便用两个鸟笼来喂养它们。苏珊的露台往上数两层，是我们卧室的窗户，窗外树叶声沙沙作响，在屋脊下筑起巢穴的黄蜂也嗡嗡叫着。

从后方看，这栋房子俨然一座高山木屋，外墙颜色是同白雪公主发色一样的黑褐色。站在上方阁楼的厨房中，可以望见远处的花园，还有一棵在路德维希国王时代就开始生长的云杉，高度是房子的两倍，是威利最喜爱的树。

对我而言，在所有家庭成员中，威利是最陌生的。我们搬进来时，他坐在二楼的房间里。这样，他便可以将一切尽收眼底：他的云杉、街道、山脉。

温暖的月份，威利会在花园中消磨时间。花园在这栋建筑的第四面的前方，人们总是会因为它而忽视这里的几面墙。葡萄藤野蛮生长，爬出墙壁，与树木、灌木、树篱、草地融会在一起，为枝繁叶茂的花园又增添了一抹绿色。藤蔓的叶子垂得很低，每次进门时，都会拂到人们的脸。威利喜欢坐在厨房的窗子前，这个窗户被改成了一个小圆窗，前方的壁架上有一个胖鼠的窝，它们有着自己的储藏室，里面藏着半袋花籽。向上看：一个竖天窗，那是索菲亚的小房间。我们把房间的墙壁粉刷成白色和浅粉色，将第一张全家福挂在墙上，并安装了一个花朵样式的台灯，这是我们第一个且唯一布置过的房间，尽管对于我们而言是用处最小的一个房间，当然除了给索菲亚换尿布的桌子，因为她四个月大时还在跟我们一起睡。

索菲亚在车里熟睡着。弗兰齐斯卡坐在她旁边，面色苍白，身子很虚弱。生下索菲亚后，她就生病了，甚至不得不回到医院，那是一段艰难的日子，但对她来说最痛苦的莫过于索菲亚不能待在她身边。往日的活力只能慢慢恢复。这次搬家的事宜我得独自完成。

家人们在门口等着我们。首要的事情是把安全座椅中的索菲亚抱进新家。弗兰齐斯卡和她一起穿过房子的森林一侧，进入苏珊的房间。弗兰齐斯卡抱着女儿躺在了母亲的床上。随后，我拿着尿布袋进来，看到弗兰齐斯卡在照顾索菲亚，苏珊在照顾弗兰齐斯卡，赫尔加在照顾她们所有人。这是只属于女儿和母亲的时间。尽管有种种疑虑，我还是对四世同堂的生活充满了向往。

• • •

我无法说清，我们是如何做出搬家这一将会改变我们生活的决定的。过程一波三折。同样，我也不知道，我是怎样拥有一只小狗的。但至少有件事很清楚：我与弗兰齐斯卡和苏珊一起去了养狗人那里，自己挑选出一只狗，把信用卡递给饲养员，并在所有权证书上签了字。但我所体会到的事实却是不同的：我是顺便被告知要去拜访苏珊的一个熟人，她是专门养狗的。我要不要一同去呢？魏德曼女士家的狗下了几只棕色幼崽，就像我曾经与弗兰齐斯卡养过几星期的里奥。我回答说，我很愿意一起去。

随后，我被推进一个荒凉的农庄，几只戴着彩色颈圈的狗朝着我的鞋带猛扑过来。其中一只戴着橙色颈圈的狗爬上了我的膝盖，接着攀上了我的肩膀，打着鼾睡着了。我的脉搏渐渐慢下来，当时是星期五晚上，漫长的一周刚刚过去，我正要打瞌睡时，一句话传到了我的耳中，那句自上路之时除我之外其他人都期待的话：

"你想收养哪一只？"

"什么？收养？"我回答。

片刻安静。

"趴在你身上的小狗多可爱"，苏珊打破了宁静。

"那只呢？"弗兰齐斯卡问。

"嗯……"

"什么？"

"我不经常待在家。"

"还有我呢。"

"如果我们想出去度假呢……"

"让妈妈照看。"

"我很乐意"，苏珊高兴地说。

"可以明天再决定吗，再考虑考虑……？"

"明天它就被领走了。"弗兰齐斯卡回答我说。

坐在角落的饲养员注视着这一场景，不动声色地补充道，她这里预约有很多。或许这对她来说早已司空见惯了。"您再考虑一下吧。"她对我说，"我去打扫一下"。

我静静地坐了十分钟，那只戴着橙色颈圈的小动物，趴在我的肩膀上打着鼾，我的心暖暖的。最后，在弗兰齐斯卡提议领养那只胸前有白色斑点的小狗时，我做出了决定。

现在回想起来，苏珊应该是这场阴谋的"操纵者"。她有两个动机：一是她希望再拥有一只幼犬，又不必每时每刻都要照顾它；二是她身为一个母亲对女儿的关怀。弗兰齐斯卡工作繁忙，没有时间锻炼。"养狗能增加人的运动量。"苏珊认真地讲着，"运动会使人保持年轻与苗条"。人们变老、变胖，难道只是因为他没养狗？

　　四世同堂的提议者也自然是母亲和女儿们。我曾经问过，是谁的话决定了一切，但没有人知道。或许是弗兰齐斯卡说的那句："我们可以吗？"又或许是赫尔加提出的："你们不愿意吗？"抑或是苏珊的建议："如果……你觉得怎么样？"大概是各种提议的混合才使得这些想法趋于成熟，并最终实现。当弗兰齐斯卡向我传达这一决定时，我并未感到惊讶。我清楚她这样做到底是为了什么：索菲亚。

　　弗兰齐斯卡怀孕后，一种莫名的不安在她心中滋长。我一直觉得她是一个喜欢城市的人。她热爱慕尼黑的文化氛围，我们几乎每天都要去听音乐会、看演出。她从 20 岁起就住在这个城市，先是在伊萨尔河附近，住在一个音乐家的家中：小提琴、大提琴、竖笛、竖琴。后来，我们搬到了特蕾西娅草坪附近，夏末，我们可以看着一个个帐篷被支起，九月，我们能够沉浸在杏仁的香气中，听着过山车上传来尖叫声和帐篷里的喧闹声。然而，突然间，她开始将这座城市视为敌人。她看到了游乐园周围建起防护围栏、特蕾西娅草坪上的玻璃碎片，听到了街道上传来的噪声，闻到了汽车的汽油味，回忆起 2016 年 7 月 22 日依然胆战心惊，这一天发生了恐怖袭击事件，她从车站被疏散，从玛丽亚广场惊慌失措地飞奔回家。不，她的孩子不应该在这里出生，而是应该在乡下长大。栅栏围住的应该是牧场，而不是游乐园；空气中弥漫着牛羊的味道，而不是汽车的尾气；人们也不会被交通堵塞困扰。我不太情愿地听着。我并不想每天花费两个小时往返于家和编辑部。我需要车站、机场，热爱城市的灯光和音乐，是弗兰齐斯卡让我真正爱上了这座城市。而后我们达成一致，离开城市，但不会搬去偏远的地方。我们找到了一个轻轨能够经停的地方、一个带有漂亮花园的乡下房子。房子在轻轨车站附近，离慕尼黑只有半个小时的车程。这里有苍翠挺拔的树木、花坛与花岛、可以玩耍的草地、可以滑雪橇的山丘、还有足够的空间来建秋千、沙坑、嬉水池和蹦床。

弗兰齐斯卡说，外公外婆会很高兴的。赫尔加是个极为热爱家庭的人，身边能有一个曾孙女陪伴的提议让她兴奋不已。而对于不能再去花园劳作的威利，时间变得越来越漫长，他也期待着改变：看索菲亚玩耍、弗兰齐斯卡打理花园；看着这座房子中的客人与生活。好像总是会有人在。他不喜欢独处，如果赫尔加和苏珊同时出门，赫尔加去跳舞、苏珊去喂驴，他会感到害怕。如果摔倒了，他无法自己站起来。

弗兰齐斯卡继续说，她的妈妈提议自己搬到楼下去住，这样我们就可以住在阁楼中。对于苏珊而言，房间缩小一半不是件易事，但她是一位母亲。还有部分原因是她口中"骨瘦如柴"的拉布拉多犬年岁已高，腿脚不稳，几乎无法爬上楼梯。有一个带门的露台也有一定的好处，尤其是在早上七点，当你有一只不再能爬楼梯、重达 30 公斤的狗时。为什么她的妈妈总是要给宝拉吃狗狗饼干！快别这样做了。

• • •

"在上面？"搬家公司的人不可思议地看着我。陡峭的山路蜿蜒而上。当他看到里面陡峭的楼梯、木制的栏杆、低矮的天花板，甚至还要拐个180度的弯时，他坐下来。"一直到屋顶？"他问。而后我去买了啤酒和扭结面包。

这一天就这样过去了，我们从车走到房子，然后休息。走进大门，与野生藤蔓擦肩而过。穿过门厅，右转，走上楼梯，弯腰。在二楼靠近书房和女性休憩室的位置休息片刻，这里对着的是威利的房间。再弯腰，将家具扛在背上，抬到阁楼，搬运工骂骂咧咧地跨过门框上低矮的门槛。但至少，最大的一件家具得以留在二楼：沙发。这是我们为公共客厅新添置的物件，赫尔加和苏珊特别开心，而威利还对此一无所知。用沙发来形容这个庞然大物不太准确，售货员也没有这样称呼它，而是把它叫作"靠垫美景""舒适宁静之地"，印象最深刻的是这句"一组克服重力、释放轻盈的组合"。因为客厅恰好需要这样柔软的沙发，能让我们在上面嬉闹、攀爬、躺在彼此身上，我们便立刻买下了它。我们从未后悔过这笔支出，这个沙发成为了弗兰齐斯卡怀孕期间最喜欢的位置。周末，我们整天都躺在上面，只有去厨房、上厕所或是遛狗才会离开它。沙发上铺着天鹅绒和红丝绒，基础颜色为橙色和鹅黄色，一些靠垫上饰有花纹或碎花，黄色、绿色、橙色、金色、蓝色、棕色、淡紫色、紫罗兰色，各种颜色，唯独没有白色。白色恰恰是威利沙发的颜色，他的沙发非常适合坐在上面享受下午茶，但现在它必须让位了。

晚上，所有东西都搬完了。我坐在新厨房的阳台上，手里握着一瓶啤酒，每一根骨头都在提醒我，我也已经 47 岁了。楼下传来混杂着的兴奋的声音，弗兰齐斯卡、赫尔加、苏珊、威利，其间还有索菲亚的尖叫声。这也将是我新生活的背景音乐。"会好起来的。"我对自己说，并把大拇指放在凉冰冰的啤酒瓶上，刚刚它被夹在了墙和冰箱之间。这时，弗兰齐斯卡走了上来，一脸忧心忡忡。

"外公看到沙发了。"

4

摩　擦

"……为什么必须这样做"

有一位几十年来都在研究人类的智慧女士对我说过，在一个完美的世界里，我们所有人都该是孤身一人。与他人分享世界是一件费心的事情，将自己的生活与他人保持协调则更是劳神费力。有些人喜欢这样，有些人喜欢那样；最终你不得不去做你根本不想做的事情。多好啊，这位人类学家梦想着，如果我们早上起床后只做些我们想做的事情，该有多好啊。

她说得对。和陌生人分享世界与日常生活并不容易；与他人分享一个房子：门铃、信箱、楼梯、花园、大门、衣帽架、仓库、地下室、楼层、客厅、沙发、洗衣机，更是难上加难。这意味着你不只要与他人协调一天的生活，而且是整个生活。

因此，在搬进来之前——尽管有很多期待——我们就已经感到不适了，起先是肚子，然后是头部。只有威利和索菲亚没有这种感受，因为年龄关系他们不会担心任何事情。

　　最先感到不适的是苏珊。当她把自己的全部家当从阁楼搬到一楼时，她的眼睛暗淡无光。为了这件事她花了多少时间啊！她花了好几周的时间才把她的东西搬了下来。我对此无法理解。我们想要把粗糙的剑麻地毯撤掉，以免索菲亚几个月后学会爬行时，划伤她的膝盖。我们还想粉刷一下墙壁，装扮她的小房间，珍藏她的第一件连体衣和围嘴。我们一等再等。我无可奈何，直到有一天去拜访她时，我看到她正坐在玩偶材料面前，逼真的头发、瓷质的脸部，这些材料制成的儿童玩具曾助她的事业蒸蒸日上。生意倒闭时，这些东西根本卖不出去，但她也不忍心扔掉；还有关于建筑的书籍，她曾计划在安达卢西亚（Andalusien）建造梦想之屋，站在厨房眺望金黄的山谷景色。这些书是约亨送给她的，约亨是一名建筑师，是她生命中的第二个爱人，他的心脏在十一年前就停止了跳动，当时他只是在慢跑……

　　看到这一幕后，我便明白了，苏珊耗费这样久的时间，并不是在整理，而是在释怀。她甚至扔掉了将近一半的东西。她也要开启一段崭新的生活，一个崭新的今天。她过去的今天在她眼前即将变成昨天。而她过去的昨天，则躺在她面前的箱子里，变成了曾经，放在地下室里，在铁架子上，从日常生活中抹去，好似永远消失在过去了。苏珊不仅仅是为了我们而带走箱子。箱子里面装着的是沉甸甸的回忆。

　　我们是偶然得知赫尔加的忧虑的。每年夏天，我们都会和五六个邻居共同举办一个小型聚会。在车库前支起烧烤架，摆好啤酒桌，在盆里放上酒、填满冰块，狗狗们抬起鼻子，在花园门前呜咽着，人们各自带着餐具、沙拉和牛排走来，在傍晚的灯光下聊天，在暮色中欢笑，在月光下饮尽最后一瓶酒，振振有词地谈论如何重塑这个世界。

"如果房子里再多一代人，会是什么样子呢？"邻座的人问。

"我不知道。"赫尔加说，"这确实是一个不小的变化。但这也意味着要支撑一个年轻的家庭"。这就是她的看法。她从未对我们这样说过，也许是因为我们从未问过她。

赫尔加的一生都在奉献。她照顾过她的父亲，养育了五个孩子，每当有客人来时，她会端来咖啡、蛋糕或任何缺少的东西。她总是关注着、照顾着别人。但她有时照顾别人胜过自己。所以她希望我们搬过来，是为了给予——这让我很担心，比与她截然不同的威利更让我担心。

威利也很慷慨，一生都在养育和资助他的孩子和孙辈，这样的给予并不多见。但他也学会了接受。他接受我们，因为我们的到来也能让他有所收获；因为我们不只接受，也会给予。他很期待能够在这座房子中与别人谈天说地，两年前他就与外部世界隔绝了，他的腿、他的膀胱迫使他只能通过电视机看看房子和花园之外的世界，时间一久，这样的生活难免会枯燥乏味，即便会有孩子、朋友和熟人来拜访，即便苏珊和赫尔加在他身边陪伴，即便他们有很多话题，也有很多欢笑。"家里没有孩子了，如今我们这儿就是一个养老院。"他不久前对赫尔加苦笑着说。而现在的画面是这样的：家中住着一位女音乐家，他每天都会在电视上看她的演出；还有一个作家，喜欢询问他的人生经历，想知道他当年是如何让希区柯克指导啤酒节管弦乐团的，或是总理赫尔穆特·施密特在多米尼加共和国视察时的场景。威利绘声绘色地讲着，一下午的时间就这样过去了。

是的，决定搬家之后，还要做出成熟的计划。威利这一生也攒下了不少钱，然而他比自己想象中要活得久，钱开始紧缺了，他必须得攒点钱。他的身体每况愈下，之后可能需要请护工，当然赫尔加和苏珊都不想这样做，他还考虑过为房子申请抵押贷款。所以我们在想，是否能买下大花园所在的那片拥有地块编号和建筑权的土地。从长远来看，我们想拥有属于自己的房子，不想让索菲亚从她的小世界里脱离出来，可能有一天，威利不在了，房子被继承，或是被卖掉时，我们会再建造一个，留在这儿，与赫尔加和苏珊住在一起。这样，家中不仅添了人，变得热闹了起来，威利也得到了他想要的钱。两全其美。

对于赫尔加，我们目前还不需要给予太多。她并不对未来感到担忧。她依然生活在外面的世界，每天都会去购物，而威利对此并不高兴，他仔仔细细地检查购物清单，就像赫尔加阅读报纸上的特价活动那样。什么？手提袋？那个有些磨损的旧袋子不是还能用吗！她每周会进城两次，跳舞、看展览、听音乐会、坐最后一趟轻轨、搭最后一辆公车回家，周围都是些刚蹦完迪的青少年。回到家后，她喜欢享受宁静，生活作息极为规律。然而我们的到来却打破了这种规律性。家里有了宝宝，她怎么能把音乐声音调到最大，在房间里跳舞呢？她的希腊朋友吉利亚科斯和阿西米娜每年都会来看她一次，如果苏珊占了一个房间、我们占领了客厅的话，她们该住在哪里呢？她站在二楼，忧伤地面对着走廊上的柜子，为了我们，她得搬走这些柜子。该把吸尘器和水桶搬到哪儿？桌布、餐巾、蜡烛呢？就更别提外公的沙发了。房间里已经没有它们的位置了。她最终决定把柜子搬到她的画室，那里已经被画架和画作填满，几乎没有落脚的地方。赫尔加是一位很优秀的画家，师从大家，为艺术家所赏识；但她为了家庭放弃了自己的天赋。搬家前一天，赫尔加去了她的厨房，我帮她搬走了走廊上的柜子。两小时后她回来时，她向我表示感谢，其实要感谢她的应该是我们。

最后是弗兰齐斯卡。令我惊讶的是，她内心的紧张情绪看似比苏珊和赫尔加还要多。想搬进这座房子，和家人住在一起的难道不是她吗？我又一次感到困惑。我后来才意识到，孩子必须脱离父母，只有这样他们才能变得自由和独立，开启自己的人生。

弗兰齐斯卡16岁的时候就开始独立了，一半是自愿、一半是被迫的。她的母亲去了西班牙，而她的父亲沉迷于音乐，这两种生活都不是她想要的，她想要脱离父母的束缚，走自己的路，搬去和她最喜欢的薇拉姨母一起住，自己钻研电影拍摄、古典音乐和一切远离父母的东西。她在电影界找到了属于自己的方向，后来，她做了独立音乐人。她从父亲那里学到了很多东西，但也开创了自己的风格，另一种流派、另一种演奏技巧，是社会音乐家而非独奏家。当女儿和父亲一起演奏时，对于年轻的听众来说，不是弗兰茨和他的女儿一起演奏，而是弗兰齐斯卡和她的父亲一起演奏。通过弗兰齐斯卡，人们才得以发现这位出色的竖琴师。

如今弗兰齐斯卡已经 36 岁了，她即将再次和她的母亲住在一起，距离她们分开生活已经过去 20 年。在这 20 年中，她成了一位妻子，组建了自己的家庭，拥有了自己的人生，一切都改变了，除了母亲的声音。在母亲面前，女儿永远是女儿——所有家庭都是这样。苏珊把她的女儿叫作"小心肝"。如果某件事不合她的意，她不会寻求讨论，而且根本不容许有异议。和全天下的母亲一样，她挂念着孩子的饮食、体重、睡眠、健康，现在又多了一个外孙女。面对问题，她总是能快速提出建议。她不是养育过两个孩子吗？弗兰齐斯卡和她的哥哥？她不是接受过医学培训吗？但她不能让女儿重蹈自己的覆辙。简而言之，正如几乎所有孩子都知道的那样，母爱存在于基因之中，有时很具有灾难性，但大多数情况下都是美妙的。母爱让现如今的家庭结构成为可能。只有为了弗兰齐斯卡，苏珊才愿意把过去的生活装进箱子，尘封起来。只有为了索菲亚，弗兰齐斯卡才会做出努力，再次从母亲那里挣脱出来，因为她的潜意识知道，这是她必须要面对的。

我鼓励弗兰齐斯卡要有信心。但是，就连我也开始紧张起来。"好吧，自由对我来说太重要了。"我的朋友马丁（Martin）在获悉我们的计划后，这样对我说。我最好的朋友本杰明（Benjamin）对此只是沉默，但这却是我从他那里听到过最响亮的话了。慢慢地，我才明白了其中的缘由：我们的生活将变得不同。而在意识到这一问题之后，又有无数的小问题困扰着我，快要将我吞噬：

我们要住在一起吗？声音、角色、彼此间的相处——全都要做出改变。

对于我和弗兰齐斯卡的二人世界来说，这意味着什么呢？

对我们和索菲亚三个人的小家庭呢？

$$\bullet\ \bullet\ \bullet$$

"那张沙发很好"，来到这座房子的第一个晚上，在我下楼时，我听到赫尔加说。威利坐在位子上，赫尔加正在煮咖啡，空气中弥漫着咖啡的香气。厨房空间不大，只有十平方米，摆满了橱柜和碗柜、炊具、水槽、洗碗机、冰箱、两台咖啡机、一张桌子和四把藤椅，其中两把一直被占着，赫尔加旁边摆着的是《药房面面观》，威利旁边放着的是药品。

我站在取暖器旁边。"洛伦茨，你想喝杯咖啡吗？"赫尔加问道，这个问题她在未来三年将问上数百次。

"不了，谢谢，我还没吃东西。"我回答道，就像我在接下来的几年里会回答数百次一样。每次听到这个问题时，我都特别想要拥抱她。

"你不喜欢这个沙发？"我迟疑地问威利。

"这个沙发更适合放在复式公寓。"他责备道，他的手在颤抖。"但不适合我们的客厅。"

"好吧，如果它没什么用的话……"

"那张沙发很好"，声音再次响起，这次是从我身后传来的。

苏珊走进来，在威利对面坐下。

赫尔加看着手中的杯子，数落说："我以为你想和我们一起喝咖啡，给你做了一小杯新的……"

"沙发太大了。"威利打断她的话，语气严厉且坚定。

外面传来了啪嗒啪嗒的脚步声。两只拉布拉多犬遛弯儿回来，飞快地跑向威利：黑色的宝拉，几乎和桌子一样高。她躺在威利的脚下，叠起前爪，凝视着那罐威利紧紧抱着的狗狗饼干。巧克力色的莱奥尼蹲在威利面前，举起爪子，乞求他把饼干放在自己的腿上。

"你敢！"威利骂道，接下来的 3 年里，他会威胁几百次。

走廊传来了欢快的笑声。弗兰齐斯卡抱着趴在她肩膀上的索菲亚，小心翼翼地在紧挨着储藏柜的木质板凳上坐下。索菲亚贴着威利的脸。这是第一次家庭会议，厨房里人满为患：两个人站着、两个人坐在椅子上，两个人坐在板凳上、两只狗趴在地上。

"那张沙发……?"弗兰齐斯卡开启了话题。

"无法接受……"威利说道。

"不，它挺好的。"苏珊和赫尔加反驳道。苏珊这样做是为了沙发，赫尔加则是为了维系家庭和睦。

莱奥尼把鼻子放在威利的腿上，直勾勾地盯着饼干罐。它对这些都不关心，但如果有人问它，它肯定会选择留下沙发，因为沙发上有它可以趴着的地方。

"下来！……嗯，沙发太……"

旁边传来了索菲亚的喊声。她把胳膊伸向了莱奥尼。弗兰齐斯卡干脆把她抱到了威利的腿上，宝拉和莱奥尼被吓了一跳：她不会吃狗狗饼干的……威利也愣住了——他向索菲亚伸了伸舌头，他们开始互相模仿。

"如果你不想留下这个沙发的话"，我说道，"我们当然可以……"

威利正忙着哄索菲亚。

"如果我没有超过 90 岁"，他温和地说，"你们立马就可以再搬出去"。

一阵沉默。苏珊和赫尔加笑了。

"圣诞节时，我们把白色的沙发也搬进来。"

所有人都笑了笑，并且知道这件事永远都不会发生。

· · ·

新生活就这样开始了。时光飞逝，我们所经历的一幕幕如同电影画面般一闪而过：摆满玩偶的房间，低矮的天花板，我们毫不费力便可以拍死蚊子。天气晴朗时，在阳台上可以望到群山的景色，阳台是弗兰齐斯卡的父亲建的，中央横梁看起来已经腐烂，摇摇欲坠。疲倦的父母、辛勤的外祖母、群蜂飞舞的花园世界、幸福的婴儿时光。在萤火虫出没的时节，我们会在房子后面举办家庭聚会、修剪草坪、玫瑰，和赫尔加打乒乓球。"哎呀，你又让我赢了。"花园里的树木变了颜色，第一场雪如期而至，我们迎来了搬家后的第一个圣诞节。威利由两代人一左一右地搀扶着走上楼，这是许多年来的第一次。

"你们的房间很不错。"

"谢谢你让我们住在这里。"

"哪有，你们能来我很高兴。"

每一代人都有属于自己的"王国"，自己的浴室、厨房、花园空地，然而整个房子的中心是威利和赫尔加的餐桌。当他们在九点钟吃早饭，在下午三点喝咖啡时，所有人都会不约而同地走过去。若是阳光明媚，聚会地点便会转移到厨房门旁的花园里，盖在桌子上的桌布破旧不堪，每当宝拉和莱奥尼躺在下面时，桌布的碎屑就会掉落在它们头上。来到这里后的第一个春天，我们在花园里安置了一个嬉水池和一个沙坑，放置了一个烤肉架。赫尔加会为大家端上自己制作的草莓蛋糕，连续几个星期，她几乎每天都会烤。毕竟，浆果在打折，为了省钱也必须要买。蛋糕里的水果堆成小山，空隙也会被果酱填满，馅料如此丰富，以至于没有人再吃蛋糕胚，鸡可以因此大饱口福。此外，蛋糕上还会抹上两碗鲜奶油，威利会责备这种"铺张浪费"的行为。苏珊发誓今晚不吃晚饭，要去慢跑。每当谈到运动和节食的问题时，威利都会表示，在这一生中，运动和节食都没能带给他好处。"尽管我有在运动和节食，我还是变老了。"

第一轮争吵发生在春天，家庭的"蜜月期"已经结束。

"弗兰齐斯卡！这里怎么这个样子？"苏珊指责道。

"弗兰齐斯卡，不要再清洗我的洗碗机了。""为什么？""你清洗的方式不对。"

"洛伦茨！你不能把洗衣机塞得这么满，它的运行时间很短。"

"洛伦茨！牵狗的绳子怎么又不见了？"

"门外是什么声音？我在工作。你们不能抱着索菲亚上楼吗？"

他们说得对。门口散落着尿布，草坪上还摆着玩具，晚上沙坑也没有用纸板盖住。

但是：

他们就看不见吗？

难道他们看不见我们手提购物袋，抱着索菲亚，脚边是莱奥尼的样子吗？当索菲亚饿得嗷嗷大叫，必须快点哄好她时，我们能保持多少秩序？当我们晚上抱着索菲亚在三个房间里走了三个小时而累得睡着时，又怎会留意那么多呢？在这种日子里，你根本无心注意门口鞋子的摆放顺序、玩具的正确存放位置或是沙坑的保护措施——一个猫咪护栏，为了防止猫在夜晚进去把沙坑弄脏。房子里养了两只狗，其中一只甚至把追赶猫咪作为它最大的爱好，这太荒谬了。每次一看到猫，莱奥尼就竖起耳朵，拔腿就追。

我们也说了：他们需要表示理解，注意他们的语气，也要理解如今父母该做的事情与 50 年前不同。我们已经提过这个问题，给索菲亚吃太多冰激凌和巧克力是不行的。我们把门锁住是有原因的：晚上睡不着，想在中午补觉，但我们不想被说教。

· · ·

　　如果我当时就意识到了如今才明白的道理，一切就会变得更容易些。我本应该知道，当时所发生的都是稀松平常、无可避免的事情，而且也并没有那么糟糕。我本应该知道，自己会陷入怎样的境况，和他人共同生活是件难事，和家人则更是如此，我们对此无能为力，这不是刻意的疏忽，也并非忽视。相反，这是亲近、信任和爱的表现，是我们生命进程中的一部分，这是那位智慧女士，牛津大学教授、进化人类学家安娜·梅钦（Anna Machin）最近告诉我的道理。如果两年前，在我认识她时，她就跟我传达了这样的观点，很多事情便迎刃而解了。

　　我那时打电话给梅钦，是因为我在《新科学家》（*New Scientist*）上读到了她写的一篇有关父性研究的文章。在孩子的成长过程中，父亲所起到的作用比我们想象的要重要得多。在孩子人生的特定阶段，与父亲建立紧密的纽带对孩子的成长和发育至关重要，其他男性家庭成员，如爷爷、叔叔，也发挥着一定作用。我想要成为索菲亚心目中最棒的父亲——或是她口中的"爸比"，这促使我必须更深入地了解这方面的研究。为了索菲亚能健康快乐地成长，我可以做些什么？

　　在交谈中，梅钦告诉我，她正在探索父性相关的问题。多年以来，她一直在研究"爱"这一主题，其中包含了方方面面：情欲之爱、朋友间的爱以及家庭中的爱。当然，这些爱之间存在着很大差异。单是父子与母子之间的爱就存在着本质区别，这一区别在大脑、激素、生物化学以及行为中都有所体现。父亲关爱与教育孩子的方式不同于母亲，喂孩子吃饭、哄孩子入睡的方式也都不一样。梅钦说，这是进化论愿意看到的结果：相较于父母双方行事方式一致的孩子，父母双方行事方式不同的孩子学到的东西更多。

当时的话题都是围绕我和索菲亚进行的，我没能找到机会问及家庭中的爱，以及四世同堂意味着什么。对于这些问题，我们之后才谈到。其中很多都让我极为惊讶。

"我们可以通过脑部扫描观察到爱的产生位置与过程"，她说。"我们也能够识别不同形式的爱之间存在的差异。朋友之间和家人之间的爱是不同的。两者都是柏拉图式的爱，但在大脑中的活跃程度却截然不同。为了维持这段关系，人们给予的关注、投入的精力也并不均衡。当我们让受试者与朋友互动时，成像上会出现比与家人相处时更大的波动。维持友谊需要更多的感知能力，因此会耗费更多的时间，我们也会更加警惕地在付出与回报之间寻求平衡，确保自己不会被利用。而在家庭中，我们不会耗费时间和精力在寻求平衡上。因为我们与家人有着基因上的联系，所以对这种关系更加信任。"

因为我们不留心，因为我们太过信任血缘联系，也因为——不管是不是家人——我们首先必须在全新的、变化了的生活中找寻自己的位置，所以我们必须要开一场家庭会议。

我们谈了谈。幸运的是，我们愿意互相倾听，对一些问题不再视而不见。

弗兰齐斯卡和我维持了房子的整洁。

我在洗衣机里放的衣服也少多了。

我们做了一个滑轮，把餐具从阳台上带到自己的厨房。

而赫尔加在给索菲亚吃冰激凌时会告知我们。

苏珊的语气也变了，她现在更像是我们的大姐姐。"小心肝"这个称呼只在我眼里分外突出，而对弗兰齐斯卡来说，这似乎是一种完全正常的称呼形式。

因为我们是人，我们是一个家庭，而在一个家庭中难免会有争吵。每当我们再次做错事情时，我们会学着互相体谅彼此。我们已经走上了正确的轨道，但仍然任重道远。

5

成 长

"……以及永不会被提出的问题"

"我的助步车哪儿去了？"

威利倚在门旁，扶着栏杆，缓慢地走下两阶台阶，进到花园。他的手有些干枯，上面布满了老年斑，手指细而长。偶尔，当威利想要起身或是坐在放有两个软垫的靠背椅上，双腿因为坐的时间太久而颤抖时，我会握住他的一只手，将他扶起。每当这时，我都会很惊讶：他的手摸上去很光滑，就像戴了皮手套一样。

威利朝四周看了看。当他看到索菲亚时，眼角露出笑意。

她穿着碎花连体衣在草坪上摇摇晃晃，背对着他，双臂张开，一只手放在助步车架的左边，另一只手放在右边，把车子后轮高高地压起。她支撑着自己，一步又一步向前走。两只狗蹲在旁边看着，摇着尾巴。

是的，小索菲亚学会跑了。她在助步车的辅助下跑出了人生中的第一步，而威利可能将借助它走完生命中的最后几步。

威利向我伸出了胳膊，我搀扶住他。他慢慢地走下第一个台阶，第二个台阶，转过身来，走向椅子，向后摸索着靠背，然后坐了下来。他的脚上穿着羊毛袜，无神的双眸再次抬起，看向索菲亚。索菲亚正低着头跑着，微风吹拂着她的头发。她停在了邻居家的树篱前，环顾四周。是的，我们所有人都看到了这一幕。

夏天快要到了，索菲亚蹒跚地从一个地方走到下一个地方，妈妈、爸爸、外祖母苏珊、曾外祖母赫尔加、曾外祖父威利，她的世界中包括了所有人，每个人都有各自的位置，缺一不可。宝拉在哪儿？苏珊在哪儿？在她迈出第一步、说出第一句话后不久，这些问题就出现了。

是索菲亚把我们带进了这座房子。她带着我们走过了第一年，越过了所有的障碍。我们看着她成长，甚至没留意到，我们也随着她一起成长了。我们试着相互体谅、理解、陪伴。我们共同成长。为此，必须付出很多，而且仅凭一人是无法实现的，索菲亚帮我们分担了很多工作。她征服了整个房子，爬行、蹒跚、跑步，第一年，第二年。

"那个小家伙。她让这里的每个人都忙得团团转"，威利开玩笑说，"两个老奶奶，妈妈，爸爸，就没有闲下来的时候"。

我们宠着她、爱护她，给她安抚奶嘴、喂米饭布丁、贴儿童创可贴、唱摇篮曲、读书。我们往花园里运了一吨沙子，沙子如小山般高高堆起；建了一个蹦床，可以让索菲亚跳得比邻居家两米高的树篱还要高；还挂了一个圆形的秋千，很结实，可以在上面睡觉。秋千是威利出钱买下的，但当它在门口挂了四个星期后，他开始抱怨起来，因为在建造秋千之前还需做很多事情。必须先清理干净边缘长满青苔的花坛，填满表层土，再用耙子耙平，最后用种植器栽上鲜花；还要将游泳池打开，放上一天一夜的水，直到水满为止。花园小屋也要打扫出来，在里面安置一张小桌子和两把青蛙椅，旁边放上六本书。索菲亚常常在十点到十一点之间阅读一个小时的书，或者更确切地说：

"曾外祖母！"

"怎么了？"

"过来读书！"

书里有收集颜色与阳光的小田鼠弗里德里克的故事，还有阿鼠乔尼、公鸡弗兰茨和胖猪瓦尔德的冒险故事。每当圣诞节时，她还会沉迷于圣诞画册之中。赫尔加总是会叹着气从低矮的青蛙椅上站起来。

所有人无一例外，都要度过充满爱的漫长的一天。

"外婆苏珊！"——"嗯？"——"跳。"苏珊把她抱到蹦床上。

"曾外祖父威利！"——"嗯？"——"吹喇叭。"威利会把喇叭递给她。"爸爸"——"怎么了？"——"快跑。"狗也必须跟着一起跑。而"妈妈"是她的私有财产，在度过了漫长的一天后，在阅读、做饭、喂食、换衣服、推婴儿车、赛跑、编故事、擦眼泪和爬一百次楼梯之后，到了晚上，正如苏珊所说，所有人都"精疲力竭"了。威利手指和耳朵痛，赫尔加胳膊和膝盖痛，苏珊手肘和肩膀痛，而弗兰齐斯卡和我则是身心俱疲。我们一动也不想动地躺着，而索菲亚在睡觉之前还要上一节运动课。当威利在楼下享受神圣的电影之夜时，他的头顶会传来索菲亚蹦来蹦去的声音。他并没有生气，第二天还笑着说了这件事。但是，如果赫尔加迟到十分钟，那就糟糕了，而她迟到的原因是她必须要做饭、游泳、跳舞或其他必要的事情。他摆出极为不满的表情，毕竟电影的前几分钟至关重要，决定着整个故事情节的发展，无论是在他的朋友罗曼·波兰斯基（Roman Polanski）[1] 导演的电影，还是经常观看的罗莎蒙德·皮尔彻（Rosamunde Pilcher）的作品中，都是如此。赫尔加预料到他会不开心，在进屋门时就告知他，她必须还要和朋友露丝去看落日，但这仍然无法平息威利的怒火。当赫尔加问道某个演员在电影中扮演哪个角色、电影刚刚演了些什么时，他为了赌气，干脆保持沉默，或是在他极其生气时，会告诉她错误的答案。但他并没有对索菲亚发脾气，这个一岁、两岁、很快就三岁的女孩张着嘴站在他面前，他朝她做了个鬼脸。弗兰齐斯卡对此很恼火，因为索菲亚记住了这个表情，并开始向陌生人吐舌头。

唯一能使索菲亚胆怯的是那块红色指示牌，每当苏珊想要独处或是参与健康研讨会直播时，她会把它挂在门把手上——为了避免孩子、狗或是家里的其他人出现在视频画面中。如果她哪次忘记了，就会持续两个小时闷闷不乐。但当索菲亚给她带来一幅画或一颗"狗狗糖果"时，愤怒就都烟消云散了。这就如同家里

---

[1] 罗曼·波兰斯基，波兰犹太裔法国导演、编剧、制作人。

发生第一次争吵，关于沙发的去留问题，也是索菲亚治愈了一切。她是我们的黏合剂与催化剂。

诺贝尔化学奖得主、催化研究领域杰出人物格哈德·埃特尔（Gerhard Ertl）曾向我解释过催化剂的重要性。这种物质能够塑造我们的世界。倘若没有它们，就不会有现代化学，不会发生工业革命，也不会有汽油和塑料。没有它们，就没有生物化学，没有思考，人们不能消化，不会衰老，生命也不复存在。就像把石油变成汽油需要催化剂一样，把营养物质变成生命能量也需要催化剂，比如辅酶 NAD[1]，如果没有它，我们可能会在 30 秒内死亡。我们之后还会在很长一段时间内谈论它，因此对于我们的共同生活来说，催化剂是必不可少的，它能帮助我们汇聚到一起并且永远不会分开。"催化剂就像一个登山向导"，埃特尔教授说，"他知道越过山口的捷径，并让徒步者以最快的速度越过去"。

而我们的登山向导与催化剂是索菲亚。其次是威利。归根结底，将我们这个家庭凝聚在一起的是两个最弱者。

· · ·

我们曾去意大利拜访过威利，那是我与他第一次见面。威利

---

[1] 　NAD（nicotinamide adenine dinucleotide），学名为烟酰胺腺嘌呤二核苷酸，它存在于我们人体每个细胞中，是多种代谢途径的关键代谢物和辅酶，介导参与各个生物过程，有超过 300 种酶依赖它才能工作。

热爱阳光。25 年来，他在威尼斯利多岛（Lido di Venezia）的海湾度过了一个又一个深秋，他每年都会来到这里参加电影节，威尼斯成了他的第二故乡。他们在由白色帆布制成的沙滩小屋里悠闲度日，夜晚在伊克斯西尔大酒店（Hotel Excelsior）盛装打扮，乘坐红木水上巴士参加聚会和招待会。在聚会上，威利与马里奥·普佐、迪诺·德·劳伦提斯（Dino De Laurentiis）[1] 等人谈论生意上的事情，而赫尔加则与西尔瓦娜·曼加诺（Silvana Mangano）[2]、卡特丽娜·瓦伦特（Caterina Valente）[3] 一起喝着香槟。

所有人都簇拥着他们，对他们笑脸相迎，但威利从未忘记那些笑容背后的真实意图：他的职务，他的公司。作为制片人，他在电影选角时拥有一定的话语权，同时还掌管着公司的资金。很少有人有着像路易·德·菲奈斯（Louis de Funès）[4] 一样的幽默感，他在这样一个争名逐利的场合，在威利面前跪下，双手摆出乞求的姿势，在他们共同拍摄《雅各布教士历险记》（*Die Abenteuer des Rabbi Jacob*）之后，将照片作为告别礼物送给他。不，威利与他们维持着距离，只有与沃尔克·施隆多夫（Volker Schlöndorf)[5] 和罗曼·波兰斯基的关系比较密切。

---

[1] 迪诺·德·劳伦提斯，著名电影制作人，欧美电影界泰斗人物。

[2] 西尔瓦娜·曼加诺，意大利女演员，参演的影片有《曼波》和《大战争》。

[3] 卡特丽娜·瓦伦特，一位于法国巴黎出生的意大利歌后、演员、舞蹈家。

[4] 路易·德·菲奈斯，法国著名导演、演员、剧作家。

[5] 沃尔克·施隆多夫，德国电影导演，与维姆·文德斯、维尔纳·赫尔佐格、赖纳·维尔纳·法斯宾德并称"新德国电影四杰"。

当我和弗兰齐斯卡拜访威利时，他并未在伊克斯西尔酒店度过九月，而是选择在名为鲜花广场（Dei Fiori）的露营地度过，这里的花草树木比他自己的花园还多。我那时刚和弗兰齐斯卡在一起，在威尼斯的旅行中，她想在外公那里稍作停留，在他的住处有一辆稳固的露营车。我们睡在遮阳篷里。早上六点，我们会被太阳唤醒，弗兰齐斯卡消失在海里，而后又消失在游泳池里。我和威利坐在那里，他开始讲述他的旅行以及在海湾与西部工业集团工作的那段日子，一谈便是几个小时。我静静地聆听并了解到他是如何让于 2002 年宣布破产的亿万富翁莱奥·基尔希偿还派拉蒙债务的。他们时常要追逐着金钱。当威利向基尔希发送一部即将在 RTL 电视台放映的影片时，他故意将电影胶卷保留下来。播出前不久，基尔希的办公室打来电话，而后是基尔希本人，他愤怒且激动地说：“胶卷呢？”“我们的钱呢？”威利回答。钱很快就到账了。

除此之外，他还讲述了查理对《爱情故事》样片提出意见的故事。查理将自己在曼哈顿的两层公寓中的一层改造成电影院，共有八到十个房间。将近两个小时后，灯光再次亮起时，屋内一片寂静。这是一个什么故事？一个家境殷实的法律系学生违背父亲的意愿，与一个贫穷的音乐系女学生相爱并结婚，而女主角最终却离开了人世的故事。还有一些流露出伤感之情的台词：爱，就是永远都不用说对不起。“我们为此付了多少钱？”布鲁多恩问道。“呃，两百万。”

我们不能就这样把这部电影放出来。这不是派拉蒙的风格。

作者叫什么名字？西格尔？好的，他必须为此写一本书。我们必须先看一下书是否畅销。如果书卖得好，电影票房也会很可观。出版社想将这一本160页伤感的爱情小说印刷6000份。他们付给出版社2.5万美元，以便能够印刷更多份。小说在情人节推出，并将"能让你哭完一包纸巾"作为噱头。随后，他们在150家公司的内部推广这本书，销量稳步攀升，甚至登上《纽约时报》畅销书榜。最终，他们花在广告上的钱比花在电影上的钱还要多。电影票房总收入超过1亿美元。利润达到3000万美元——成为电影史上最成功的案例之一。

在遮阳篷里度过一夜之后，弗兰齐斯卡和我启程前往下一站，弗兰齐斯卡说："你好可怜，外公是不是话太多了？"我说："并不，这些故事都很有意思。"接着我问道："你知道，《爱情故事》是如何获得成功的吗？"我还给我们的朋友讲述了有关威利的事，在利多岛庆祝弗兰齐斯卡30岁生日，在海滩上、在拥有闪亮灯光和深红色地毯的电影宫（Palazzo del Cinema）旁，可以看到伊克斯西尔大酒店的景色。我们从海滩可以进入被大理石、镜子和晚礼服围绕的酒吧，在拐角处坐着昆汀·塔伦蒂诺和米拉·乔沃维奇，还有今天人们熟知的德·劳伦蒂斯和曼加诺。这就是属于赫尔加和威利的时刻。

在之后的几年里，我时常想起威利在野营桌上讲述的故事。但我的谈话并未继续进行，无论何时我们见面，圣诞节、复活节、夏天的一次短暂拜访，我们之间都再也没有过如此亲近的交谈，我们共享的同一个帐篷拉近了我们的距离，威利打开了他的心门，我打开了我的耳朵。

时隔七年，我们重新住在了一个屋檐下，这一次是真正的共同生活。一段时间后，我们又开始交谈，当我再次倾听威利的故事时，我才意识到自己的盲目和愚蠢：为什么我要等待七年？现在能够听他讲故事，其实是一种幸福，因为每一次交谈都可能成为最后一次。但人就是这样，总是错失见亲人最后一面的机会，而后追悔莫及。等意识到时，时光已经流逝了。我很幸运。搬家给予了我这样的机会。当我们住在一起时，一切都变得不同。很快，弗兰齐斯卡、苏珊和赫尔加也坐到了我们旁边。偶尔，当威利不得不绞尽脑汁回忆名字、日期、经历，并感到筋疲力尽时，苏珊会说："洛伦茨，你应该早点来的。"对此，我不知道该如何反驳。而她对威利说："你没把它写下来吗？你真的把那些文件扔了？"

有些时候，苏珊会在每天夜里从废纸、泛黄的八卦文章中挽救记忆，威利已经把它们从生活中清除了。为什么他要扔掉这么多？"洛伦茨是这个家中唯一一个对这些事情感兴趣的人。"威利责备道。这当然不对，所有人都听过他的故事。但这也没有错。首先向他提出问题的恰恰是我这个"外人"，这也并非偶然。家庭成员之间不太努力互相了解彼此，因为他们拥有血缘关系，不会对亲密关系患得患失，所以他们不会问太多问题，因为他们猜得到答案，或是因为他们太过亲近，已经对彼此了如指掌。

我还想向威利提出关于生与死的问题，但很遗憾，这些问题我从未问过我的祖父母，欧根和海德维希，他们已经分别在 93 岁和 99 岁时去世了。我必须要抓紧时间问问我的父母，我对他们也知之甚少。

6

威 利

"……和幸福"

威利坐在我面前，眼睛如海水般湛蓝，花白且蓬松的头发很是整洁，苏珊昨天刚刚为他修剪过。家中这位最年老的人现在正在为水井旁的小苹果树施肥，他在树荫下坐着。在这样久的一生中，威利的皮肤汲取了很多阳光，头皮上斑斑点点，有三块已经结痂了。"应该去看看皮肤科医生。"苏珊说。他笑了。

"我在学校一直被叫作马洛尼"，他说，"我想，其他人可能都不知道我的真实名字"。拉丁文老师说威利看起来一点也不像雅利安人。

威利用几句话就能把你带入另一个时代。在他出生的那一年，保罗·冯·兴登堡当选为帝国总统；在美国，老师会因讲授进化论而非创世神话而被判刑[1]；弗兰茨·卡夫卡的《审判》

---

[1]　1925 年 3 月 23 日，美国田纳西州禁止学校讲授进化论。

（*Der Prozess*）问世；马克斯·迪克曼教授发送了世界上第一张无线电传真照片，并在电影院播放了查理·卓别林的《淘金记》（*Goldrausch*）。当他还是个孩子时，守夜人还会在晚上关掉街上的灯。

威利最初的记忆是他在沙发上蹦跳，直到他的妈妈走过来，一边大叫，一边打他。他那时 3 岁。不久之后，莫勒（Möhrle）叔叔开着他的以木头为燃料的蒸汽卡车到家门口，他在巴伐利亚经营一家润滑油公司，威利之前从未见过他。儿科医生建议，威利应该去乡下疗养，因为他身材瘦小、体弱多病，所以莫勒叔叔把他带到了奥格斯堡（Augsburg）附近的格金根（Göggingen），和祖父母一起生活。他的祖父放弃了农场，作为回报，他得到了一份遗赠：每周都能收到培根、鸡蛋、牛奶、黄油、木材，分享农场提供的一切物品。威利穿上了皮裤，也能吃饱了，他第一次得到了爱——是祖母给予他的。在 19 岁从战场归来时，威利才再次见到他的母亲。她因躲避战乱逃到了格金根。但她根本不想见他，她找了一个美国的男朋友，甚至为自己有这么大的儿子感到羞耻。她用父亲的遗产——一辆新的汽车联盟（Auto Union）汽车，父亲死于心脏病，去世时手里还握着汽车的钥匙——换取了香烟。在母亲变老后，威利让她住进了这所房子。但他没有对她说过一句话。

威利说，他的人生可以用一个词来形容——幸运。"我一直都很幸运。"

17 岁时，他不得不上战场打仗。某天，一位上校出现在了军营中，上尉跑了过来，所有人都立正站好，只有威利说："你好，赫尔曼叔叔。"——"你好，布阿勒[1]。"威利获准去学习开车并被派到巴黎的后勤部队，负责运送烤箱，掌管着羊角包和蛋糕。最终，他成了运输班班长，负责采购燃料和维修车辆。他不必去前线，也从不开枪，拥有自己的办公室，晚上他也会睡在这里。和平临近之际，他所在连队中的 200 人只有 22 人活了下来。当中校擅自在他们的服役记录上盖上"解雇"字样时，他们实际上已经回到了奥格斯堡。他必须步行 10 公里才能回到家，而他们家是这一地区为数不多的没有人挨饿的家庭之一。

后来，美国人在寻找会说英语的地区代表时，市长把威利派往奥格斯堡的总部。在他结束自我介绍后，美国人回了他几句话，而威利一脸茫然："对不起，我不明白。"然后美国人说："孩子，那我们干脆说德语吧。"这个美国人是一个犹太人，在逃亡后曾为反法西斯同盟战斗。威利获得了一张通行证，可以进入营区贩卖部，即在美军基地内部营业的超市，这里应有尽有：花生酱、卫生纸、玛氏糖果、士力架、巧克力口香糖，而且价格都很便宜。在格金根，他从一个倒卖电影胶卷的人逐渐升至为电影院负责人，电影院每天都会放映四场电影，下午两点、四点、六点以及晚上八点，场场座无虚席。他还雇了一名售货员，将他从营区贩卖部购进的冰激凌和巧克力以翻倍的价格卖出。他把赚来的钱用于炒股，或是用于投资宝马及梅塞施密特，经济奇迹也使

---

[1]　布阿勒，威利家人对威利的昵称。

他达到了事业巅峰。

他从来自慕尼黑的尼德霍夫（Niederhofer）女士那里获得了美国电影的放映权。尼德霍夫女士拥有一辆欧宝船长汽车，却没有驾驶执照。很快，威利便开车送她去打网球、游泳、参加派对。她的未婚夫认为这种行为不太妥当，他掌管着所有美国电影公司在德国建立的分公司，共有 7 家，包括派拉蒙、环球、米高梅等影视公司。他想让威利远离他的未婚妻，就让威利进了自己的公司，恰好派拉蒙在慕尼黑的分公司经理职位有了空缺，他把威利派到了那里，威利也因此成为全世界最年轻的派拉蒙分公司经理，很快他便升至总经理的位置。在慕尼黑，他坐在一间大办公室中，与一位年轻漂亮的女秘书共事，她的名字叫赫尔加。70 年后，她仍然坐在他旁边，这位才貌双全的女士，无论在思想上还是艺术审美上，都有着独特的见解。在这段永恒关系中，她略占上风，这也让她在 85 岁时比许多中年人更有生命力。她喜欢跳舞、运动、唱歌、旅行、绘画、聚会，每年都会独自参加艺术家朋友赫尔玛举办的化装舞会。她的房间里摆着一幅洛可可风格的画作。房间的每个角落都画着画，鲜花、灌木丛、森林、多瑙河、飞着鸟儿的天空、融入画中的电线……我还从未见过这样的景象。她的穿搭会让威利的熟人感到诧异。然而，在嫁给威利之后，赫尔加往日丰富多彩的生活便笼罩上了一层灰色。早上，她会随意地套上衬衫和袜子，准备好所有的饭菜、麦片、香肠沙拉和蜂蜜面包，帮助威利洗澡，周六换上新的床单，坐在威利身边，在他心情不好时也是如此。"这并不是件容易的事。"当我坐在她的室内喷泉旁边的地板上时，她对我说，"但人类就是如此：无论好时光还是坏时光"。即便是平淡乏味的日常生活也会有某些美丽、温暖的时刻，千金难买。两个人所共同拥有的回忆，帮助他们渡过了艰难的时光，尽管多数时刻只是平平无奇的日常，但两个人在回首过去时也时不时会感叹他们所经历的事情。"然后你又走运了。"她说。在她讲述的同时，威利脑海里飞速思考了他人生中的下一站可能是什么。"查理。"

• • •

有一天，电话响了，是派拉蒙欧洲区负责人内森从巴黎打来的。"威利，大老板要来慕尼黑了。"威利被吓了一跳。查理·布鲁多恩的名声很大。《生活》杂志称他为"疯子"，并为他写了一篇封面故事。正如派拉蒙公司中流传的那样，只要布鲁多恩出现，就是一场腥风血雨。

"放宽心，他也只是个普通人。"威利挂上电话，自言自语。但他还是有些紧张。"我不会任由他摆布。"威利是派拉蒙最年轻的总经理，一年的销售额达到四百万马克，环球公司甚至也想挖走他。布鲁多恩不可能赶他走。

访问的日子越来越近。威利租了一辆奔驰600，并拜托一位他认识的机场员工开车送他到停机坪。大老板从飞机上下来了。不需要护照检查？"做得好"——这节省了时间。布鲁多恩还要会见宝马的首席执行官，因为他有家公司是做保险杠生意的。晚上，布鲁多恩才得空，他邀请威利到巴伐利亚宫廷酒店。

一块上好的牛排，一杯口味绝佳的朗姆酒，生意上的闲聊，毕竟数字会让人愉悦。这样的氛围一直持续——直到布鲁多恩问了一个不寻常的问题，在威利看来，这是一个充满驱逐气息的问题。布鲁多恩用严肃的语气问道："告诉我，威利，德国人喜欢美国人吗？"威利想了一会儿，看着布鲁顿的眼睛，说："不，查理，完全不。我们不喜欢他们，但我们需要他们，非常需要。与俄罗斯人相比，他们更好些。"

布鲁多恩愣住了，他的妻子伊薇特站了起来。"查理"，她用巴黎口音喊道，声音尖锐："你听到了吗？实话！你终于听到实话了。"

多年以后，威利才明白，为什么布鲁多恩如此困惑，伊薇特如此高兴。对于权力者来说，真相是一种稀缺商品。身边的人都对他们阿谀奉承，尤其是他们自己的员工。管理者地位越高，他们就越是掩盖真相；而且他们根本不会提出任何反对意见。这让布鲁多恩非常恼火，以至于他开始强行要求别人提出异议。有一次，布鲁多恩和派拉蒙公司的总裁坐在按摩浴缸里，向他抛出一系列怪诞的电影想法。"让坐牛（Sitting Bull）与阿道夫·希特勒相遇，怎么样？"或是"在儿童电视节目《熊出发了》的一集中——让菲德尔·卡斯特罗实现决定性的全垒打？"高层管理者的意见依旧毫无诚意：让美国人而不是古巴人赢得比赛，效果也许会更好。

但威利会对布鲁多恩说出自己心中的真实想法，而非总是一味迎合他——威利就像是布鲁多恩的朋友，一位重要的伙伴。谈话的内容也发生了变化。查理向威利讲述了他在维也纳的童年时光，讲述了他的父母是如何躲避纳粹的，讲述了他是怎么赚到第一个一百万的；还讲述了他的五个女儿，还有房子后面的百年云杉。偶尔，在威利遇到不理解的英语概念时，查理会帮忙查找。后来，宝马送给查理一辆车，他把车钥匙交给了威利，威利把车开回了家，而后接受查理的邀请去了华盛顿，在这里他要向一位参议员解释他对美国人声誉的看法。他必须要承担更多的责任，查理才会更加信任他。

一次小小的真诚改变了威利的生活。

从那时起，他经常以理事的身份参加高层管理会议，在听了每个人发表的意见后，查理会问："威利，你怎么看？"威利曾敢于选用所有人都不看好的白兰度，也曾反对所有人一律支持的意大利出版商。而这两次威利做出的抉择都是对的：白兰度完美地塑造了"教父"这一经典形象，意大利出版商后来被证实伪造了资产负债表。这让查理赔了不少钱。有一次威利问他："你怎么能这样？"查理说："威利，如果你不做好损失几百万的准备，就永远无法赚上几十亿。"威利明白，自己是个好的建议者，但绝非好的决策者。但他的态度真诚，即便许多高级管理人员对他不屑一顾。这个"德国佬"使他们捉摸不透，他没有任何头衔，名片上也只印着名字。这栋位于中央公园的大楼，楼层越高意味着身份地位就越高，而他，甚至没有自己的办公室，只是和查理坐在一起，在顶层，第37层，高于所有人，比副董事长杰瑞·谢尔曼（Jerry Sherman）还高出三层。有人以为威利是查理的兄弟。他们每天形影不离，总是乘着专用电梯直通顶层！他们身高相仿，年龄相仿，穿着灰色西装，容光焕发，浓密的眉毛下戴着一副眼镜。两人讲话都直切重点，从不闲聊，一是因为查理没有时间，二是因为威利的词汇量不够。

· · ·

　　我与威利就这样聊着，天色渐渐暗了下来。有时，我们会一同沉默。我给威利拿了一条毯子，给他煮了杯咖啡，为他的蜂蜜面包涂上黄油，这些事情本是由赫尔加、苏珊或弗兰齐斯卡做的。不知何时开始，我已经习惯帮威利处理这样的小事。当我坐在花园里处理工作，看见他走出门，我便知道他需要什么。

　　我们能够自己处理好关系，而不需要索菲亚做我们的调和剂，这是我们在紧密联系中迈出的又一步。哦，外面下着毛毛雨，天空灰蒙蒙的，草地上泥泞不堪。早上喝咖啡前，我们悄悄地打开苏珊房间的门，轻声喊"宝拉"，然后我们穿着雨衣，翻起领子，出了门。但天气还是给了我们一记耳光。回到家时，我们手里拿着毛巾。狗的爪子脏兮兮，浑身是泥。我们站在前门，弯着腰，满头大汗，眼镜上起了雾，狗不停地窜来窜去。或者，赫尔加的面包车停了下来，她从中拎出两个袋子，满满当当的，里面装着西红柿、草莓、菠萝、橙汁、威利酒、罐头汤、奶油鲱鱼、希腊酸奶、肉桂米布丁、洋葱、橄榄油、做肉丸子用的碎肉。索菲亚、苏珊、弗兰齐斯卡和我也非常喜欢这些东西。生奶油、高达奶酪、冰棍、还买了一堆促销的梨，每袋有十公斤重。但赫尔加从不去找弗兰齐斯卡或我帮忙。她用胳膊一点点地把袋子搬上长长的小路，如果在寒冷的冬季，她的手臂会变得僵硬，毕竟80岁的人骨骼已经不像以前那样强壮了。看到这种情形，我会从写字椅上站起，迎上前去。"哦，洛伦兹，没关系，这不难。"我从她手中接过袋子。"把它们放在门外就行。"我把袋子拎进门，放在桌子上，旁边是一罐狗狗糖果和威利的药盒，每天12片药，赫尔加能够把冰箱里的鲱鱼、酸奶和高达奶酪放在左边，把草莓、洋葱、瓶子和罐头放在右边，放在她口中的"储藏室"，那是建筑师在一扇白色木门后面、面向外墙建造的一个房间，我不清楚那里能装下什么。在她整理时，我离开了，心情很舒畅，而赫尔加，我心想，应该也会如此。

是的，共同生活不是一件容易的事，我们可能无法接受他人的行为，他人也可能将自己的意志、经历、恐惧、忧虑强加给我们，或是完全无视我们，旁若无人地打喷嚏、大笑、打电话。苏珊做牛肉煎饼，赫尔加在灶台上烤扭结面包，却因为打电话而烤焦，或是我们把索菲亚的尿布忘在门口，你无法说出这些气味中哪一个最难闻——所以，为什么人们要一起生活？我问安娜·梅钦，为什么我们要自己承担这些？她回答说："与其他人一起生活可能会很痛苦，但若没有他们，生活也就不复存在。我们需要他们。"

安娜·梅钦说，爱，仅有一个目的：生存。每一种形式的爱都是进化论的必然结果；孑然一身会迷踪失路。"从前，人类必须三五成群，去打猎、寻找水源、制造工具，还要教书育人。"这一点并没有改变。当我们团结一致，并长期保持这种纽带关系时，会得到大自然的馈赠。各种物质混合而成的鸡尾酒、大脑中的神经传递素，安抚并激励着我们，使我们快速成长、变得更聪明、健康和幸福。第一种神经传递素是：催产素。这种物质能够缓解压力，平缓大脑中的杏仁核，让我们有勇气面对恐惧。当身体释放催产素时，多巴胺也会随之增加。在我们吃巧克力或是和爱人接吻时，身体就会分泌出多巴胺，心情会变得愉悦。这两种物质都能给你带来快乐的感觉，就像兴奋剂一样。

正如大脑研究人员所说，它们使神经细胞发生变化，提升了大脑的可塑性。建立联系，逐渐增长。受它们影响最大的位置是用于学习和记忆的位置。这两种物质使你进入平衡状态，一种使你平静，另一种使你兴奋。第三种物质是血清素，有助于缓解抑郁症，但同时也会造成强迫症。这种物质不可过度沉迷，但在一定限度内，它能够使我们喜欢上一件事物或一个人，并坚持下去。

催产素并不能持续地发挥作用。为了长期共同生活，我们需要第四种物质：β-内啡肽，人体内的天然鸦片。它能起到舒缓、镇静、强化及保持健康的作用。当你触碰或是嗅到某人，当你唱歌、跳舞或是做所有与人们相关联的事情时，就能刺激人体分泌内啡肽。

就这样，这四种物质帮助苏珊忘记了她地下室的箱子，让新的物件进入了她的生活；索菲亚刚会爬时，她甚至在苏珊的小屋里放了一张小桌子和一把瓢虫椅，还有一个有牛、羊、驴、马的玩具院子。随着拜访次数日渐增加，索菲亚成功将 35 平方米的空间都堆满了小雕像、卡片、照片，她可以用小剪刀把丝带剪成很多小段，这对赫尔加和苏珊在我们搬进来后买的戴森吸尘器来说简直是一场噩梦。一场噩梦，但同时也是一场欢笑，如果不是索菲亚来到她以前整洁的房间，苏珊是不会笑的。这件事非同小可，试想一下，成年人平均每天只会笑 15 次，而一个孩子平均笑 400 次。对于苏珊来说，笑出皱纹不是让她更加年轻吗？

7

是什么这么臭？

"……以及这座房子中另外两个故事"

"赫尔加，酸奶还在保质期内吧？"

"是的，七月底到期。"

"哪一年的七月底？"

"什么？"赫尔加骂道："你这个小混蛋！"

苏珊笑了，赫尔加也跟着笑了。

这个笑话几乎成为了我们的经典笑料，我一遍又一遍地拿这件事取笑赫尔加，她也一次又一次地上当受骗。这要从我们搬进来很久之前说起，那时是六月，我从冰箱里拿出一盒酸奶，但它十一月就过期了。

"妈妈！"苏珊喊道，耳朵却一直听着我们这边。就像赫尔加一样。

赫尔加有两个特别的习惯。如果某件东西在打折，她会一下子买很多，酒杯、罐头以及包装盒会在衣柜或是贮藏室里排起长长的队，偶尔会有一个罐头被遗忘在架子后面。如果这个罐头又突然出现，而且已经超过"最佳食用日期"一两年甚至七年，赫尔加就特别想打开罐头一探究竟："让我们看看里面的食物还能不能吃。"

我们搬进来后，我经常看到苏珊穿过厨房，跑向贮藏室，说："是什么这么臭？"

贮藏室是一个小房间，2.5米高，1.5米宽，墙上固定着一个架子，上面有七个隔间，每个隔间都很高很深，宝拉和莱奥尼都可以睡在里面了，他们可能会喜欢闻这些气味。有一次，当赫尔加打开门时，莱奥尼夺走了两只刚烤好的鸭子。一整个下午，她都躺在花园里，肚子鼓鼓的，咧着嘴，苏珊看管着它，她害怕莱奥尼只要稍微动一下就会吐出来。在七个隔间的中间位置，赫尔加能够摆下9个超大果酱罐、8瓶胡萝卜汁、6罐面条汤和10大瓶"喜宝有机黄油蔬菜鸡肉泥"，旁边还能放置5罐1升的燕麦奶。当然，她确实这样做了——甚至没有填满这个隔间的三分之一。葡萄干、椰奶、椰子卷、南瓜子、亚麻籽、圣约翰草[1]、圣约翰草茶、燕麦、燕麦麸、燕麦片、芝麻、大麻籽、面粉、米诺利斯、扁豆、面条、龙舌兰糖浆、红糖，以及白糖——9（！）公斤包装，医生曾建议她不要吃糖。

气味是从右面传来的。在另外三层隔间里，存放着"新鲜食品"，作为厨房桌子上那个世界最大号水果篮的库存；用网兜装

---

[1] 圣约翰草，又名金丝桃，是欧美的常用草药，主要用于妇女调经，亦有宁神、平衡情绪的作用，可缓解抑郁引起的失眠、焦虑、神经紧张。

着的番茄，按照生（背面）和熟透（正面）的方式进行分类；还有胡萝卜、发芽的洋葱、大蒜、西葫芦、萝卜、黄瓜，哦，已经有点蔫了。但不是它，在那里，在后面，那个灰色的东西，长着长长的嫩芽，天哪。苏珊眯起眼睛，用一根手指去触碰，脸歪到一边。"啊……啊……啊……白菜！"

"妈妈！"

• • •

我永远不会忘记我们与赫尔加一同去度假的经历。我们坐着她的车去野营，行驶了 575 公里。"6 小时 23 分钟。"导航提醒道。弗兰齐斯卡开车，赫尔加坐在后座上，我把头转到左边，我们有说有笑。一两个小时后，就只剩赫尔加一个人在讲话，我们就只静静地听着。她讲述着她的一生，让时间倒流，并放慢它的速度，和我们一起穿越回过去，而眼前的时间在飞速流逝，就像车窗外一晃而过的街道、山脉、田野和房屋一样，几分钟就这样过去了。和威利一样，赫尔加也从小没有母亲。她的母亲死于分娩。她的父亲性子极为暴躁，以至于他的妹妹只能拿起猎枪来保护自己。在与第一任妻子离婚后，他偷偷跟着她，在花园里绑架了他们的两个孩子。在那之后，他与家中的保姆发生了性关系，在她偷偷跑去垫了鼻子后，他将她赶出了家门。赫尔加同父异母的姐姐弗里德尔（Friedel）出生后，他也将她留在自己身边，并交由另一位 19 岁的保姆照顾。他又一次让保姆怀了孕。海德琳德（Heidelinde）出生后，保姆又怀上了赫尔加，但在她出生之前，一切希望都破碎了。"我可能没办法看着这个孩子长大了。"她说。没想到却一语成谶，她在赫尔加出生十天后便去世了。不同于其他被绑架来的孩子，这个刚出生的婴儿需要父亲，但他却没有把她留在身边，而是毫无缘由地就把赫尔加抱到了养育院，她在那里待了一年的时间。最后，这个无依无靠的小孩搬进了一栋破旧的别墅，由下一任保姆照看。那位白发苍苍的商人没有时间照看她，他创办的瓷器厂有 500 名员工，他们生产的瓷器曾在 1904 年圣路易斯世界博览会上获得金牌。当我从汉堡搬到慕尼黑和弗兰齐斯卡住在一起时，她的公寓橱柜上摆放着盘子和杯子，其工艺之精美，是其他餐具不能比拟的。弗兰齐斯卡认为它们是圣洁的，这些餐具比我想象的还要精致，镶有金边，上面绘有玫瑰，是由曾外祖父弗里茨亲手制作的。她并不知道他是个怎样的人。家并非对所有人来说都是幸福的港湾。

　　我从新的角度看到了赫尔加对一个大而幸福的家庭的渴望。她完全不想回忆她的童年。她的父亲仅尽到了养家糊口的义务。从应有尽有的玩具到马术课，三个女孩从不缺任何东西，她们缺的只是温暖和关爱。除了工厂生产的利润，父亲把分红或监事会的收入也都花在了女儿们的身上。海德琳德把这些钱投入高级定制时装、保时捷、香槟和香烟上，这让她早早丧命。弗里德尔过着嬉皮士的生活，自由地漫游世界。赫尔加则在慕尼黑购置了一套联排别墅。1961 年冬，她与威利读到了一则广告："花园洋房，邻近市区，十二个房间，需要翻修，占地面积三千平方米"。而后，赫尔加和威利就开着他们欧宝汽车，行驶了很长一段路。山上每隔五十米就会有一栋别墅。来给他们开门的是一位年迈的女士，她的丈夫是一位著名的科学家，他在半年前去世了。他们没有孩子。正如这位女士所说，她用这十二个房间做什么呢？这个花园又还有什么意义呢？

啊，您有孩子！家里的老人也可以搬过来一起住！那么我很愿意帮您一次。您只需付我地皮的价格。这个房子本来也必须要翻修了。您想要马路对面的那块地产吗？三万马克？

威利说，不了，这一个房子就够我们打理的了，毕竟还要修剪草坪、扫雪。现在看来，他们白白错失了几十万马克。谁又会知道慕尼黑附近的房产价格将如何发展呢。

11 月 21 日，他们在公证处签署了房屋契约。自那之后，家中人丁兴旺，乐业安居。赫尔加画画、旅行，她通过威利结识了很多名人，布尔达（Burda）[1] 曾邀请她做时装杂志的模特，一位画家将她视为缪斯女神，一位教授认为她有成为女艺术家的潜力。但她都放弃了，于她而言，家人才是最重要的。偶尔她会参演几部电影，但她更喜欢自由自在地逛商场，不被人认出。在巴黎，和罗密·施奈德喝过咖啡后，她买了一把伞；在罗马，和克劳蒂亚·卡汀娜（Claudia Cardinale）游完泳后，买了一个枕套；在纽约，她买了一个盒冻酸奶和一件宽松毛衣，她喜欢宽松的衣服，美国正是宽松服饰的天堂，而威利和查理正痛苦地站在私人

---

[1]　安妮·布尔达，德国著名出版家。

飞机的旁边，看着表。赫尔加仔细打量着商品，乘着百货大楼的电梯去往上一层。"你怎么在这儿？"她用英语尖声问道。查理的司机欧文在她购物期间已经在酒店收拾好她的东西，并在最后一秒将它们带到了机场。

赫尔加、弗兰齐斯卡和我到达露营地后，我用充气泵给两张床垫打满气，床垫宽大、对背部友好，毕竟我们都已经是四十多岁的人了。而赫尔加在弗兰齐斯卡的帮助下支起了一个躺椅：红色毯子、淡紫色椅子、亮黄色和青绿色毛巾。之后，她漂流到了海滩。晚餐时，她会按照路德维希博士的营养疗法，吃些酸奶凝乳和亚麻籽油，晚上她会睡在车里。如果想保持年轻，减掉几斤没有什么坏处。去年，在为《南德意志杂志》撰写报道时，我曾跟随采访过一些参与"未来星期五"（Fridays For Future）的学生。在我看来，以赫尔加的性格，她完全可以与这些学生们一起去露营。她与他们有着很多共同点。她拥有自由的灵魂、对生活的热忱，以及一个问题：为什么要由最佳食用日期来决定人们什么时候丢掉食物？一个负责任的人不应该随便扔掉任何东西，尤其是食物。

是的，我们并没有理由取笑她的储藏室。我们要从老一辈人身上学到一些东西。他们在漫长的人生中积累下来的经验知识与新的科学知识不相上下。在冷藏、密封的条件下，原味酸奶可以保存一年以上。用眼睛和鼻子来判断食物是否变质，是人类与生俱来的能力与智慧。赫尔加和那些1981年之前——即"最佳食用日期"被发明出来之前的人也是这样存活下来的。

后来，当我再对赫尔加的贮藏室发表意见时，我改变了语气，其中暗含着赞美和尊重之情，但也还包含一点玩笑的语气。因为我确实很喜欢听她讲："你这个小混蛋！"

· · ·

我在威利的办公室发现了一本旧相册，把它带到楼下的厨房，大家一起翻看照片。这本记录着几十年漫漫旅程的相册躺在桌子上，其中的黑白照片已经泛黄、积满灰尘了。弗兰齐斯卡、苏珊、赫尔加、威利——所有人都在闲聊着。

"没有常青藤时的房子多白啊。"

"我们把所有的窗户都换成了新的，而且是双层玻璃。但可惜里面不会长出漂亮的嫩芽了。"

"过去的雪下得比现在多。"

"我们邀请所有邻居的孩子来花园里参观。有时一次会有二十个男孩和女孩。"

"这是，柯克·道格拉斯（Kirk Douglas）吗？"

"是的。"

"这是罗伯特·雷德福（Robert Redford）？"

"我们当时在奥地利和他一起拍摄《下半生赛跑者》（Downhill Racer）。"

"这是你和希区柯克在哪里？"

"巴伐利亚宫廷酒店。吃饭时，他每道菜都要点双份：汤和前菜、牛排和鱼、冰激凌和蛋糕。"

时间就这样过去了。每个人都说着话，索菲亚也不例外。

"爸爸?"

"嗯?"

"那个……那个……那个……" 她冒出了几个词，声音很轻，正试图把自己想说的话拼凑起来。

我们所有人都在耐心地等着，竖起了十个耳朵。

"怎么了?" 我给了她鼓励。

"嗯……莱奥尼穿着爪子一样的鞋。"

"是啊……" 我们笑得前仰后合。若不是为了这一刻，之后的几分钟都不值一提了。谈话再一次开始，这次是威利先说的。

"那时……那时……" 他小声说着，整理着头绪。

一阵安静。过了一小会儿，已经有人接着往下说了。

"看看，当时的雪下得多厚。"

孩子说话时，我们仔细地听，而当老人说话时，我们就选择忽视。我们总是更加在意孩子。

我们或许本应从威利那里学到一些东西。也许我们会笑；他讲了有趣的笑话。我们可能会听到一些我们不知道的事情，一件丑闻或是一些不为人知的事件。或者我们会听到一个故事，如同亲密密码一样，打开每个人的心扉，将我们连接在一起。我们已经习惯了听他讲故事，若是哪一天没听到，才会更觉得奇怪，就像生日时盖起来的苹果派、圣诞节晚上固定的歌曲播放顺序、或是周日夜晚永远不变的犯罪连续剧。"你们的父亲……"——

"你们的妈妈……"——"你的……"——"奶奶……"——
"赫尔加……"

是的，他的赫尔加。

当她又一次只是把番茄酱瓶的盖子盖上，却没拧紧时，威利
摇了摇它……

当她参演的电影《蒂芙尼的早餐》（*Frühstück bei Tiffany*）首
映时，蒂芙尼举办了一场大型抽奖活动，并赞助了一串珍珠。最
终谁赢得了大奖？

在她把装有全部薪水的手提包挂在椅子上后——忘记了。

一个又一个的故事，所有人都爱听故事。我们只需要给老人
一个机会，尊重并宽容他们。

但威利什么也没说。

• • •

花园中。狗狗们趴在树荫下乘凉，索菲亚在她的小帐篷里读
绘本，苏珊在做咖啡，弗兰齐斯卡在游泳池里游泳，这是我们在
大型卖场花 100 欧元买下的充气游泳池。赫尔加躺在木椅上，眼
睛周围涂抹了椭圆形的一层蓝黑色防晒霜，她看起来就像一只有
趣的昆虫。而威利正要坐上他增高的睡椅。这时，有件东西却没
有出现。

"你的填字游戏呢？"

"我不再玩了。"

"什么？"

"因为我没办法再看书了。"

"怎么了？"

"因为面瘫。"

是的，他曾经讲过这件事。一天早上他醒来时，发现自己左侧面部下垂，闻不到气味，也尝不到任何东西。静养了一段时间后，他痊愈了，面部又恢复了正常的状态。

"如今情况又变严重了。如果我长时间阅读或看电视，眼皮就会下垂。我必须……"他用食指和中指将眼皮向上挑。

"第二个原因：那其中考察的很多词语我都不认得了。过去二十年里，语言在不断更新换代，有很多新的词汇我都不认识。"

"哦。"我说："你是从什么时候开始不再玩填字游戏的？"

"从秋天开始。"

我沉默了，还有些内疚。我们送给他的圣诞节礼物就是填字游戏。

唉，老人们要是能早点说出这些事情就好了。

或许这样更好：如果我们更加留心观察，他们根本就不需要自己讲出来。

8

胆小鬼的晚年

"……和一套老年行动模拟服"

谈话后，我决定要给予老年人更多的关注。

每天早上，我都会急匆匆地走出家门，敞着夹克，不是忘带钥匙，就是忘带钱包，然后朝着轻轨车站跑去。而现在，我会在走出家门前，把头探进厨房，看看威利是否已经坐在那儿，吃着麦片，喝着橙汁。下午，如果赫尔加还没到家，威利没坐在楼下，我便会去他的房间看看他。

"不喝咖啡吗？"

他卧室的墙上挂着一张框着相框的照片，是他和查理在聊天，威利正值我这个年纪，外面套着风衣，里面穿着西装、领带，宽阔的胸膛，紧致的脸部，戴着太阳镜，发量浓密。查理认真地听着，他们的私人飞机在旁边等待着，即将要飞往世界各地，去做生意、赚钱。

而五十年后，那位曾经容光焕发的男士变成了这样：躺在床上，穿着长背心，很瘦弱，头发苍白且稀少，眼皮有点下垂。牙齿很齐，但只有一颗是真的。脸色比我想象中的还要苍白，而且这种情况一年比一年严重。

他要花很久才能从床上爬起来。他用手摸索着助步车，将它一点一点地拉向自己。扶着助步车，缓缓地挪到门口，再是门框，最后到了楼梯扶手。他迈出的每一步，都好似电影中的慢镜头。该下楼梯了，一阶一阶地，步履缓慢而沉重，威利必须要听到脚落地的声音。他的脊椎压迫到了一根神经，导致脚部没有任何知觉，脚下的皮肤就像一块海绵。他能够通过脚落地的声音确保自己的脚牢牢踩在了地面上。每一步都像踩在棉花上，很危险。

他要花很长时间才能从走廊走到厨房，再到花园，扶着第二个助步车，走到椅子旁，向后躺，长长地叹口气，将脚抬起。

灰白色的羊毛袜在阳光中很是晃眼。

"你穿着外套热不热？"

"啊，我得把它脱掉……"

他颤抖的手摸索着夹克的拉链。

"要我帮忙吗？"

"我必须得自己完成。"一分钟后，他放弃了。

他看着自己的右手在膝盖上抖动。"我不用把手举起，就能跟索菲亚打招呼。"

他笑了。

"我也和索菲亚一样穿着纸尿裤。"

"其实我只有两个问题"，他继续说，"我的脚和膀胱"。一个上了年纪的膀胱，存不住尿了。它就这么长在他身上，他也没太注意。

"我太麻烦其他人了。"威利收起了笑容。

"不，威利，你没有给任何事、任何人造成困扰。你就快要95岁了。"

"我没有想到的是：年龄也会改变我的讲话方式。"

"因为你讲话速度变慢了？"

"不是，我现在话都说不利索了。"他的舌头在这些话面前不再听使唤，就像他的双脚向走廊和厨房之间的地板密封条屈服了一样。以前他嗖地一下就迈过去了，根本没注意脚下是什么。

我看着老照片上的威利和如今的他，我听他讲着过去和现在的生活，我感同身受，我开始理解我虽知道但从未真正明白的东西。

岁月如同一个强盗，夺走了威利的一切。

它剥夺了他平稳的步伐，他连上厕所都无法独立行走。

还有旅行。他去过很多地方。在鲜花广场度过的夏天，酒店的接待员亚历山德拉和毛巾供应商直到如今每年都还会向他问候；在大加那利岛（Gran Canaria）度过的冬天，他担任复式公寓的管理领导；在"不来梅街"上，许多德国游客围着他问东问西，因为他哪儿都去过，所以对当地习俗了如指掌；在绍尔兰（Sauerland），他跟政府机构打交道，通过正规途径可不行，你必须明白怎么走后门才行，你要明白怎么在合适的时间说合适的话，用合适的钱打通关系，就像当年一样，作为世界最大制糖厂的监事会成员，他不得不与俄罗斯官员达成协议，虽然这并不完全合法，但对双方来说却是互利共赢。

是的，年龄已经夺走了他的牙齿、嗅觉和味觉。

同样，也剥夺了他出去就餐的可能，还有他最爱吃的牛排、沙拉。晚上，当赫尔加启动搅拌机时，索菲亚会用手捂住耳朵。米饭、豌豆、肉丸、饺子——对于威利来说，没有什么是不能放进搅拌机的。唯独搅碎后的香肠沙拉是赫尔加接受不了的，太恶心了。如果想省点儿事儿，就给威利一罐喜宝辅食泥，这是除尿不湿外，他和索菲亚都用的另一种东西，尽管她现在都已经三岁了，早已过了吃辅食泥的年龄。

我们在厨房里坐了三个小时，谈了又谈。天很冷，他穿着一件肩部印有猫脸图案的羊毛衫，莱奥尼想出去遛弯儿，她必须等一等，他不想结束聊天，我也不想。我们还谈到了死亡。我问他是否想活到一百岁。他说，不，完全不想。

"与我这八十年的经历相比，我现在这样活着并不开心。"

沉默。

"我无法阅读，不能正常看电视，也不能再解字谜了。我无法再独立行走，只有扶着左右扶手才能上楼下楼。"

沉默。

"这样的生活还有什么意义呢。过去和现在简直是天壤之别。"

沉默。

"所以我觉得，死亡是……如果在我睡着或是醒来时发现，我不再……那该所好啊！"

他笑了。

而后又严肃起来。

"对一个人来说，意识到一切都不会变好是件很难的事情。如果你在 50 岁患上了肺炎，你知道你会没事的。虽然也很难，但总有这样那样的办法，肯定能康复。如果服用药物，没有人会在 50 岁时因肺炎而死，就像我在 72 岁时接受了心脏搭桥手术，让我多活了二十多年。但教授跟我说：你还能再活 10 年。对于一个 72 岁的人来说，能活到 80 岁的预言让人很振奋。但活到 94 岁可能就不那么好了。

沉默。

"家里的女士们都去哪儿了？"

"赫尔加去超市了。"

"她说她要去买一罐咖啡奶油，回来时肯定提着两个大袋子，每个会有 15 公斤重。"

几分钟后，门被打开了。赫尔加笑着说：

"今天是牙买加的黑色星期五。"

"所以你买了什么？"

"你最喜欢的汤，还有香肠沙拉，我今晚要做。"

不能搅碎的香肠沙拉，威利还要借助舌头和上颚把它碾碎，比如巴伐利亚白香肠。

"我马上就做，你不会饿着肚子的。"

他的眼神中充满爱意。

···

　　我们双脚冻得冰凉，决定上楼。威利走在前面，一步一步地，缓慢而沉重。

　　我思考着，年龄会夺走我的哪些东西呢？我会活到95岁吗？我也会像踩了棉花一样吗？我也必须要吃搅碎的饺子吗？也要穿纸尿裤？

　　我想要获得更多有关衰老的信息，想知道九十多岁的威利的感受以及八十多岁的赫尔加和六十多岁的苏珊的感受，而住进这座房子让一切都变得容易了。如果弗兰齐斯卡和我像以前那样生活，像我们所有的朋友一样，拥有一个小家庭，忙于工作、去幼儿园接送孩子，忙于琐碎日常以及规划未来，我可能对老年一无所知。我或许会毫无防备之心，任由衰老这个强盗摆布。老年离我很遥远，尽管它在逐步逼近。依据统计数据，我已经度过了一半以上的人生。但我从来没有这样的感觉。先是与比我小10岁的弗兰齐斯卡相爱，而后是索菲亚的出生，掩盖了我的衰老，让我感觉自己依旧年轻。体检在我的人生中被称为U1、U5、U8[1]，都与索菲亚有关：检查她是否能说出第一句话，脚部是

――――――――――――――

　　[1]　U1，第一次体检，出生后马上进行，体检内容为：检查呼吸系统、心脏功能、肌体反应功能。

　　U5，出生后6到7个月体检，内容为：身体总发育状况（自己翻身、抓取身边的物品）、牙齿、饮食状况、相关疫苗。

　　U8，3岁10个月至4岁之间体验，内容为：肢体灵巧度（比如单腿独立）、听觉视觉、语言发育、社交能力、自我意识、相关疫苗注射情况。

否灵活，小儿麻痹症和麻疹疫苗是否按时接种。

衰老开始逼近我的父母，他们住在距离很远的萨尔兰，也已经成了祖父母。每当我回去看望他们时，那日渐灰白的头发和越发瘦弱的身躯无不说明他们也已经到了晚年。在我眼里，他们似乎也更加温和了，他们用与以往不同的眼神看着我，温柔、充满爱意。这些眼神深深地打动了我，我将它们记在脑海里，带回了慕尼黑。它们温暖了我数月，但也让我感到困惑和恐惧。我的父母经历着他们人生的深秋。他们正最后一次耕种田地，并以缓慢的节奏挥手告别。谁又知道第二天会是什么样子呢？他们即将要80 岁了。

因为我无法每天都能见到父母，我可以尽量不去想这些，父母好像就永远都不会变老，永远都在。新照片取代不了老照片，他们就还是年轻时的样子。每当我想起我的父亲，他的头发都还是黑的，在他生火时，我会跳上他的后背；母亲坐在沙发上，将我抱在怀里，我们一起看比赛……我们在落叶中搜寻蘑菇，或是从滨海拉特朗什（La Tranche-sur-Mer）的沙滩回家时，买了一个哈密瓜。我现在还能闻到那个哈密瓜的香气，还有大海、石松的味道。童年离我是那么的近。我与他们的老年脱节了，就像很多人一样。在如今这个社会，年轻人往往选择去城市打拼，老年人则独自留在乡下和郊区的房子里，在死亡来临之前还要在养老院短暂停留。在我们搬进这座房子，和弗兰齐斯卡的家人住在一起时，衰老才成为我日常生活中的一部分。想到以前的生活，我会觉得应该早点搬过来，但如果看看我们现在的生活，又觉得经历这些有些早。但今日非永远。这句话不仅我心爱的卡通人物兔八哥说过，世界著名社会学家安德鲁·斯科特（Andrew Scott）也说过：人们会跨越界限，重聚在一起。我们将在生命的更早些时间面对衰老与死亡。我们会对它们习以为常，不会再被吓到。是的，住进这座房子是我的荣幸，我很庆幸能够睁开眼睛，看到这些我不曾注意的细节。

• • •

"这是什么？"苏珊疑惑地看着我，我举着箱子从她身边经过，将它放房子门口的沙发上。

"老年行动模拟服。"

"什么？"

"穿上它，我就会感觉像80岁或90岁，和赫尔加或是威利一样的年龄。"

我们一起将箱子搬到赫尔加的前厅。赫尔加去塞浦路斯旅游了。套装的小册子上写着："变老？无法想象？您可以穿上这件衣服进行体验。"这件套装是普法芬霍芬（Pfaffenhofen）明爱老年护理机构提供的，其目的是让护工能够亲身体验老年人的感受。

首先是腿。将腿用绑带捆绑住，让其很难活动。而后再将膝盖绷住，让关节动弹不得。

胳膊：让前臂负重。用绷带缠住手肘。戴上束缚手指的手套。

躯体：穿上重达十公斤的背心，模拟脊柱弯曲、骨盆倾斜的效果。

头部：戴上颈托、一个能吸声的耳罩，收音机的声音逐渐变弱，我几乎一个字都听不到。然后再戴上护目镜。

"我也想要一个潜水镜"，索菲亚说。

眼镜改变了我眼前的世界。房间变得苍白、泛黄，视线模糊，视线透过镜片呈现出颗粒感，灯光使我眼花缭乱。

我站起来，摇摇晃晃地走着。我拖着沉重的脚步啪嗒啪嗒走向楼梯，威利每天都要与它作斗争。

莱奥尼向我投来关切的眼神，苏珊在笑，弗兰齐斯卡在拍视频，威利无奈地摇摇头。索菲亚还在坚持："我也想要一个潜水镜。"

啪嗒，啪嗒，啪嗒。

"这脚步声听起来很像外公的"，我听到弗兰齐斯卡低声喊道。我跟跟跄跄，不得不抓住扶手，以免摔倒。

啪嗒，啪嗒，啪嗒。

扶着威利的助步车，速度才能变快些。

"我躺一下你的床"，我向着楼下的威利喊道。我看到了床的高度，旁边挂着的毛巾，上部用来承重的把手——我体会到了它们的用途。当我进到他的房间时，我小心翼翼，没有碰任何东西。威利曾经告诉我，床周围的物品都有固定位置，这样他不用看就可以摸到、拿到。转头、转身子是不可能的。

一段相当长的时间过后，当我回到厨房并在他对面坐下时，威利看着我。

"我不认为你这样做就会和我的感受完全相同。"

颤抖的手、下垂的眼皮、耳鸣、脚部的踩棉感。这该死的绝望感。

他说得对。我只借来了主要套装，还缺少很多其他配件：使人无法呼吸的 COPD[1] 模拟器、膝盖疼痛模拟器、让脚部产生踩棉感的鞋套，以及驼背、震颤、耳鸣和背部疼痛模拟器。对我而言，这些就已经足够了：我可以感知到，疼痛如何蔓延到我的关节；我可以体会到双手的无力，必须得让人将餐具递给我；我也无法将勺子放到嘴里——因为我看不到它。我把索菲亚刚吃过的那碗燕麦粥径直放到嘴边，为了不弄得到处都是，我甚至都还没模拟出威利那样的颤抖。索菲亚坐在我的腿上，睁大了眼睛。

"我想要一块蜂蜜蛋糕"，当游戏开始变得无聊时，她要求道。

我抓起那把刀，它被我歪歪扭扭地拿在手里，我不得不慢慢地将它扶正，防止它滑落。

"好吧，还是你做得更好"，苏珊对威利说。

一个小时后，当我汗流浃背、肌肉痉挛地脱下套装时，我长舒了一口气。

"胆小鬼是过不好晚年的。"威利调侃道，我第一次从这句有

---

[1] COPD，慢性阻塞性肺病（chronic obstructive pulmonary disease），其主要症状包括呼吸短促、咳嗽和咳痰。

趣的格言中听出苦涩的意味，我有了这样一个心愿：如果能有一个为像我这样的胆小鬼们准备的晚年生活指南就好了。

　　与此同时，威利拖着脚步走向楼梯。"全都是瞎胡闹。"他说："他们不应该给你模拟老年的套装。我们需要的是一个能让你感觉像 35 岁的套装。"

9

最后一个夏天？

"……和发明家"

弗兰齐斯卡从梦中惊醒。

太阳散射出第一缕阳光，窗帘透着淡紫色。我们没有安装百叶窗，而是挂了窗帘。

这是什么？

弗兰齐斯卡看了看索菲亚，不禁笑了起来。索菲亚躺在旁边，只有一块小木板那么宽，脚搭在我身上，周围放着三个奶嘴。弗兰齐斯卡把她拉到自己身边，给她盖上毯子。娇小的身子轻轻叹了口气，平稳地呼吸着，索菲亚的温热顿时向她袭来。索菲亚就像一个小火炉。弗兰齐斯卡又有了困意。

威利又一次用尽了全身力气。

"救命。"

"救命！！！"

他遇到什么困难了吗？他只是想进卫生间，处理一下那个可恶的、有褶皱的膀胱。他每一步都走得很谨慎。椎间盘突出又一次压迫了神经，脚踩在地上就像棉花一样。这已经是今天上的第五次厕所了，在洗手时，他看着镜子里的自己：头发蓬乱，眉毛浓密，眼睛微眍。昨天睡得太晚了，他和赫尔加看完《西部往事》后才睡下。他想再次躺下，听听鸟儿、山雀、麻雀的叫声，还有知更鸟，当他坐在花园里沐浴着阳光时，它喜欢飞到他身边。夏天是他的乐园，是他最喜欢的季节。山楂花和野玫瑰争相盛开。他必须要让苏珊拆掉玫瑰拱门，昨天有一只黑鸟站在其中一根支柱上，它就折断了。树木也必须要修剪。很多人习惯到秋天才修剪它们，但在夏天修剪，树的伤口可以愈合得更好。人类也是这样，那些在生命的春天或夏天受伤的人更容易痊愈。如果你在果实成熟之前剪苗，剩余的苗便会得到更多的养分，果子会长得更大、口感更甜。

是的，当他转身朝卧室走去时，还在想着关于花园的事情，一个不留神，他就把脚踏进了云中的一个洞。他跟跟跄跄地，倒在了地上，伸手去抓苏珊昨天才拧上的毛巾架。然后它就断了。

背部疼痛难忍，他已经没有了力气。他试了三次，还是起不来。

赫尔加在一楼房子前端的房间里睡觉，而苏珊则在另一端。她们根本听不到他的求救。三年前，在他费力把掉到地上的东西捡起来时，就摔倒过一次。从那以后，他便不敢再弯腰捡东西了。当时是弗兰齐斯卡在楼上听到了他的声音。"外公"，她跟威利讲，"以后再发生什么意外的话，不要喊外婆，喊我"。

威利拼尽全部力气，用胳膊支撑着身体，一点一点地挪到门口。他的那颗搭了四个桥的心脏怦怦直跳。当他正在大加那利岛的海滩上度假时，心脏病突然发作，他必须接受心脏搭桥手术。幸好，医院就在离他 200 米的位置。他慢慢地挪动到走廊，与楼梯间只有一扇玻璃木门之隔。他喊了几分钟后，停下来休息。等喘过气，再接着喊。

"救命。"

"救命！！！"

声音低沉、微弱，几乎没人听得到。

弗兰齐斯卡再次惊醒。

"外公！"

她一把掀开被子，跳下床。

"怎么了？发生什么了？"但弗兰齐斯卡已经跑出了门。我把索菲亚抱在怀里。

"外公！"

"外公！"

威利听到她的声音，放慢了呼吸。

楼梯间传来急促的脚步声。

"外公！"

她做得很正确。人们往往是通过耳朵来获悉自己是否得到了急救。在看到急救人员赶到之前，我们能通过声音知道他们快要来到了。救护车的人性化设计就在于此。

弗兰齐斯卡一把将门推开。

"外公!"

"弗兰齐斯卡,幸好有你在……"

"是的,外公,幸好。你哪里不舒服?"

• • •

"外公摔倒了",回到了我和孩子的身边后,弗兰齐斯卡说,"但他的身体好像没有大碍,已经回到床上了"。

我们睁着眼睛躺在那儿,谁都没有说话。威利快要 95 岁了,我们即将要在这座房子中共度第四个夏天。时间都去哪儿了?过去的日子好似弹指一挥间。但同时,过去的三年之于我就如同一段漫长的人生之旅。曾经的生活:我们搬进这座房子、索菲亚出生、我和弗兰齐斯卡婚礼之前的那些年,仿佛已离我很远很远。那一年,在群山环绕的阿尔卑巴赫(Alpbach)小镇,在山谷之上的罗斯慕思酒店(Alpengasthof Rossmoos),我和弗兰齐斯卡对彼此说了"我愿意"。这家位于蒂罗尔(Tirol)的酒店是自 1672 年起便代代相传的农庄,内部摆放着木制家具、外部有着各式各样的花坛,站在阳台上可以欣赏世界上最美的景色:教堂、奶牛、高山花园中的民间舞蹈。夜晚,我们观看朋友马克斯的摇滚乐队演奏和小型烟花秀,这是宾客们送给我们的惊喜。威利没有来,因为山太高了。回到家后,我们一起看了照片。如果我们在本地的酒店举办婚礼,威利同样无法参加,即便离户籍登记处只有

650 米，但对他来说也很远了，他的腿！他的膀胱！五年来，他从未去过房子和花园以外的地方。春天，护照办公室免除了他的签证，他高兴地挥着手中的信件，不，他活着时应该不会再离开这座房子了。

尽管时间在流逝，尽管他也在和外面的世界挥手告别，但自从第一个圣诞节以来，他没再上过楼。只有当苏珊拿着扫帚站在他身后，提醒他要运动、促进血液循环时，他才会绕着房子走上一圈，他的脸会变得通红，特别是当他要告诉我们把存放在地窖门口的瓶子拿走时。尽管威利的身体一天比一天虚弱，脸色也越来越差，但我们的生活还在继续，仿佛威利永远都不会和我们说再见。他曾希望，自己能够在深夜，悄无声息地离开这个世界。但我们一直以来都感觉，这一天不会向我们慢慢逼近。然而今天早上发生的事情不仅使我们从短暂的梦境中清醒过来，我的脑海中还浮现了两个英语单词——"最后的夏天"（last summer），我不知道这是为什么，我从来没有用英语思考过问题。也许是因为用外语更容易承受害怕和悲伤。最后一个夏天，我想：这会是我们一起度过的最后一个夏天吗？

我看了看在我身边醋睡的索菲亚，她的脖颈出了些汗。我们搬进来后，这个小家伙使得威利奇迹般地恢复了活力。他很爱发脾气，但她会把他引到花园里，舒缓他的情绪。这种治愈方法还能奏效多久？如果威利不在了，我们该如何向索菲亚解释呢？在她的世界里，所有人都不能缺席，每天都应该如此。苏珊有一位自视为《圣经》中诺亚的继任者的朋友比比希，苏珊时常帮她悉心照料她的动物们。在她的狗狗雅娜被安乐死后，当我们拜访苏珊的动物庄园时，索菲亚问的第一句话就是："雅娜在哪里？"

在苏珊为她解释了这件事后，索菲亚连续几周都画了小狗，画纸上的它们坐在飞机上在天空中飞行。

威利对我们这种小题大做的行为嗤之以鼻。一次，鸡舍中有一只鸡死掉了，苏珊把索菲亚引开，赫尔加用袋子把它装起来，下午时偷偷地去森林把它扔在一棵树的后面，威利对此愤怒地摇了摇头。

"为什么要对一个孩子说谎？为什么不直接告诉孩子，世上所有的生物、每一棵树、每一株灌木、每一朵花，都是有生命的，而生命有开始，自然就会有结束？不应该将这件事描述得那么恐怖、那么可怕。这是再自然不过的事情。我们拥有的一切都是这样的。每一根草都经历了从地里冒头、茁壮生长、最后枯萎的过程。我们的孩子还没有这些认知，你们应该告诉她的。"

他说得对。但我仍然不想和索菲亚谈论这些问题。

• • •

距离早上的意外过去了四个小时，威利在厨房里坐着，赫尔加站在他旁边煮咖啡。收音机响着，四把藤椅中的两把像以往一样摆放着药品和报纸。我把唯一的位子空出来，走到了灶台前面。

"洛伦茨，你想来杯咖啡吗？"赫尔加照例问我。

"不了"，我回答说，"我还什么都没吃"。

威利递给我一张纸条，上面写着：P-R-E-S-B-Y-A-K-U-S-I-S。"你认识这个单词吗？"

"不认识。"

"是我的护理等级报告中出现的词语。我想知道，我都得了哪些病。"

我在手机上搜索了一下：Presbyakusis，老年性耳聋——表现为听力下降，一般从 50 岁以后开始发病。

"威利，今早发生了什么？"

"啊，他摔倒了，站不起来了"，赫尔加替他答道。"弗兰齐斯卡是唯一一个能把他拉起来的人。她真有力气。"

"她举起我就像举起一袋陈年的土豆。"威利补充道。

"你需要在助步车上安装一个报警装置。"

苏珊走进来，在威利对面坐下。赫尔加又看了一眼她手里的杯子："我觉得，你想在这儿喝杯咖啡……"偶尔，厨房里发生的一切就像一场电影，土拨鼠的问候每天都会重复上演。

"那么"，威利打断了她的话，"洛伦茨也不知道'Presbyaku-sis'具体是什么意思"。

这时，门外传来了啪啪的脚步声。狗狗们遛弯儿回来，争相跑向餐桌。

与以往一样，宝拉趴在威利的脚边，叠起前爪，用恳求的眼神看着他。

莱奥尼蹲在威利面前，举起爪子乞求着。

"你敢！"威利骂道。

走廊传来了笛子和小号的声音。索菲亚蹦蹦跳跳地跑进来，一只手拿着粉色的笛子，另一只手拿着淡紫色的小号。"和我一起吹。"她邀请威利。

"曾外公……"弗兰齐斯卡本想制止。

但威利已经拿起小号和索菲亚一起演奏了，背景里还混杂着收音机的声音。有时，老年性耳聋可能也是一种福气。

吃过早饭后，我们在厨房坐了一小会儿。威利不太愿意过多谈论自己摔倒这件事。也许只有人们将一切看淡时，才是真的老了。

我们把话题转向威利喜欢的主题。1906年，这座房子的上一个主人在这片草地上建了一间木屋，当时房子还没有建成，他在木屋里面进行科学实验。这间小木屋如今仍矗立在花园里，旁边是那棵老云杉树，我们将新房子中多余的家具搬了进来。他曾在这里与卡尔·奥尔夫（Carl Orff）[1] 一起庆祝，与克劳迪斯·道尼尔（Claudius Dornier）[2] 和斐迪南·冯·齐柏林伯爵（Graf Zeppelin）[3] 一起工作。他的发现开创了一个技术时代并闻名于世。业余时间，他会进行雕塑和青铜艺术品创作，他的妻子做模特。其中一个作品不久前在拍卖会上售出，雕塑与真人一般大小，赤身裸体，手中抱着一只松鼠。第二次世界大战后，美国人

---

[1] 卡尔·奥尔夫，德国作曲家、杰出的音乐教育家。
[2] 克劳迪斯·道尼尔，1884年生于巴伐利亚，德国飞机设计和制造先驱。
[3] 斐迪南·冯·齐柏林伯爵，德国工程师和飞行员，是人类航空史的重要人物之一，发明了齐柏林飞艇，同时还创建了齐柏林飞艇公司。

挖走了他，但一年后，他患上了阿尔茨海默病，回到了这座从不抛弃任何曾在这里生活过的人的房子。

他的精神仍存在于这座房子之中，与我们同在一个屋檐之下。他的传记整齐地摆在书房的书架上。1961 年 11 月，当威利和赫尔加在公证处签订房屋购买合同时，那位年老的女主人告诉他们，她的丈夫一直以来都坚信一件事：一切皆有可能。只有这样，他才能发明出以前根本无法设想的东西。

威利在谈到这位教授时，声音会尤其响亮。"与我们不同的是，在他的头脑中，任何事物都没有高低贵贱之分，一切皆有可能。"他指了指在我们面前用于录音的手机。"如果我能把这些话讲给我的祖父听就好了！你按下几个按键，就能与……与……乌拉圭连线。直接找到你想要与之交谈的那个人。无须电话线，也没有延迟。数十亿次对话通过空气，找寻到了它们的目的地。他问道：'布阿勒，你长大会变成什么样子？'"

沉默。

"有时我会回忆起自己孩童时的那个世界。距离那时已经将近一百年了，如今它变成什么样子了呢？"

我们沉溺于自己的思绪之中，脚边的莱奥尼正打着瞌睡。我想起曾遇到过的一位发明家，塞巴斯蒂安·特龙（Sebastian Thrun），硅谷神秘实验室"Google X 实验室"联合创始人。

我固然喜欢过去的事物，喜欢狄更斯和图霍夫斯基，热爱迪伦和披头士的音乐以及黑白电影，在巴黎散步，办公桌窗前的常青藤，以及埃利希和爱因斯坦的伟大思想。这些经过岁月沉淀的事物指引、抚慰并温暖着我们的心灵，正如威利所给予我的教导、温暖与安慰。但与过去的事物相比，我还是更加热爱新事物。新事物让我充满能量，心怀希望，正如索菲亚让我欢笑、喜悦、对未来充满期待。自打我开始写作以来，我一直在尝试着去接近新事物，我当然知道，进步所带来的也不全然只有积极之处。我曾与格哈德·埃特尔就物理、化学和催化作用如何改变世界这一问题交谈了很久。但是他说，总体而言，利大于弊，化学"在解决问题方面发挥着重要作用，而其中一些问题是它自身造成的"。它会重新净化海洋，消减雾霾和温室气体。我很清楚，进步会带来弊端，也可能是危险，但我的想法基本上与埃特尔一致：进步会造福人类。它并非自己产生，而是由人类创造的，玛丽·居里和阿尔伯特·爱因斯坦，尼古拉·特斯拉[1]和史蒂夫·乔布斯，以及塞巴斯蒂安·特龙，这位极具远见卓识的斯坦福教授，无人驾驶汽车和谷歌街景的发明者以及 Google X 实验室的领导者。

创建该实验室是为了改变世界，为了"将探测器发射到月球表面"，这是对约翰·肯尼迪著名的登月演讲的致敬。其中的理念是"10 倍思维"，即不是将事情改进一点，而是把它做到 10 倍好，不仅看问题的表面，而是用极致、超前的思维方式思考问题。Alphabet 的创始人拉里·佩奇告诉特龙，资金不是问题。他说的确实是对的。

---

[1] 尼古拉·特斯拉，塞尔维亚裔美籍发明家、物理学家、机械工程师、电气工程师。

"每一个想法都并非异想天开。"特龙说："由热气球驱动的互联网、消除物品重力的牌子。以及这一问题：'人类的寿命能够延长一倍吗?'"

他不安地坐在位于山景城（Mountain View）[1]的办公室中。五十岁出头，有些秃顶，接受过严格的骑行训练。在谈话时他不断地拿起放在他面前的手机，处理工作上的事务。"几乎所有我们认为重要的东西，从电话到假牙，都是在过去150年间发明出来的。"他说，"是的，还有一些更久远的发明比如书籍、自行车，但从根本上：所有重要的事物都是在过去150年间发明出来的"。

特龙会讲德语，他出生于索林根（Solingen）[2]，但从他见识的广度、话语的深度可以看出，他是典型的硅谷人。一切都令人惊叹、不可思议，甚至可以改变世界。他的语速飞快，不停地吞音，要是连说话的速度都不够快，就更别提进步了。

"迄今为止，我们只发明出了所有有趣事物中的百分之一。"他接着说："但大多数人都会觉得我们已经创造出了全部；然而事实是相反的。我们才刚刚迈出了第一步：我们还尚未发明出会飞的汽车，还无法治愈癌症。我将会继续向这些迈进。"

特龙与斯坦福的学者共同研发了一款应用程序，它能够比最有资质的皮肤科医生更有效地识别出皮肤癌。Alphabet旗下子公司Verily致力于将纳米颗粒注入人体，并跟踪这些颗粒，从而识

---

[1]　山景城，与附近的帕罗奥多市、森尼维尔市和圣何塞市组成了硅谷的最主要地区。

[2]　索林根，德国西部的一个城市，是德国刃具的制造中心。

别出疾病。子公司 Calico 的宗旨是："与衰老——生命最大的谜团之一——对抗。"

"我不看科幻小说"，特龙说，"而是去创作"。

"特龙先生，您让我感到害怕。"联邦德国前总统约阿希姆·高克（Joachim Gauck）在贝尔维尤宫听到特龙关于未来的一次演讲时说道。而他还曾跟我说，他是由衷地乐于看到科技进步的。

害怕？

"我并不害怕"，特龙反驳说："您试想一下 300 年前：蒸汽机、发动机尚未问世，人类在农田里劳作，一个农民大约可以养活四个人，他要用上一生的时间，来供养家人。设想一下，如果有人发明了拖拉机，该是什么样子。回顾历史：每当技术取得进步，人类便会以一种前所未有的方式飞速发展。没有一个农民会知道，将来会出现电台记者、程序员或是飞行员等职业。我们通过技术打破了物理定律。曾经，人们无法与 1000 公里以外的人交谈。我们取得了令人难以置信的成就，比如心脏移植。不相信进步的人，只需要回望 500 年前的景象，在当时那个年代，几乎没人能有机会读书，很多人连饭都吃不上。在欧洲部分地区，战争持续了 150 年。我们这一代人是第一代没有经历过战争的。这便是进步的结果。"

我跟威利提到了特龙，想知道，他对于此事的想法。

"他对假牙的看法是正确的。"

威利微笑着，一排整齐的假牙与最后一颗牙根紧紧相连。"这样就是为了防止假牙掉出来。我的下颌太脆弱了，不能用牙根钉。"

　　他又严肃起来："到最后，就会像曾住在这座房子里的那位教授所说过的那样：'创造是无止境的。'"

10

新时代

"……和发明家"

这一切只是偶然吗？

当我回想，我是如何来到这里，住进这所房子，坐在这张桌子旁，进行这些对话的？我是如何近距离感知三年前离我如此遥远的衰老的？一幕幕场景逐渐离我远去，就像赫尔加池塘后面的灌木丛中，那只青蛙的呱呱声。

我回想起那封来自人文地理科普杂志《GEO》的编辑阿里尔的邮件。"洛伦兹！"阿里尔写道，他喜欢用感叹号。"你有兴趣为我们写一篇文章吗？"

嗯，关于什么呢？

他在电话中告知我，是一篇关于一位南蒂罗尔的民间音乐家的报道，要发表在特刊"阿尔卑斯山"中。

蒂罗尔？民间音乐？我是《德国金融时报》的记者，为什么让我来写呢？

他的第一个理由是：他一开始问过的慕尼黑人拒绝了。

那第二个原因呢？

这位民间音乐家不喜欢接受采访。而你之前撰写过关于苏珊娜·克拉腾（Susanne Klatten）的报道，这位神秘低调的女投资人，是宝马公司股东赫伯特·科万特（Herbert Quandt）的女儿。

是的，所以呢？

她之前可是从未接受过任何人的采访……

他的话让我无言以对，我向窗外望去。可航行的水道上，雪花翩翩起舞，那日是狂欢节的周五，我刚请了几天假，本想惬意地倚在沙发上，睡觉，读几本书。我真的要接受这个提议吗？后天就要出发，一整周都要和民间音乐打交道，辗转蒂罗尔、南蒂罗尔、巴伐利亚、布兰德伯格、梅拉诺、盖萨赫-昂特格里斯……

"洛伦茨"，我鼓足干劲，"不要这么得过且过"。而后来，我恰好在盖萨赫-昂特格里斯的扎克舒斯特酒店与弗兰齐斯卡相遇。

两个月之后的复活节，当她在皇家啤酒屋对我说"明天我带你逛逛慕尼黑"时，我也想了一会儿，在乐队贝斯手维尔纳的鼓励下，我对自己说："洛伦兹，别这么无趣。"

而现在，我的脚边趴着莱奥尼，腿上坐着索菲亚，她刚刚将沾满巧克力的嘴在我身上蹭了蹭。对面坐着威利，他正饶有兴致地给我讲着他的故事。如果没有阿里尔那通猝不及防的电话以及各种巧合，这一切可能都不会发生。

然而，我开始关注威利、赫尔加、苏珊、弗兰齐斯卡、索菲亚和我的年龄，这背后并不都是偶然。这一主题远远超出了我们家庭的范围，它是整个时代的本质特征，吸引着我去探索。这就如同一种动力现象，在某一时刻，此前正在酝酿的东西突然爆发，给予运动、观念或进步最后的推力，从此，他们便自我驱动，不断成长、发展，从不停下前进的步伐。而在衰老研究领域，这一时刻已经到来。作为生命科学的一部分，它预示着一个新时代即将到来，无人能够从中逃脱。《金融时报》将"长寿"称为21世纪的巨大商机，没有任何一个行业能够像生物技术和创新医药领域一样盈利颇丰，这样的情况并非没有缘由。不需要刻意去寻找，我就在桌上的《新科学家》中看到了关于它们的报道和介绍，这本杂志的封面故事就是有关衰老的："治愈衰老。""您会感兴趣的。"文章作者承诺道。此外，他还在其中提到了即将上市的药物，这种药物可以预防和扭转让威利厌倦生活的东西。

这种时代精神、创新研究是有其发展历程，并符合逻辑的。它并非产生于偶然，而是可以追溯到一个多世纪前，也许是在威利所钦佩的那位教授建造这座带有花园和凸肚窗的房子，种下了让我们免受风吹日晒的树木之时。那个年代，在柏林生活着一位才华横溢的医生，保罗·埃尔利希（Paul Ehrlich）[1]，他深受患者的爱戴。在其他医生对患者的病情无能为力时，他总能另辟蹊径，用鼓励的话语让他们重燃希望。埃尔利希是他那个时代的先

---

[1]　保罗·埃尔利希，德国免疫学家，化学疗法的奠基者之一。

行者。他曾公开批评女性收入比男性低的现象。在医学研究中，他致力于探索未知领域、创新治疗方法。

　　彼时，世界正经历着历史性转折。工业化促进了新兴科学的产生——物理、化学，使人们的生活发生了翻天覆地的变化。蒸汽机以及催化剂使燃料、钢材、化肥、药物成为可能，由经济先驱，例如美国的范德比尔特家族[1]、卡耐基[2]、福特，德国的西门子、宝马与奔驰引领的新兴科学的发展很晚才进入到医学领域。

　　在很长一段时间里，医学都在抗拒变革。那个时代的流行病——肺结核、白喉、霍乱——被认为是上帝的惩罚。这些流行病对孩子的危害尤为严重，治愈率几乎为零。保罗·埃尔利希看着这种情况日渐严重，他开始接受路易斯·巴斯德和罗伯特·科赫等先驱者的思想。他们用显微镜观察，并证实了瘟疫是由生物，或确切地说，是由细菌引起的。因此，人们是可以应对这种疾病的。但问题是该怎么做呢？

　　埃尔利希心想，致病细菌产生的毒素是否可以用抗毒素来化解呢？也许，对于这场斗争，他必须以一种从未有过的态度来面对，以一种全新的方式来思考，遵循曾用疫苗防治天花的伟大的爱德华·詹纳的逻辑：如果无法治愈疾病，就必须要预防，在疾病发作之前，对它们进行干预，防患于未然！最后他想清楚了，如果他继续待在这里，做一名临床医生，是无法为病人提供真正帮助的。他

---

　　[1]　范德比尔特家族，19世纪末20世纪初的镀金时代，起家于航运和铁路业的有名望的美国大家族。

　　[2]　卡耐基，20世纪初的"世界钢铁大王"。

必须投身于医学研究领域，成为一名研究员。

回到实验室后，他在夏里特医学院的同事指责他置病人生死于不顾。他们对他投来怀疑的目光，嘲笑他的研究：化学疗法！染色细胞！"埃尔利希着色时间最长。"他们嘲笑道。但埃尔利希并没有因此动摇，他每天弓着背，在显微镜下观察，做实验，并发现了能使细胞染色的化学物质。最终，他成为了一名免疫学家，发现了人类未知的血细胞：白细胞。

另一位标新立异的学者埃米尔·冯·贝林（Emil von Behring）与埃尔利希一同研发治疗白喉的疫苗，这种治疗方法不仅适用于动物，也适用于人类。短时间内，儿童死亡人数便下降了一半。贝林也因此在 1901 年获得了首届诺贝尔生理学或医学奖。埃尔利希则于 1908 年因免疫学研究获得诺贝尔生理学或医学奖，他曾一直寻找"魔法子弹"，一种能杀死病原体但对人体无害的化学物质，从而发明出除抗菌素之外的化学疗法。

巴斯德、科赫、贝林和埃尔利希的开拓精神，建立在社会进步与自然科学创新的基础之上，这种精神为新药物的研制奠定了基础。这种药物达到了难以置信的效果：它战胜了儿童疾病。

它仅在一代的时间内便改变了人们的预期寿命：从 40 岁左右升至 60 岁左右。

• • •

一个多世纪以来，这些先驱塑造了我们的医学。如今，我们的药物仍依赖于细胞分析、动物试验、血清、抗生素、放射与化学疗法。创新方法已成为经典，并成为医学发展的支柱。但它们已不足以促使医学继续取得重大突破。

有一次，在我为《南德意志杂志》做采访时，闻名于世的柏林夏里特医院的内科医生和传染病学家史蒂凡·西培施蒂尔（Stefan Hippenstiel）教授带我参观了他们的重症监护室，我才意识到我们遇到了哪些瓶颈。他走在前面，通过门禁，我跟在他身后。打开门，房间内一片寂静，只能听见嘶嘶声和哔哔声。

"我来为您解释一下您眼前的景象。中间是病人的位置。这些是软管。"——他看向监测器屏幕——"病人自主呼吸，也就是他自己吸入空气，上面的机器是一个呼吸机，能够支持患者呼吸。这里是一台输液泵，有些病人非常依赖药物，必须同时运行多台输液泵才可以。如果其中一台突然损坏，患者一分钟后便会失去生命。基于这种情况，我们这儿的学者在家也不能中断研究。我记得一次圣诞节假期过后，因医院的输液泵无人监管，这里大半的病人都去世了。我回家后哭了很久。"

他顿了顿。

"身上的责任很重。在我正在研究的临床图表上，可以很明显看出，死亡率非常高。尽管竭尽全力，但最终也只是被疾病摆布，真的太令人难过了。"

西培施蒂尔的家里有一张图表：肺炎死亡率。60年来，这一数字一直保持在13%，几乎没有进展。"这一定与我们的研究、模型以及数据的来源有关。""你在实验室里都做什么了？"他的妻子曾经看着图表问他。"这个问题"，西培施蒂尔说，"质疑基本原理——是非常科学的。如果某件事情进展得不顺利，必须退一步，再重新开始。这就是我们正在尝试做的事情。我不想再这样下去了"。

西培施蒂尔长期以来一直在进行动物试验。他的一项研究成果成功获得制药集团的进一步研发。他虽依旧认为动物试验是不可或缺的，但他自己不再做这些试验，而是希望通过自己的工作来替代、减少和改进动物试验，让新科学引领医学的下一次飞跃。"因此，我正在研究创新的、革命性的方法，比如干细胞和细胞器。"

肺炎或是其他很多疾病，如癌症、中风、阿尔茨海默病、糖尿病——无可否认，针对这些疾病的治疗手段都在不断进步，很大程度上减轻了病人的痛苦，但这些疾病并未被彻底打败。

而现在，当你与医生和研究人员交谈时，你会被一种乐观、积极的精神态度感染。他们谈论数字化、遗传学和干细胞研究，讨论诺贝尔奖得主埃马纽埃尔·卡彭蒂耶（Emmanuelle Charpentier）和山中伸弥（Shin´ya Yamanaka）。法国女科学家卡彭蒂耶发明了基因编辑技术。通过这一技术，人们可以改变植物、动物和人类的遗传物质，这是对抗癌症的绝佳机遇。日本医学家山中伸弥发现了诱导人体表皮细胞使之具有胚胎干细胞活动特征的方法。这些干细胞可以再生人体器官，如肺、肝脏、肾脏和大脑，这些细胞在显微镜下看起来就像棉花球。西培施蒂尔也与他们一起进行研究。

近几年来，无论我采访的科学家来自哪个领域，医学、生物学、化学或物理学——克里斯汀·纽斯林-沃尔哈德（Christiane Nüsslein-Volhard）[1]、埃马纽埃尔·卡彭蒂耶、格哈德·埃特尔或彼得·多尔蒂（Peter C. Doherty）[2]，这些诺贝尔奖获得者，都对这些新机遇津津乐道。"一个新时代已经开始。"国际科学突破奖（Breakthrough Prize）[3] 获得者、意大利女天文学家玛丽卡·布兰切斯（Marica Branchesi）告诉我，"我们这一时代的伟大发现，可与伽利略的发现相媲美"。

我们可能正在经历自古腾堡发明活字印刷术以来最大的变革。古腾堡为人类开启了知识的大门，让人们学会阅读和写作，从而促进了人类的思想解放以及科学的日益进步。直至中世纪，人类一直利用图片进行研究学习，图片能够包含诸多信息，形象地描绘事物的全貌。但文字却无法做到这一点。通过文字，人们只能逐个对事物进行解释，也就是说，必须认真思考每件事物。印刷术使科学呈线性发展。先是注重细节，然后关注整体。就像保罗·埃尔利希起先研究细胞，而后研究疾病一样。

计算机的发明开启了我们这一时代。社会学家马歇尔·麦克卢汉（Marshall McLuhan）[4] 是最先感知到其重要性的人之一。

---

[1] 克里斯汀·纽斯林-沃尔哈德，德国发育遗传学家。1991年获得拉斯卡奖，1995年获诺贝尔生理学或医学奖。

[2] 彼得·多尔蒂，澳大利亚知名免疫学家，1996年获诺贝尔生理学或医学奖。

[3] 国际科学突破奖，2012年由俄罗斯亿万富翁尤里·米尔纳夫妇设立，旨在表彰全球顶尖物理、数学和生命科学家的研究成果。

[4] 马歇尔·麦克卢汉，加拿大著名传播学家，文学学者，媒介环境学的开山祖师。

早在 1962 年，他就预言这项发明将终结古腾堡时代，以及——顺便一提——工业时代。

此次变革与上一次的相似之处是显而易见的：技术革新处于起步阶段。企业家引领世界走入新纪元，乔布斯和比尔·盖茨、拉里·佩奇和杰夫·贝索斯[1]。我去见了其中一些建设者，杰夫·贝索斯、比尔·盖茨和 Twitter 的创始人杰克·多西。他们有一个共同点：相信进步，并致力于改变世界。

进入世界首富杰夫·贝索斯的办公室，你会看到以下标志："还有很多新鲜事物等待您去发现。人们无法预知互联网将会产生什么影响。每一天都是全新的一天。"

"杰夫"，比尔·盖茨说过，"可与约翰内斯·古腾堡相提并论"。——"亚马逊"，贝拉克·奥巴马说，"就是 21 世纪"。数据是通往新世界的关键所在。它们能够再次复刻图像，使得创新生命科学、遗传学和生物技术成为可能。

我们再次摒弃线性思维，着眼于整体。在老年医学领域，这意味着我们不再只是追踪个别疾病，如癌症、帕金森病或糖尿病，而是聚焦于老年本身，及其背后的机制，我们第一次能够深入研究生命的起源和死亡，探索我们的基因型、基因、干细胞。这一知识的飞跃将改变医学，就像在保罗·埃利希时代所做的那样。我们将治愈那些看似无法战胜的疾病。曾经，我们通过进步攻克了许多儿童疾病，而现在，我们正向老年疾病进攻。

---

[1]　杰夫·贝索斯，全球最大的网上书店亚马逊的创始人。

11

声 音

"……由小迈向大"

　　我多么喜欢这座房子悄然无声的时刻，没有说话声、笑声、喷嚏声、哭喊声的时刻，以及在早晨太阳投下第一道光线时渐渐出现微弱声响的那一刻。

　　我闭上眼睛，用耳朵听着，索菲亚的叹气声，弗兰齐斯卡的呼吸声，还有鸟儿和狗的叫声。时间仿佛静止了。

　　从小到大，我总是伴随着轻柔的声音进入一天的生活。闭着眼睛躺在床上，听着从楼梯间传进来的声音，早安问候，咖啡机的响声，第一声笑声。一切都按部就班，我试图把耳朵也闭上，在倾斜的屋顶下转身，远离这个世界。如果弗兰齐斯卡——幸运的是她没有——问："你还在睡吗？"我会否认。但如果她问"你醒了吗？"我可能也会否认。我正聚精会神，整理思绪，首先是感觉，其次是想法。

　　我常常在白天与黑夜、睡眠和清醒的交替时刻整理它们。昨天尚未明晰的事情往往会在这期间水落石出。

与数小时的深度思考相比，这几分钟更能让我豁然开朗，使我在晚上的感受、想法、阅读或所见更加清晰。

昨日最令我印象深刻的是赫尔加和威利。晚上，天气温和，威利坐在花园里，和我们一起烧烤，赫尔加喝了葡萄酒，苏珊也喝了一杯。而后，弗兰齐斯卡把索菲亚放到床上，苏珊拿着她的iPad离开了，我一个人坐在花园的桌子旁，面前摆着满是烤肉和骨头残渣的盘子。我看着赫尔加和威利走到房子后面，走向乒乓球桌前的长凳上。他们坐下来等待。萤火虫应该快来了。

在他们的生活中，并非一切都那么容易。他们的婚姻不同于其他人。各自的假期，各自的床，各自的梦想。威利打趣说，他们还能在一起，可能只是因为他有一半时间都不在，这并不是完全错误的。这件事在家里总是被提起。这是一种极为少见的、自由式的婚姻。

我曾问过牛津大学的安娜·梅钦教授。"关系。"她说："就是拥有不同性格特点与思维方式以及对亲密关系有着各自看法的两个人走到一起。您可以想象两个圆圈，将它们想象成在空间上和情感上永远在一起的两个人。圆圈彼此重叠。有些人可能重叠了一半，而有些人几乎完全没有重叠。但这并不能说明一段关系是好是坏。当两者完全独立时，这段关系也能够继续进行下去。爱情关系只是关乎寻找与自己观点契合的人，或者说圆圈应该重叠多少。因此，这一模式并非要求两个人非常完美，而是相互补充。如果这行得通，我们就会拥有一段长久而幸福的关系。"

　　早晨，我躺在床上，眼前浮现他们两个昨天坐在长凳上的场景。不，我不想走他们的路。我属于另一种"关系类型"，不同于梅钦所提到的那类。然而，眼前的画面唤起了我的渴望：95岁和85岁，住在同一座房子里，坐在同一个长凳上，一起等待萤火虫的时光。我想到了弗兰齐斯卡。自从在一起以来，她带着我领略了许多我未曾接触过的新鲜事物：民间舞蹈、歌剧、野外露营、游艇旅行，她还让我拥有了莱奥尼，这只耷拉着耳朵、眼睛圆圆、嗅觉灵敏的小动物温暖着我，它的活泼天性使我放下手机和电脑，驱走电子世界的烟雾，为我的生活增添了不少乐趣。还有索菲亚，这个我生命中最重要的人。几乎所有重要的东西都是弗兰齐斯卡带给我的。只有写作不是，思考、梦想、感知，都是我的父母和亲爱的上帝给予我的，当然还有一些要归功于我自己。是的，50年后，我也想和弗兰齐斯卡坐在长凳上，看着萤火虫，和威利一样的年纪，但不会像威利那样体弱多病，甚至没有我穿着那套年龄模拟套装时的感觉，那种度秒如年的感觉。

　　苦痛和快乐一样是无限的。而正如我昨天读到的，这种苦痛不仅仅是巧合，也不仅仅是命运，人们能够对这种境况做出应对，就像人们可以为晚年的贫困做点什么一样。问题只是到底要做些什么？我所读到的，专家们所说和所写的，包括《新科学家》的作者所写的，都没能解答这一问题。他的文章以一则逸事开始：一位衰老研究人员在飞机上告诉他的邻座他正在做什么样的研究，而邻座却觉得他是个骗子。这样革命性的突破，如果是真的，他不会没听说过。作者写道，专业人士与非专业人士在知识方面的差距仍是难以逾越的。

这会是真的吗？如果是这样，这个进步对我而言意味着什么？对弗兰齐斯卡呢？对威利、赫尔加、苏珊和索菲亚呢？据统计，即便没有老年医学革命，索菲亚也能活到一百多岁。曾经的科学家们认为，像保罗·埃利希时代那样的飞跃已不再可能实现，而这一时代也已经一去不复返：人均寿命为 80 岁，最高可达到 120 岁——人类可能继续保持这一状态。从 2000 年至 2015 年间，全球人均寿命从 80 岁增加到 85 岁。在日本，百岁老人会获得日本首相颁发的银质奖杯。而由于百岁老人的人数过多，奖杯只能是银质的，否则成本太高。在美国，预计有一半的孩子可以活到 104 岁。这一切都是自然而然发生的，即便没有过去五年看似传奇般的突破，没有像疫苗和抗生素那样造福于人类的遗传学和干细胞研究。世界顶尖大学，麻省理工学院、牛津大学、斯坦福大学、哈佛大学正对此进行调研；各集团公司也已经在进行临床测试。

当我 95 岁时，我还能做什么呢？还能玩填字游戏、去度假或是修剪玫瑰吗？尽管我必须承认，我虽然喜欢在花园里坐着，但在那里劳作嘛，就……

当我躺在床上时，我决定再次拜访亨利。亨利·马克莱姆（Henry Markram）是一位医生，也是一名神经科学家，担任洛桑联邦理工学院大脑记忆研究所所长，欧盟承诺向他提供十亿欧元的资金，用于一个可与美国和中国的研究相媲美的项目：利用高性能计算机模拟出一个人造大脑。他不是邀请我参加一个会议了吗？到场的有 300 名科学家，都是来自生物学、化学、人工智能、遗传学等领域的精英。

但我得先起床。我穿着运动短裤，缓慢地走进花园。

索菲亚和苏珊坐在一起，吃着苹果。

我跳上蹦床，越过塑料游泳池的边缘，湿度为 18。我趴在充气垫子上，任凭早晨的阳光晒着我的背。

我再次聆听着这些声音。赫尔加减掉了五公斤。索菲亚应该去音乐学校上学吗？狗在哪里？大黄蜂嗡嗡叫着，青蛙的呱呱声仿佛在骂人，一列火车疾驰而过。世界真的很美好。

• • •

与亨利的见面十分有趣。在影像室里，我沉浸在他的模拟大脑之中，这些由神经元和突触构成的宇宙，无穷无尽，仿佛快要将我吞噬，一股力量将我拉入太空。我身处在耀眼的灯光中，突然间，星星交联成网，在我周围散发出光线。通过这些光线，它们彼此间得以交流，并传递信息。一旦它们传达了一个刺激信号，外部世界便会响起音乐，点燃最璀璨的烟火，万千色彩犹如一群鸟穿过大脑，最终迸发。这是一个伟大的奇迹。

为了实现自己的目标，亨利还有很长的路要走，但他确信成功指日可待。他已经吸纳了新时代的精神：数字化，它将图像置于文字之上，重塑了我们的思维，拓宽了我们的视野：从线性回归到整体。

亨利说，只有将大脑作为一个整体进行研究时，精神疾病才能被战胜，帕金森病或阿尔茨海默病等老年疾病亦是如此。"我们需要了解，这些疾病有着何种关联。对其中一种奏效的疗法，也会对另一种起作用。"正如骨科医生不是直接在背部疼痛的地方进行注射，而是寻找发病原因：脚部的平坦度、骨盆的位置或牙齿的健康状况。

数字化的出现，首次使理解大脑成为可能。

全新的方法在医学研究的各个领域都取得了进展。如今，我们已经可以用人工智能代替动物试验，美国在这一领域投入了大量资金，权威的健康和药物审批机构已将该主题列为重中之重。我曾打电话给约翰·霍普金斯大学的毒理学专家托马斯·哈通（Thomas Hartung），想要全面了解关于最新研究成果的信息，他告诉我："在过去的十年里发生的事情如同魔术一般。"他们仅在机器人测试上就投入了 2 亿美元，在器官芯片（Organ-on-a-chip）上投入了 3 亿美元。器官芯片就是模拟和重构人体器官生理功能的细胞培养微工程设备。此外——与亨利相竞争——还有一个 10 亿欧元的项目，即"迷你大脑"。

哈通是创新方法领域的权威人物，在去美国之前，他一直担任欧盟委员会替代方法验证和开发中心的负责人。他的团队正冒险进行一项竞争：计算机与动物试验之间的角逐。而最后的赢家是计算机。这引起了轰动，也扭转了许多质疑者的态度。

一种物质必须要经过严格测验，证实其无毒后，才可投入生产。哈通的团队使用了来自欧洲化学品管理局（ECHA）的数据：

对 1 万种物质进行了 80 万次测试。计算机将新化学物质与已知化学物质的结构进行比较。亚马逊云服务器需要两天的时间来计算 50 万亿次比较，测试出了 85% 的毒素。而动物试验只测试出 70% 的毒素。

在复杂物质检测中，计算机尚不能代替动物试验，但已经取得了突破。

现在我们必须利用大数据采取进一步措施，亨利告诉我："在欧洲，有 3000 万人患有脑部疾病。我们有他们的数据：基因、血液值、扫描图像、病史——如果将它们联系起来，我们所掌握的信息就会在一夜之间发生翻天覆地的变化。"

他知道，这是一个严峻的挑战。我们要怎样保护患者的数据免遭盗取和滥用呢？要怎样确保这些数据不会被追踪呢？在我们的社会中，疾病被打上了羞耻的烙印。病患没有参加工作的机会，生活得不到保障，甚至很难找到安身之处。只有当我们找到这些问题的答案时，我们才能够充分利用机会。

我们得到了这些数据后，仅仅将它们收集与整合在一起是远远不够的。这样的做法是陈旧的线性思维。如果要按照这样的思维方式重建大脑，需要花上一百年的时间。不，计算机必须以整体思维去思考，就像古腾堡之前的时代那样。计算机必须模拟、试着去建造大脑，并利用输入的数据对其进行改进。这就如同一个难度较高的填字游戏，人们不能只考虑单个字母，必须着眼于整体，去添加、猜想和改进。

迄今，马克莱姆在计算机上重建整个大脑的灯塔项目[1]失败了。大部分科学家也并没有成功，因为大脑太复杂了。然而，通过人工智能，我们已经对大脑有了更深入的了解，重大突破指日可待，例如针对帕金森病的诊断。

当患者开始出现震颤症状，并且脑部损伤持续加重时，这种疾病才会被诊断出来。美国研究人员通过经计算机评估的视网膜图像可以在早期检测到这种疾病。在慕尼黑，研究人员通过声音状态诊断帕金森病。制药公司勃林格殷格翰（Boehringer Ingelheim）[2]也能够通过语音识别来检测阿尔茨海默病。

在大脑研究领域，数字化所带来的机遇不言而喻；毕竟，大脑本身就是一台计算机，且是世界上最强大、最迷人的。但对于癌症、糖尿病、中风和心脏病，这些我们无法根除的疾病，主要是老年疾病，传统医学的革命性之处在哪里？

"你知道吗"，亨利说，"基因序列实际上只是信息，一个数字代码……"

• • •

是的，后来我通过亨利和他的妻子卡米拉认识了大卫·辛克莱。这位遗传学家将立足整体做到了极致："如果我们能战胜癌

---

[1]　灯塔项目，指的是那些有指导性的项目，特别是企业为转型或尝试新方向试行的具有代表性的项目。

[2]　勃林格殷格翰，一家致力于人类生物制药化学和动物健康产品的医药公司，也是世界上最大的私有制药企业。

症”，当我们在蒙特勒见面时，他问我，“我们的预期寿命会延长多久？”

我耸了耸肩。

“两年。”

我微微地点了点头。

“如果治愈了心脏病呢？”

“两年？”

“不到两年。”

医生称这种疾病为多重并发症，他向我解释说：当你年轻时，你有时间从疾病中恢复过来。而在老年时，等待你的只是下一个疾病，一个接着一个——其中一个会将你打败。

“我妈妈是个烟民”，辛克莱说，“这使她患癌症的风险增加了五倍。但是：年龄从 20 岁升至 70 岁，患癌症的风险会增加一千倍。到目前为止，最大的风险因素是衰老。我们必须将目标着眼于衰老本身”。

这听起来很有趣，有点像“生命中最大的风险就是死亡”，还像思想家巴松·布洛克（Bazon Brock）的一句格言的变体：“死亡必须消失，这件可恶的烦心事必须终止。任何说安慰话的人都是叛徒。”

然而，在辛克莱的话语中暗含着两种科学思想，一种新的，一种旧的：

新的思想是，从个体回到整体，从疾病回到衰老本身。

而旧的思想，秉持着保罗·埃尔利希的精神：如果不能治愈疾病，就必须进行预防。

世界卫生组织（WHO）似乎正在加入这场革命：2018 年，它将衰老归类为一种疾病。1893 年首次出版的《国际疾病分类》有 1.4 万余个条目。医生使用这些代码来记录死亡原因，从而影响世界各地的卫生政策。一种疾病被提到的频率越高，针对它的研究就越多。从 2022 年起，衰老的代码"MG2A"也被列入其中：其含义为"高龄"。

许多人仍然觉得医治衰老这件事是无法想象的。但在威利出生的那个年代，又有什么是可以想象的呢……而对于索菲亚来说，当她 95 岁时，我们现在所探寻的可能不再会是科幻小说，而是医学史。在未来的某一天，我们会对医生说："我觉得自己老了，该怎么医治呢。"这一天正逐渐向我们靠近。

12

大 卫

"……与维拉的生活以及戴安娜的死亡"

船头飘扬着瑞士国旗，湖水碧波荡漾，我们搭船从洛桑
（Lausanne）去往蒙特勒。云层依偎在阿尔卑斯山上，太阳闷闷不
乐地躲了起来，大卫也是一样，我本想和他聊一下，但他一直在
打电话。

我从人群中退了出来，站在最前面，呼吸着微风，想起了弗
兰齐斯卡，她热爱群山环绕的风光。在我独自旅行时，我经常会
想起她——我从来没有告诉过她这件事。我们之间的相处亦是如
此：不需要太多的话语与行动。

航班、摆渡、各大洲、各个国家、海洋、峡湾，写作带我去
过很多地方。最让我记忆犹新的是它陪伴我进行的研究。在罗
马，梵蒂冈的地下墓穴；上海，头几天我们在酒店房间里埋头苦
干。道路上人头攒动，车辆川流不息，到处高楼林立，城市上空
灰蒙蒙一片。红绿灯进入倒计时，老人们急匆匆地穿过马路，走

到半路被车辆围住。东方明珠，灯火璀璨，空中餐厅，离地900米的云，窗外的景色：就像一个着陆场。甚至地铁站的自动扶梯都令人难以置信，比欧洲的自动扶梯快得多。沿路向上走去：一栋有数百个窗户的房子，而后一幢比一幢更高，带有银色拱形屋顶的普尔曼列车，通往云上的小径。

我们从上海出发，去往缅甸。这个国家还尚未对游客开放，海关人员鄙夷地看着我递给他的证件，一声不吭地拿走了我的钱包，在往护照上盖章之前，他拿出了自己认为重要的东西。缅甸人的传统服饰是笼基（Longyi）[1]，但这是在牛仔裤和运动鞋、可口可乐和签证征服这个国家之前。人们都不戴手表，而是根据太阳估算时间。没有移动电话，也没有互联网，就像威利曾经熟悉的那个世界，我的生活从来没有这样慢过。我默不作声，弗兰齐斯卡却很是活跃，与农民和渔夫相谈甚欢。早上5点的船上，我异常想念她。在这些日子里，我从未告诉她我是多么爱她，就像我不会告诉她在水上的那几分钟里我是多么想念她一样。我拍了19秒的日内瓦湖，把视频发给她，她给我发了一张索菲亚的背影。那是几天前的事，索菲亚被妈妈抱在怀里，吹灭了生日蜡烛，威利坐在她旁边，鼓掌，大笑，仿佛是他自己的生日。

我正播放着影片，亨利坐了过来。自从我们写了一本关于亨利和他家人的书，有关他患有自闭症的儿子卡伊（Kai）的故事，我们成了好朋友。亨利通晓关于大脑的一切，却无法理解他的孩

---

[1] 笼基，缅甸人所穿的筒裙，由系在腰间的一块长方形的布组成。缅甸女子所着的筒裙被称作"特敏"（tamane）。

子。要想知道卡伊可爱的脑袋里发生了什么，他必须研究 15 年以上。自闭症患者的感知能力其实比常人更强。对他们来说，世界太吵闹，太刺眼，太混乱了。"对于他们来说，缺乏同理心的并不是他们，而是我们。"这种认知让他变了一个人。

"怎么了？"他说。

我们谈到了大会、嘉宾、顶尖科学家，当然还有大卫。"这项研究"，亨利说，"将改变我们的生活，超出我们的想象"。

抵达皇宫酒店后，映入眼帘的是淡黄色的外墙，拱形屋顶，湖面离这里如此之近，美景让人叹为观止。难怪彼得·乌斯蒂诺夫（Peter Ustinov）[1] 在这里与索菲亚·罗兰（Sophia Loren）[2] 和保罗·纽曼（Paul Newman）[3] 一起拍摄了电影，这部电影威利没有参与，是由威利口中的"那些狮子"投资的——米高梅电影公司（Metro-Goldwyn-Mayer）。死神似乎也住进了这家酒店。理查德·施特劳斯（Richard Strauss）在这里写下最后的杰作《最后四首歌》；在世界大战期间，这家酒店曾被用作军事医院；弗拉基米尔·纳博科夫（Vladimir Nabokov）[4] 和弗雷迪·摩克瑞（Freddie Mercury）[5] 在这座酒店里度过了最后的日子，两人都死于病毒，在生前最后几年都患上了令人痛不欲生的疾病。摩克

---

[1]　彼得·乌斯蒂诺夫，英国编剧、导演、演员。

[2]　索菲亚·罗兰，意大利女演员，代表作《烽火母女泪》，并凭借此片首度斩获奥斯卡影后，成为史上第一位凭一部外语片获得美国奥斯卡影后的外籍女演员。

[3]　保罗·纽曼，美国著名演员、赛车选手，代表作《金钱本色》。

[4]　弗拉基米尔·纳博科夫，俄裔美籍作家，代表作《洛丽塔》。

[5]　弗雷迪·摩克瑞，英国男歌手、音乐家，摇滚乐队皇后乐队（Queen）主唱，代表作《波西米亚狂想曲》。

瑞几乎失明，浑身长满卡波西氏肉瘤，皮肤布满斑点，而且虚弱得无法起床。纳博科夫，肺部衰竭，奄奄一息，细胞逐渐衰亡。这并非善终。正如这位作家在他的小说《微暗的火》(*Fahles Feuer*) 中所描述的那样：坠入深渊，缓慢下落，如醉如梦。

当我们穿过两栋酒店大楼之间的通道，从死亡接近施特劳斯的那栋到死亡迎接纳博科夫的那栋。"死亡对我们来说并不是一件好事。"大卫·辛克莱说。

他的母亲戴安娜和纳博科夫的死因类似，她长期饱受痛苦，后期肺部严重积水，病情急速发展。大卫一直在她身边守候。前一秒，他们还在取笑大卫在接到父兄电话后回来的路上所写的讣告，突然间，她就蜷缩起来，喘着粗气，盯着他们，眼里充满了恐惧。"我在她耳边小声说，她是我心目中最好的妈妈。"随后的几分钟，他看到妈妈变了模样。"她变成一团颤抖、窒息的细胞。很多人都和她一样"，辛克莱说，"只是没有人谈论它。没有人会告诉你死亡是什么模样"。

· · ·

大卫·辛克莱。教授、创始人、拥有 35 项专利和 25 项科学奖项。《时代周刊》称他为"可以逆转衰老的遗传学家"。

"没有任何生物定律说明，我们必须衰老。"辛克莱声称。"如果您的女儿索菲亚可以活到像她的曾外祖父威利如今一样的岁数，那么一个人活到 122 岁可能也不足为奇了。"

他的妻子桑德拉（Sandra）是德国人，后来我和她通了电话，谈到了她的丈夫："大卫有 50 岁左右。但他心里还住着一个孩子。"

大卫心里的孩子。这个孩子既是孩童时的他，也是现在的他。在与他及他的妻子、朋友、同伴和商业伙伴进行了多次交谈后，我明白了这两段童年是如何影响他的研究的。

其中有一个故事。在他 10 岁时，他想知道，在悉尼的家门前那条霍克斯伯里河（Hawkesbury River）的源头在哪。他沿着水道，逆流而行，一个岔口，又一个岔口，河流蜿蜒穿过几个郊区，汇入世界上最长的河流之一，是大海在冰河时代淹没陆地时形成的一条宽阔支流。夜幕降临时，大卫已经走了几公里，走进了地平线上的群山。有一个陌生人打电话给他的母亲，让她来接他。然而这并不是他最后一次跑走。

他是个有个性的人，天性好奇、叛逆，勇于冒险。大卫喜欢赛车运动，这是他的祖母维拉教会他的。大卫的父母都是生物化学家，他们整日忙于工作，是维拉将大卫抚养长大，这也是一个多代人共同生活的典型。

她教会他如何在蜿蜒的车道上驾驶。她告诉他，人们的创造影响了世界。而且成年人并不比孩子聪明。当她哄他入睡时，会背诵一首《小熊维尼》作者艾伦·亚历山大·米尔恩所作的诗，这首诗讲的是一个 6 岁的孩子，书的结尾是这样的："我要一直都是 6 岁/现在是，今后也是。"

"永远不要长大。"她说。维拉以自己的亲身经历，教会了大卫人生不必循规蹈矩。维拉在匈牙利长大，15 岁时，她生下了大卫的父亲。冬天，她会在布达山上的一家旅馆工作，第二次世界大战期间纳粹入侵匈牙利时，这里成为了党卫队指挥中心。当纳粹士兵们搜查她的村庄时，维拉为犹太人提供了一个藏身之地。当苏联人来临时，维拉的母亲在试图逃跑时被逮捕。当时辛克莱家族还被叫作西盖蒂（Szigeti）家族，这个家族的女子都有着坚忍不拔的品格。1956 年，匈牙利人为争取自由起义，维拉在街头散发传单。最终，她与儿子一起逃到了悉尼，还成为了当地的有名人物，因为她是澳大利亚第一批穿比基尼的女性之一，还因此被赶出了邦迪海滩（Bondi Beach）。后来，在回归家庭之前，她独自一人住在新几内亚。

辛克莱说，在她 80 岁之前，维拉仍旧精力充沛，精神矍铄。她热爱生活，经常与朋友喝酒，互相分享故事，喜欢挥舞着手，模仿交响乐指挥的动作。而后，在她 80 岁时，那个将困扰我们所有人的强盗出现了。它总是会偷偷地溜进我们的生活，不会一下子偷走所有东西，而是一个接一个地抢走，以至于我们一开始几乎无法注意到它：今天偷走你身上的一点力量，明天偷走片刻清晰的记忆或是一些食欲——渐渐地，缺口变得越来越大，朋友、快乐、回忆最后都被这个强盗洗劫一空。维拉失去了她的笑声和音乐，几乎再没从轮椅上站起来过。"命该如此。"她说。她在 92 岁时去世，但辛克莱说，真正的她早已离开了这个世界。衰老迫使我们进入了半死不活的状态，没有什么比这更残酷的了。

当时，辛克莱并不知道自己会离这个状态有多近。1987年，在他踏入大学校园时，关于老年医学的创新研究才刚刚起步。老年医学研究与老年人拥有一个共同点，即人类最原始的渴望：停止衰老！即使是最古老的英雄史诗《吉尔伽美什史诗》，这部2000多年前在泥板上刮刻而成的、古代近东最著名的故事，也梦想着这件事。吉尔伽美什国王寻觅并找到了一种让人永葆青春的植物，但又失去了它，此后数千年，所有希望也都全部破灭，无一例外。直到保罗·埃尔利希（Paul Ehrlich）等先驱者进行了第一次时代革命，此后，老年医学再次陷入停顿。直到20世纪90年代，遗传学迅速发展，促成了第二次革命的产生。辛克莱，就在那个时代，去著名的麻省理工学院学习研究。

●●●

什么？莱尼在悉尼？来吃晚饭？和伊恩？

大卫精神一振。莱尼·葛兰特（Lenny Guarente）！那位麻省理工学院的酵母大师。他刚刚在酵母中发现了一个抗衰老基因。科学界流传了关于莱尼团队的传奇故事，他们是创新研究领域的新生力量。大卫必须要加入这个团队。

很好，很好，他的博士生导师伊恩说。

而大卫不仅要去，他还必须坐在莱尼旁边。

伊恩笑着答应了他的请求，于是这位年轻的博士生开始和莱尼交谈，他开始通过显微镜观察酵母菌的培养基，他喜欢它们的气味，闻起来像新鲜面包的味道，他利用酵母研究枫糖尿症，这种疾病的名称很有意思，因患儿排出的尿液中带有烧焦的枫糖浆气味而得名，但它是一种严重的遗传病，对许多婴儿来说是致命的。大卫将这件事告诉了莱尼，莱尼仔细聆听，并提出了问题，然后说出自己的最新项目：他正在研究的不是疾病，而是衰老本身。这激起了大卫的斗志，衰老、酵母菌——他必须要与莱尼共同进行研究。莱尼回答说，我很愿意能和你一起工作，但你得自带研究经费……

这听起来像是承诺，却是种变相的拒绝。在美国，外国人没有机会获得任何重要的博士后资助，他们无法获得为加入研究岗位的博士生提供的奖学金。尽管如此，大卫还是预订了飞往波士顿的航班，并争取到了一家知名基金会的奖学金。他告诉面试官，干细胞研究领域翘楚道格·梅尔顿（Doug Melton），他想要在未来几年内发现"赋予生命"的基因，以一种全新的思维方式：不去寻找和研究使我们衰老和死亡的基因，而是去探寻那些使我们延年益寿的基因，即不是衰老基因，而是长寿基因。梅尔顿点头表示赞同——不出所料，大卫得到了奖学金！他把公寓退租，卖掉了马自达，又买了另一张机票。他未来的妻子桑德拉不久前才为了他从德国搬到澳大利亚，还说服了波恩研究基金会自己必须去往悉尼，她心里有些不是滋味。当她到达时，他已经走了。

搬到波士顿对她来说并不是个明智之举。她暂时住在悉尼。直到最后，她完成学业，成为一名遗传学家，在麻省理工学院任职。

• • •

为了酵母！你会为此而放弃所爱之人吗？

家庭聚会上，针对这个问题，大家都纷纷摇头，但所有人都想进一步了解这位发明了抗衰老药物的辛克莱。而对于酵母，他们似乎兴味索然，且一致认为：这太无聊了。但有了这样的帮助者，伟大的科学家们就能探索生命。烧烤聚会时的闲聊，比想象中更有趣。

弗兰齐斯卡的父亲弗兰茨是位红酒爱好者，如果他想知道生命的起源，我可以告诉他，他杯子上的苍蝇可以给他答案。黑腹果蝇，我们一般都直接称为果蝇，弗兰茨赶紧用手指把它弹走。这种黑腹果蝇是世界上最成功的模式生物[1]，以它为材料的研究已经获得了六次诺贝尔奖。它的基因与人类的相似，因此通过无数研究，它能告诉我们很多关于人类自身的信息，甚至有关性行为，比如当人没有性生活时，会发生什么。"性生活方面处于劣势的雄性果蝇，饮酒的动机会增加。"

弗兰齐斯卡手里拿着一杯淡啤酒，如果她想知道我们是如何衰老的，我可以告诉她，杯子里的酵母菌，即酿酒酵母，这种

---

[1] 模式生物，是指受到广泛研究，对其生物现象有深入了解的物种。根据这些物种所得的研究结果，可以归纳出一些涵盖许多生物的模型，并应用在各领域的研究。

"啤酒真菌"可以告知我们如何减缓衰老，怎样应对癌症、失智症和糖尿病，怎样减少皱纹、白发和鱼尾纹。有关它的研究曾获得五次诺贝尔奖。

我曾采访过诺贝尔奖背后两位真正的杰出人物，令我印象尤为深刻的是 3 年前与那位"苍蝇女主人"的谈话，她在图宾根一座木屋中，坐在钢琴旁，弹着——一切井然有序——舒伯特的曲子，柜子上——在零零碎碎的杂物下面——摆放着她的诺贝尔奖奖牌。她每次都得花上一段时间才能找到它。

"我已经好久都没有碰过它了。"啊，在那里。她拿来了一个朱红色的盒子，上面赫然印着金色文字"克里斯汀·纽斯林-沃尔哈德"。她是德国第一位女性诺贝尔奖获得者，也是为数不多的获得诺贝尔生理学或医学奖的女性之一。通过对果蝇的研究，她发现了控制果蝇胚胎发育的重要基因，进而为研究人类的胚胎发育奠定了基础。"我确实获得过一些奖牌"，她说，"但我也不想再留着了。上面都是些丑陋的男人们。不过这枚很漂亮"。奖牌直径 10 厘米，正面是阿尔弗雷德·诺贝尔的肖像，背面则印着她的名字。"有些人已经把他们的奖牌卖掉了。詹姆斯·沃森（James Watson）就是。"那一块奖牌卖了 470 万美元。

沃森是生物学的第一批杰出人物之一，对如今的老年医学有着重要影响。生物学在 20 世纪 50 代初露锋芒，在 20 世纪 70 年代稳步发展，并在今天展现出难以想象的力量：分子生物学与遗传学。沃森与他的同事弗朗西斯·克里克（Francis Crick）一起，发现了著名的 DNA 双螺旋结构，这一结构看起来像一个旋转的绳梯，每个生物的每一细胞中都存在这样的 DNA 结构：基因型。另外，这两个人的成功归功于一位天才女性，即生物化学家罗莎琳德·富兰克林（Rosalind Franklin），她也有同样的发现，而他们秘密使用了她的数据。当他们获得诺贝尔奖时，根本没有提到富兰克林。那些印有丑陋男人的奖牌就这么多了起来。在科学界，女性的成就往往会被忽视。

沃森和克里克的发现令全世界着迷。在这个绳梯里，在由脱氧核糖和磷酸基连接而成的骨架以及由基桥组成的横挡上，在这一建构美学之中，隐藏着生命的密码，暗藏着三个问题的答案：我们来自哪里？我们是谁？我们会变成什么样子？

现在，密码必须被破译，为此人们需要生物，例如苍蝇和酵母菌，我们遗传学上的亲属。苍蝇与我们"共享"60%的基因，酵母菌与我们"共享"70%的基因。

基因是绳梯上的一小部分。它能决定生物具有怎样一种特征，例如发色或身高，而这不是由一个基因，而是由一组基因决定的。就像我有一头黑发，而索菲亚却是金发。基因是生物特征的蓝图，构建者蛋白质会读取并识别出它是何种发色的基因变体：啊，原来是像弗兰齐斯卡小时候一样的金发。这就是它的蓝图，它的等位基因，遗传学家称为变体。而后是蛋白质，扮演着工匠和工具的角色，负责确定颜色。

据估计，共有 2 万个基因控制着人类，操控着细胞，有些是开启的，而有些是关闭的。由于每个细胞都携带相同的基因型，这种开启或关闭的状态决定了一个细胞是肺细胞还是肝细胞，是对亲吻感到高兴还是感到忧虑，是否有时间繁殖——也就是分裂，或者它是否必须竭尽全力来抵御病毒。首要的问题是：不同基因各自有哪些任务？为什么？以及：一个单细胞的卵子是如何奇迹般地成为拥有数十亿个细胞的人类的？

从果蝇的身体构造和克里斯汀·纽斯林-沃尔哈德的研究中我们能够了解到诸多信息，比如基因如何开启和关闭，基因如何控制人类胚胎发育。

科学家往往是在突变体的帮助下实现突破的，纽斯林-沃尔哈德也是如此。遗传学家喜欢用思维游戏来解释它是如何起作用的：假设你对汽车一无所知，你只知道它会行驶，但它是怎样运行的呢？你可以将车拆卸开来，进而了解各个部分的构造，但你仍然不知道它们是如何协同工作的。因此你找来了很多车，稍微改变一下。拧下方向盘，汽车开动了，但在下一个弯道，它撞上了一棵树；卸下冷却水泵，汽车再次启动，随后又突然变热，最后熄火；拆下喷油泵，车子完全无法启动了。这样你就会了解，每个部分分别有何种作用。

一开始，科学家们的研究进展缓慢，但随着时间推移，速度逐渐加快，这得益于科技进步，以及计算机新功能的产生与发展。

如果你对生命的中间部分感兴趣，我们如何成长，生命如何进行，疾病如何发展，你应该研究一下拿过三项诺贝尔奖的线虫。线虫身体透明，便于在显微镜下观察。后来的诺贝尔奖获得者约翰·苏尔斯顿（John Sulston）观察了线虫的细胞分裂过程。

线虫花了 36 个小时才发育长大。这位英国人用了整整一个周末的时间观察它，并且发现，新产生的细胞中的一部分又死亡了。有序的死亡使生命和健康成长成为可能。"程序性细胞凋亡"这一专业术语表示：多余和受损的细胞会在它们即将造成伤害之前死亡。除了癌症、其他疾病、炎症，这一里程碑对于大卫及其衰老研究也将发挥重要作用。

在烧烤谈话中缺席的酵母菌是衰老研究人员的好朋友。2009年，伊丽莎白·布莱克本（Elizabeth Blackburn）因它获得了诺贝尔奖。她观察了染色体的末端、细胞核中的 DNA 链和蛋白质，并在染色体上发现了保护遗传物质的帽子，即端粒。她描述了保护帽如何磨损，这是衰老的重要原因之一，并研究了我们能做些什么，以及如何减缓衰老。这也是辛克莱的研究目标，他用他的酵母……

但是烧烤谈话的成员们已经没有耐心了。是的，是的，酵母很重要。重要到可以让他将挚爱留在悉尼。但是现在，让我们一探究竟：这个叫辛克莱的家伙吃的到底是什么药？

13

神奇分子

"……和衰老"

当我在瑞士遇见他时，他自然也随身携带着他的神奇分子。旅行时，他总是把它们带在身边，胶囊、粉末，他家里的地下室有整整一箱。

"这够吃10年了。"他打趣说。

当然，那天他又收到了几封请求邮件。他到底在服用什么？他会卖吗？"有些人想要出高价购买。"辛克莱说。

是的，那么他到底在服用什么呢？

起床之后：

1克NMN[1]。白色，晶体，胶囊，由他自己的实验室制作。

---

[1] NMN，全称为"β-烟酰胺单核苷酸"，是人体内固有的物质，一些水果和蔬菜中也富含该物质。

0.5 克白藜芦醇（Resveratrol）[1]，自制，同样为白色，一般混在酸奶里吃。这种粉末的口感不太好，因为它无法溶解。尝起来"就像石灰"。

0.5 克槲皮素（Quercetin），并非每天都吃，而是定期服用。淡黄色，味苦，口感几乎和白藜芦醇一样。

夜间：

1 克二甲双胍（Metformin）。这是一种治疗糖尿病的药物。根据研究，可以预防失智症、癌症和心脏病。"我敢打赌，我三分之一的同事都会服用它。"

他不服用任何防老化剂，除了维生素 D。他说，吃这些是在浪费钱，与攻击我们细胞的自由基作斗争毫无意义，就像削皮后的苹果果肉氧化后会变成黑褐色一样。"让我们变老的不是自由基。"辛克莱说。如果人们饮食均衡，就不需要吃维生素药片。当你考虑到人们在这上面花费了多少亿欧元时，这几乎很有趣。

他说，他的分子们起作用了。它们启动了细胞过程，例如禁食或锻炼，这是保持年轻的两种自然方式。

可以相信他吗？毕竟，他申请了专利，创办了药物研发公司，所以他的论题也确实有其经济效益。如果想弄清楚或是想简

---

[1] 一种有益于人类健康的非黄酮类多酚化合物，在葡萄、花生、虎杖等植物中普遍存在，具有抗氧化、抗炎、抗癌及心血管保护等作用。

单了解哪些药物有帮助，哪些没有，必须要再次深入探究酵母菌、辛克莱生命中的科学斗争以及衰老本身。

· · ·

关于衰老的理论数不胜数，其中可信的有数百种，但只有两种观点脱颖而出。

其中一种是进化论支持者的观点。他们阐释了人为什么会变老：你来到这个世界，是为了让物种得以延续，繁衍并养育后代。一旦完成这项任务，你就会变得多余。你会衰老，死亡，为下一代让路。

另外一种，是像辛克莱这样的分子生物学家，他们并没有把衰老完全置于我们的对立面。他们研究衰老，想要加深对它的认知，进而智胜它。"我们的死亡并不是为了给下一代腾出空间。"辛克莱说，"这种想法是完全错误的"。

在学生时代，他就已经了解过有关衰老的理论，以及分子生物学取得的伟大进步：1953 年，詹姆斯·沃森和弗朗西斯·克里克，以罗莎琳德·富兰克林的相关数据为关键线索，破译了 DNA 双螺旋结构，我们也因此能够初探生死之源。

先驱们认为，衰老的原因在于 DNA 本身：它在生命进程中受到损害，随之衰弱、颓败。

衰老是遗传物质受损的结果，基于这一原理，在接下来的几十年里，又有大量的观点相继出现。

细胞分裂是造成损害的罪魁祸首，"差错灾难理论"的支持者称。

不，是电子的氧化应激造成的细胞损害，"自由基理论"的支持者称。

但没有人能证实自己的理论。

因此，科学界放弃了这些理论，并在十年前达成共识，衰老可能没有任何原因。多个原因的混合作用，剥夺了我们的青春，最终让我们失去生命。分子生物学家已经定义了衰老的八个因素，从干细胞衰竭到衰老细胞的富集，从线粒体功能失调到端粒的磨损。

如果人们不想通过专业术语来了解衰老对于分子生物学家意味着什么的话，简而言之：年轻无非是我们具有内在更新自我的能力。而衰老意味着我们的细胞不再能够自我修复和更新。

衰老八因素的提出并不是一场革命，而是对过去几十年研究的总结与概括。但它也包括了老年医学中正在发生的革命，即造成衰老的因素之一是表观基因组的变化。

十年前，当这一因素被记录下来时，与同为因素之一的DNA受损地位相当。但在过去的十年里，我们看待衰老的方式发生了变化，像辛克莱这样的先驱者已经打破了衰老研究的第一个基本原则：把目光聚焦于基因型。如今，科学界正在将焦点从DNA转移到表观基因组（Epigenom）上，即缠绕在DNA上的成串的珠子：基因型是如何被包装的……

辛克莱和他的导师莱尼·葛兰特是表观遗传学领域的明星。

• • •

作为研究人员的生活是激动人心的。大卫加入了莱尼的实验室，和一群有野心的年轻人共同孜孜不倦地进行研究工作。在他们中间，有六位成为了知名教授，成为新一代优秀的遗传学家。他们的研究围绕酵母菌展开。大卫真的很喜欢这些小东西，它们就像人类一样，会做两件事：进食和繁殖。随着年龄的增长，它们变得圆润，繁殖能力也有所下降。这种真菌的寿命能持续一周，这也使得它在衰老研究中极为宝贵。长久以来，关于人类的研究工作都困难重重。如果人们想研究某种西蓝花分子是否能像推测的那样，让我们保持更长时间的健康，则必须花上几十年的时间，在一个群体内进行测试。直到今天，我们才有办法解决这个困境。

但在大卫加入葛兰特实验室的那个年代，一切都是不可想象的。酵母菌是衰老研究的金标准，科学家们在它们身上试验成功后，会进一步在陶氏菌、线虫和小鼠身上测试，这些动物的寿命都很短，足以快速获取信息。他们俯身在显微镜下观察细胞分裂和出芽，发现新细胞比母细胞要小。这些细胞就像一堆被打翻的保龄球，在分裂25次后，生命便戛然而止。如何延长生命，如何激活莱尼几年前发现的长寿基因呢？这就需要一种名为NAD的辅酶，我们——简单来说——需要这种辅酶来加工食物。因此，基因是否能够开启，似乎与营养物质、新陈代谢有关。

在他们这样一步步探索，一点点进步时，一次巧合——和很多重大突破一样——助了他们一臂之力。一位同事把一组细胞遗落在了实验室冰箱里，它们被遗忘在角落，就像赫尔加的酸奶一样。令所有人惊讶的是，这些细胞竟然存活了下来。他们发现，这堆饱受饥饿和寒冷折磨的酵母比在舒适安逸、营养充足的环境中维持生存的酵母存活的时间更久。

是的，它们的生存与营养物质息息相关，这一认知并没有特别之处；从威利的童年，也就是 20 世纪 30 年代开始，我们就知道，动物在少量进食，摄入必需的营养物质，并减少卡路里摄取时，能够保持健康活力。迄今为止，这种禁食方法是经科学证明的、能够延长寿命的唯一有效方法。与这项禁食研究相关的知名人物之一是洛杉矶教授罗伊·沃尔福德（Roy Walford），他把小鼠的食量减少了一半，结果发现，与其他小鼠相比，这些小鼠的寿命延长了 40%。如果换成是人类的话呢……“这种禁食小鼠很少患上糖尿病、癌症和骨质疏松症。”沃尔福德强调。这一对比结果令人振奋。超过半数的正常喂养的雌性小鼠会患上乳腺癌，而这种疾病在禁食小鼠身上则很少见。

一次名为生物圈二号（Biosphäre 2）的生存挑战让沃尔福德有机会研究禁食对人类的适用性。得克萨斯州亿万富翁艾德·巴斯（Edward Bass）仿建了一个玻璃穹顶笼罩下的地球生态系统。八名科学家入住其中，包括四名女性和四名男性，他们饲养动物，自给自足。这项实验由 NASA 监控。但遗憾的是，植物缺乏氧气，而参加实验的科学家又缺乏经验，收成也不尽如人意。但他们的食物和饮品都是健康的：水和羊奶，27 种水果和蔬菜，小米、大米、小麦。周日，他们会吃肉类，一日三餐，不会超过 1800 卡路里。但这些食物对农民们来说远远不够，女性的体重下降了 10%，男性的体重则下降了 20%，但是：他们感觉良好，不需要太多的睡眠，血压和血糖水平明显下降。

因此，节食能够增强酵母细胞，这不足为奇，而饥饿，意味着持续缺乏营养，自然会损害身体，缩短寿命。葛兰特的团队想要深入了解这一运作机制，研究了莱尼在 1995 年发现的长寿基因，即 SIR2。与其说他们研究的是基因本身，不如说研究的是基因与其外层缠绕的珠子的相互作用，即 DNA 周围的一串珠子：表观基因组。

"你必须把生命想象成音乐。"辛克莱说。身体是钢琴，基因是琴键。钢琴家必须按下琴键才能够弹奏出悦耳的音乐。而这些钢琴家就是表观基因，也就是——间接来看——我们自己。正是这新纪年的认知突破改变了老年医学研究的一切：我们控制基因，而非基因控制我们。

我们弹奏这些琴键，让基因以三种方式发出声音：做正确的事情，比如大笑或吃西蓝花；做错误的事情，比如吸烟或经常吃糖；咬着牙做正确的事情，比如少吃一顿饭、锻炼身体，或是在桑拿后跳入冰水中。

我们所做、所忍的事情至关重要，以至于表观基因组，即我们内心的钢琴家，也因此改变，以至于它里面的标记，好的和坏的，甚至会遗传。我吃的每个苹果，至少说很多苹果，也是为索菲亚吃的。她可能没有遗传我的发色……

当我们偶尔看《小蜜蜂玛雅》时——第一集，小玛雅诞生，是索菲亚最喜欢的一集——我意识到，表观遗传学这一问题是如此合乎逻辑和明白易懂，我甚至可以解释给索菲亚听。蜂巢中的每只幼虫都是一样的。但它们中间，只有一只会成为蜂王，它的体型会更大，负责繁衍后代、产卵并选择新的巢地。为什么？因为保育蜂会给未来成为蜂王的幼虫喂上三个星期的蜂王浆，而其他幼虫仅能吃三天的蜂王浆，三天后，就只能吃花粉和花蜜的混合物了。

实际上，表观遗传学——用"基因型"或"SIR2"这样的术语来概括——仅意味着每个乡村医生一直说的话："一天一苹果，医生远离我。"威利一直都很喜欢苹果，也喜欢沙拉，直到几年前，他没有一日不吃沙拉，在他的食物被捣成泥后，他才舍弃了这个喜好。这个爱好确实让他保持了更长时间的健康，却并没有让他免受病痛。这再次将表观遗传学置于乡村医生的建议之上。如果我们了解苹果背后的遗传过程，我们就可以开发出更有效的药物和疗法，也许可以强大到足以治好威利的震颤。每当病情恶化时，他都会无奈地笑着，试图通过拍打压住手部的震颤。

正是这个探索让辛克莱和其盟友们的工作如此激动人心。从遗传学角度看，这背后隐藏着什么呢？

他们提出了一种理论，将遗传学视为生命和生存之间的循环，在这个循环中，生存机制似乎是长寿的关键，或者更确切地说，是健康长寿的关键。该理论认为，在肥胖时期，基因会发出声响，使我们的细胞繁殖、生长、分裂。在困难时期，这些基因默不作声，身体需要拼尽全力，武装细胞或修复饥饿、寒冷或病毒造成的损伤。为此，刺激细胞中负责修复工作的基因会再次发出声响。

保护、修复、更新——等同于分子的青春。

根据这一理论，细胞通过修复得到了强化和保护，也能更好地抵抗雾霾、焦虑和奶油蛋糕。并且：较少分裂的细胞，存活的时间往往更长，这一点在酵母的世界中显而易见，因为每个细胞只能分裂 25 次。对于人类而言，这也是合乎逻辑的，因为在每次分裂的过程中，DNA 都必然会断裂，随后重新组装——这也是造成损害的原因。

不可否认的是，这一理论偏离了基因本身，偏离了 20 世纪七八十年代的研究人员的思想，这些研究人员几乎只关注 DNA，仿佛我们的命运仅仅由它决定。这种想法太局限了！对双胞胎的研究表明，基因对寿命的影响微不足道，只有10%—25%。不，负责我们生存和长寿的基因并不会自行启动。它们需要表观基因，也就是那些附着在它们周围的珠子，这样它们才能奏响长寿之歌。

但是表观基因是如何工作的呢？最大的问题是，究竟是什么让它们激活了冰箱里那些细胞中的长寿基因 SIR2？研究人员一致把目光转向了：长寿因子（Sirtuine）[1]。

---

[1] 长寿因子（德语 Sirtuine，英语 Sirtuin），亦称为 SIR2 相关酶类，是一类去乙酰化酶。

• • •

长寿因子和生命形影不离，密不可分，一切生物体内部都有它的存在。它是一种蛋白质。蛋白质是一些细胞的基本构成物质，并——作为酶类——调控细胞的化学特性。长寿因子是一种酶，就像索菲亚和威利一样，负责连接某些东西。哺乳动物有七种长寿因子，分别是 Sirt1 至 Sirt7；当辛克莱和他的同事们开始研究时，它们尚未得到重视。其名字源自英文"Silent Information Regulators（Sirt）"的缩写，即沉默信息调节因子。它们会控制基因及其包装之间、DNA 与其周围珠串之间的信息流。根据信息状态，它们将珠子连接到基因上或再次移除，并调控基因的开关。如果人们在蒸过桑拿后跳进湖水——弗兰齐斯卡可能会这样做——长寿因子会将珠子收紧，并激活生存基因。而我可能只是动下眉毛，站在膝盖高的水中，所以弗兰齐斯卡八成会活得比我久。

在衰老研究中，长寿因子在短短几年内便成为冉冉升起的新星，辛克莱也因此声名鹊起。因为他承诺了一些听起来令人难以置信的事情。

几十年来，我们知道，只有两种方法可以延长健康寿命：适度运动和节食。但谁能一直保持自律？辛克莱心想，如果有一种药物可以唤醒长寿基因就好了！某种营养物质能够激活长寿因子。但会是哪种呢？

这将是辛克莱接下来几年一直探寻的问题；这种活化剂是极为罕见的；他与一些同样在寻求长寿妙药的公司测试了数千种化学物质。后来，辛克莱成为哈佛大学教授，担任研究所所长，并很快名声大振，他不得不把笔记本锁在保险箱里。辛克莱和他的导师葛兰特分道扬镳，成了竞争对手，而且赌注很大：为进行这种药物研发，要投入大量的资金，可能在不久后，这个世界上65岁以上的人要比5岁以下的人多。"这是一场比赛。"辛克莱承认。

直到2002年，美国生物化学家康拉德·霍维茨（Konrad Howitz）发现了他们一直在寻找的东西：长寿因子催化剂。他甚至发现了两种，即鲜为人知的植物色素紫铆因（Butein）和非瑟酮（Fisetin），事情终于有了进展。紫铆因提取自开花植物艳紫铆（Butea superba），这种植物生长于泰国，因其强身健体的功效为人熟知。非瑟酮提取自美国红栌，但也存在于苹果和黄瓜中。

紫铆因？非瑟酮？霍维茨的一位通晓化学式的同事说："啊，它们的结构与白藜芦醇相同。"这种分子更被人熟知，它来源于葡萄，是一种天然的抗氧化剂，自20世纪90年代起，直至今日仍被大肆宣传，尽管其抗氧化效果甚微，因为它们无法到达需要它们的细胞内部。科学界当时并不知道，想要对抗自由基，就必须另辟蹊径，激活一个名为NRF2的基因；这种活化剂包括鲜为人知的物质虾青素（Astaxanthin），一种产生于藻类的色素，或萝卜硫素（Sulforaphan），一种存在于芥末油中的物质。而白藜芦醇无法做到这一点。辛克莱获悉了霍维茨的发现后，与他一起协作，后来才意识到这种分子的真正价值。

辛克莱给他的酵母细胞注入了白藜芦醇，他简直不敢相信眼前的一切：细胞分裂的频率越来越快，直到生命结束，共分裂了34次——相当于一个人的寿命延长了50年。当他让酵母菌禁食时，什么都没有发生，酵母菌并没有老化，白藜芦醇已经开启了这条返老还童之路——禁食基因，所以酵母菌无须禁食，就可以达到禁食的效果，只是要通过这种分子才行。

第二个观察结果证实了他的理论，即给予细胞短时间的压力能够换来长时间的健康：饱受高温、寒冷或干旱的葡萄藤会产生更多的白藜芦醇，这是它们开启基因以延长寿命的方式。辛克莱总结说，如果你想保持健康，就应该吃五颜六色的植物，这些植物富含确保人们生存的物质，如紫铆因、非瑟酮或白藜芦醇等色素。

辛克莱测试了白藜芦醇是否也适用于果蝇和小鼠。换算成人类的年龄，果蝇相当于增加了14年的寿命，小鼠也是如此，相当于人类的115岁。

大卫向他的母亲戴安娜推荐了这种药物，戴安娜是一位重度吸烟者，患有肺癌；医生切除了她的肺叶，并预测她已时日无多。戴安娜继续服用这种药物长达15年之久。没有证据表明，白藜芦醇可以抑制癌症，但辛克莱很认可，且自己每天会服用一克。

"因为我母亲的病"，他回忆说，"所以我更喜欢研发药物，而不是撰写学术论文"。

2004 年，辛克莱创立了生物公司 Sirtris，他想用白藜芦醇治疗糖尿病和癌症。然而，在同一年，对于其研究工作的质疑声却越发强烈。两位同事对通过禁食刺激长寿基因 SIR1 这一基本理论表示怀疑。他们去除了变化过的酵母中的长寿基因，并让它们禁食——它们存活的时间仍然更长。这就像早期遗传学家的思维游戏：拆掉一辆车的一个零件，看看它是否还能启动。这辆车一直开呀开——即使没有 SIR1 组件。

为回应这一质疑，辛克莱与美国老龄问题研究所的拉斐尔·德卡波（Rafael De Cabo）进行了一项研究，最后获得了胜利。德卡波和辛克莱将小鼠分成三组。第一组小鼠饮食均衡且健康；第二组小鼠被喂养得很肥，所吃食物过半数都含有脂肪；第三组同样被养肥，但被喂了白藜芦醇。吃了白藜芦醇的小鼠虽然体型像奥勃利（Obelix）[1]一样圆圆滚滚，但它们的血糖水平与节食小鼠相同，肝脏大小是从跑轮上掉下来的肥胖小鼠的一半。并且：他们明显活得更久。

这太令人心动了：你可以放肆地吃，无须担心生病，也不会感到疲劳倦怠！甚至连批判者也觉得它"令人激动"。以"红酒中的灵丹妙药！"为题，它登上了《纽约时报》的头版。然而，文章还提醒人们，必须每天喝 1500 瓶红酒，才能达到小鼠所服用的白藜芦醇剂量。

这一研究掀起了不小的波浪。为了躲避风头，辛克莱和他的

---

[1]　奥勃利，法国以至整个西欧家喻户晓的漫画人物，《高卢英雄传》的主人公之一。

妻子甚至飞往了德国，去了桑德拉在北莱茵-威斯特法伦州的家乡布尔洛（Burlo），这个村庄住着 2400 个居民，还有修道院、射击俱乐部、1766 年的界碑、雷德小溪，是一个舒适惬意的好地方。但不得不说，辛克莱的承诺确实引起了轰动："白藜芦醇"，他告诉《科学》杂志，"最接近于神奇分子"。

2008 年，英国葛兰素史克公司（GSK）以 7.2 亿美元收购了辛克莱的公司。辛克莱并没有因此变得富有。他以科学家的身份参加了冠军联赛，还以商人的身份参加了地区联赛。为了给公司筹集资金，他几乎放弃了所有的股份。但他还是可以在波士顿西部买下一座漂亮的白色木屋，有一个小花园、露台和花岗岩壁炉，还有黄杨树、蓝莓灌木丛和一个鱼塘。

当舆论纷争、批评质疑和危机向他袭来时，大卫可以短暂逃离，去木屋寻求片刻安宁。葛兰素史克的竞争对手辉瑞公司（Pfizer）在 2010 年发表了一篇论文来抨击辛克莱，称他的工作为无稽之谈，这又加重了他的前同事的疑虑：白藜芦醇根本不会激活任何长寿因子。辛克莱的实验无法重复得到相同的结果。如何能清晰地观察到长寿因子是否活跃，是困扰科学家们的一个重要问题。其中的细节极为复杂，但它背后的信息却是每个人都可以理解的：完善的长寿因子理论就是一派胡言。

葛兰素史克公司非常重视这次抨击，甚至还因此中断了测试。辛克莱回应称，辉瑞公司根本不知道如何正确分离白藜芦醇。事情因此变得更糟。

辛克莱在床上躺了一个星期。"我以为我让所有人失望了，我的实验室、我的国家、澳大利亚、甚至是全世界。"但他告诉自己，他的数据没错，作为一个狂热者，他十年以来昼夜不停地研究与学习，甚至比其他人整个职业生涯所作的尝试都要多。辛克莱愤愤不平，他重振精神，回到他仅剩四名员工的研究所，全身心投入研究工作之中，这一次他不再仅仅探究基因、分子与衰老，而是专注于他过去和未来的整个人生。他写了一篇论文，于2013年在著名的专业杂志《科学》上发表。这篇论文完全值得被装裱起来，挂在他的实验室里。在经过独立专家验证的论文中，他展示了白藜芦醇如何激活长寿因子，并详细描述了白藜芦醇在哪里可以与长寿因子结合以及它如何改变结构从而增加其活性。他说明了科学家在复制他的实验时可能犯的错误，即如果他们在基因层面改变长寿因子并使用在特定的氨基酸，就会剥夺白藜芦醇的有效性。

他没能用这篇论文结束信仰之战，但至少平安地渡过了这场风波，甚至在这场危机后变得更加顽强，足以在 Sirtris 公司和白藜芦醇药物遭遇危机后幸存下来。为什么不是衰老本身？美国食品药品监督管理局（FDA）只审查旨在治愈或减轻疾病的药物。政府不承认抗衰老药物。因此，各大公司纷纷转而研究衰老对老年疾病的影响。

他们的第一次研究令人大失所望。白藜芦醇没有他们希望的那么有效：溶解性差，不易被肠道吸收，而且会引起腹泻。最终葛兰素史克公司终止了昂贵的测试，关闭了 Sirtris 公司。"如果公司继续投资"，辛克莱说，"可能就会有一种药物问世"。除他之外，仍然有许多科学家相信白藜芦醇，就连曾经质疑辛克莱关于长寿基因研究的反对者也称赞这种分子的"神奇"作用。

辛克莱已经心满意足了。白藜芦醇虽没能取得预期的突破，但它确实拓宽了衰老研究的思路。分子为健康长寿开辟了基因领域的道路。世界各地的科学家正在研究 20 种已知可以让我们长寿的基因，研究它们背后的表观基因，研究长寿因子和激活它们的物质，即长寿因子活化剂（STACs）。我们现在已知数百种激活化合物，其中一些已通过人体研究证实可缓解牛皮癣或降低胆固醇水平，"这只是一个开始"，辛克莱在他的书中写道："长寿因子会在压力增加时命令生物体'全力以赴'，保护我们免受主要老年疾病的侵害，如糖尿病、心脏病、阿尔茨海默病、骨质疏松症甚至癌症。它们有助于抑制导致动脉硬化、代谢紊乱、溃疡性结肠炎、关节炎和哮喘等疾病的慢性炎症。还可以防止细胞死亡，强化细胞的能量来源，即线粒体。"他写道，所有结论"都已得到科学家的研究证实"。

长寿因子活化剂中的一个分子将辛克莱再次捧上了高处，这颗冉冉升起的明星——NAD——远比关于白藜芦醇的承诺重得多。它得到了赞美，也引起了争论与恐惧。

14

只要我还活着

"……以及衰老的跷跷板"

"莱奥尼。莱——奥尼。莱——奥——尼。"

每当这种时刻，我们都会觉得，给狗取这么一个名字完全是个错误的决定。现在哪还有狗叫莱奥尼的？三个音节太多了，尤其是每天还要穿过乡间叫上它一百次，因为这只狗特别贪吃，逮住机会就会闻着味道跑到牧场里，叼来苹果、香蕉皮、煎肉饼，在返回我们身边时，边跑边吃——除了香蕉皮，索菲亚兴致勃勃地看着它。"那只老鼠在那儿做什么？"她笑着问道，并思考是否应该将这只狗扔进灌木丛中，给它发号施令或是笑着责骂它。我开始越来越频繁地称呼莱奥尼为"老鼠"，其实这是受到了弗兰齐斯卡的启发。有一次，当莱奥尼坐在她面前，无辜地抬起头来，向她乞求时，她说："它的脸长得好像老鼠。"这个形容简直太准确了。

"老鼠（Maus）！"或者"老鼠老鼠"，虽然听起来很傻，却节省了精力和时间。读出每个音节的时间不到一秒。而仅仅是莱奥尼名字中的"O",每天花费一分钟,每月便是30分钟,每年就会花上6小时,在拉布拉多10.7年的生命里会超过64小时。如果现在每天——不包括睡觉的时间——有16个小时,那我就浪费了四天的时间在"O"和莱奥尼的贪吃上。如果莱奥尼不是棕色,而是和宝拉一样的黑色,浪费的时间可能就更多了,因为棕色的拉布拉多犬相较于其他颜色平均会少活1.5年。这么一算,我意识到我必须立刻呼叫宝拉,它的贪吃程度丝毫不亚于莱奥尼。

"莱——奥——尼!该死!"它在岸边的灌木丛吃什么呢?

"别喊得那么大声",索菲亚埋怨道,"莱奥尼会害怕的"。

索菲亚开始与莱奥尼结盟。"莱奥尼是我的妹妹。"有时她会这么说,然后躺在——让弗兰齐斯卡惊慌失措——莱奥尼的狗窝里。索菲亚很小的时候,我们夫妇有过几次争吵。弗兰齐斯卡是个细心的母亲,担心宝宝沾染细菌或是对狗毛过敏,而我的态度是,农场里长大的孩子比那些给予孩子过度保护的"直升机父母"的后代患上过敏症的概率要低。我们找到了一个折中方案:狗不能进浴室,不能跑上床,也不能进儿童房。只是索菲亚躺在了狗的窝里,而不是狗跑去了索菲亚那里。没有莱奥尼的世界,索菲亚从未体验过。莱奥尼组成了索菲亚的一天。它摇着尾巴,与她碰面,全新的一天就这样开始了。索菲亚两岁的时候就已经负责给莱奥尼喂食了。每天早上,她会用勺子——"1-2-3-4-5"——往碗里填满干饲料,再疯狂地搅拌,"这是在给它加热"。

莱奥尼最喜欢的事情就是让球在厨房里滚来滚去。去散步之前，索菲亚会给狗狗们打开花园的门，下午，她和它们一起在草地和田野上奔跑，晚上，在她——去苏珊外婆那里——再喂一次食后，在睡觉前，她都会蹦上很长一段时间，把莱奥尼当作一个障碍物，用她的小短腿在它身上跳来跳去。当我看到这一幕时，我的头发都竖了起来，但莱奥尼只是打了个鼾，索菲亚嘿嘿地笑。

要是没有莱奥尼，索菲亚的世界可能会没了乐趣。每每想到有一天我们不得不将它埋葬，我就会无比担忧。不仅是因为我自己会非常想念她，而且因为那时我必须强忍泪水，安慰索菲亚。我还没有向她——尽管威利抱怨我们大惊小怪的行为——解释死亡的含义。在我们去看附近农场的小羊的路上，第一次走过古老的废弃墓地时，我注意到了这些已经风化的墓碑，上面刻着逝者的姓名"玛利亚·艾因西德尔（Maria Einsiedel）1862—1908"或"安东·雷德尔（Anton Redl）1850—1924"。索菲亚疑惑地看着它们，我不得不岔开话题，告诉她，这些石头都风化了，这里没什么可以玩的。万幸的是，莱奥尼在灌木丛中发现了一颗杜果种子，它骄傲地把这颗种子放在了我们的脚前，这可比有着金色字迹的灰黑色石头更有趣。我们快步向前走。

去看小羊，或是像今天这样，在天气很热的时候，散步去草地广场，那里流淌着一条鲜为人知的支流，只有齐脚深，清澈透明，冰凉清爽，是我们最喜欢的遛弯儿目的地之一，在这里，索菲亚可以毫无危险地涉水而过，近距离观察螃蟹和鱼，向莱奥尼扔树枝或打水漂儿时，打扰不到任何人。我刚弯下腰准备寻找一块光滑的卵石，就听到索菲亚说："莱奥尼在那里干什么？"这句话一出现，准没有好事，它经常在河边拖着几条鱼。

我抬起头。啊！远远地，从那座小桥上，它向我们走来，迈着正步，尾巴翘起，得意扬扬晃着脑袋，嘴巴里叼着……

……？……

……一个……

……一个……

……什么东西？……

……晃来晃去……

……是鱼吗？……

……不是……

……一个……

……一个……

……一条……

……蛇！

我立马把索菲亚抱起来。她却在我怀里挣扎着，吵着想要看看这是什么东西。

"这是什么？"

我后退了一步，并试图将怀里的索菲亚抱紧。

她又问了一次："那是什么？"

"喂！走开！"

莱奥尼一步步走进。

我一直往后退。怀里的索菲亚更加不安分了。这小孩怎么这么不听话！

"我要下来。"索菲亚喊道。我把她放在了地上。"不行。"我喊她，并对莱奥尼说："别过来！！！"

耳边传来窸窸窣窣的声响。莱奥尼就在我们的脚下。

索菲亚好奇地向前倾身。

"那是什么？"

这只爬行动物躺在我们面前，闪着光，而且……一动不动。它死了。看似是在摆动，实则是因为莱奥尼摇摇晃晃的步伐。

蛇的眼睛很空洞，背部长满灰色的鳞片，腹部呈白色，带有褐色斑点，尾巴被撕裂，在莱奥尼叼走它之前就已经有鸟来过了。

"那是什么？"索菲亚第五次问道。她瞪大眼睛，腰弯得更深了。这种死鱼和死青蛙的混合气味似乎并没有干扰到她。

"这是一条蛇。"我终于回答了她，还带着一点厌恶的语气。

"一条蛇。"索菲亚高兴地说。莱奥尼又开始摇尾巴。

"别碰它。"我从婴儿车上拿出了一根我们收集的小树枝，慢慢地把蛇的尸体举起来，在索菲亚和莱奥尼震惊和愤怒的目光之下，把它扔到我们旁边的斜坡上，它被卡住了。

她们两个跑过去，低头看。

"那条蛇呢？"

"嗯，呃，它，是的，它，它已经没有生命了。"

"不，它还活着。"索菲亚反驳道。然而她连蛇是什么都不知道。

"呃，不是的。"

如果威利在，他可能会因为我这样结结巴巴而大发雷霆。

"它现在在哪里？"她低头问道。

我把索菲亚举高。"那里。"我指给她看。在我们下方三米处，离小溪不远。

"我想去那边。"

"不行。"

"为什么不行？"

"我不想。"

索菲亚不解地看着我，我怎么能不想去呢？然而，潜意识里，她似乎感觉到了我的不安，看出了我的无措与不愿。

她想了一会儿。

突然，她的小手握住了我的食指。

"走吧。"她说，吐字还有些不清晰。"走吧，我会帮你的。"她以为我是因为害怕它才不去的。

· · ·

关于孩子的重要时刻，父母是永远不会忘记的。索菲亚出生后，我们在产房待了一个小时。索菲亚的嘴唇，寻找弗兰齐斯卡的乳房，想要吮吸，想要寻找食物和生命。我光是想起她的右手在空中缓缓移动的场景，眼泪就湿了眼眶。有一次，只有我们两个人单独坐在客厅里，她试着学习爬行，却怎么都学不会，她开始变得不高兴——哼哼唧唧，只是向后退，而不是向前爬。而我在她旁边，四肢着地，模仿她的声音，慢慢地挪着脚步，我们一起朝着同一个目标努力，一只玩具老鼠。她学会了爬行！

这样的时刻有很多，而这一刻就是其中之一。索菲亚对我表露出了同情心，她拉着我的手，想要鼓励我、帮助我、引导我，我们互换了自己的角色，我成为了被安慰的那一个。在一开始的几秒钟里，她的举动让我微笑、感动，而在随后的日子里，我对此思考了很久。对我来说，这是一个不同寻常的思考，远离我自己和我现在的生活，离未来就更加遥远了。是因为我对这种无辜的角色转换感到非常惊讶吗？这种感觉不知是从何而来，我对此感到很陌生。这种角色的逆转——本应是父亲鼓励孩子，而不是孩子鼓励父亲——继续起了作用。如果没有对这些问题进行深入思考，我可能不会开始研究衰老，在房子里或是在研究所中，从各个方面去了解它。我曾与威利和赫尔加、辛克莱及许多其他科学家讨论过衰老，但问题的问题是——到底什么是衰老？——他们还没有回答我。

"衰老就是细胞丧失了自我修复能力"，这样的科学解释对我来说是不够的。辛克莱总是谈到细胞、分子、人体内的反应过程，所有这些都很重要，我还要加深对它们的认识。但在我理解这些微小的事物之前，我想从宏大的层面去认识衰老。我询问的第一个人是著名的衰老现象研究人员史蒂夫·霍瓦斯（Steve Horvath），他于1967年出生于陶努斯（Taunus），本名为斯蒂芬·霍瓦斯，在去美国求学时改了名字。霍瓦斯是一位数学家、生物统计学家、遗传学家，同时还担任加州大学的教授。加州大学是一个拥有十个分校的大学系统，其中包括享有盛誉的伯克利分校，拥有20万名学生，有多位教授为诺贝尔奖获得者。

霍瓦斯很快回复了我的电子邮件。他表示，很高兴能够收到来自德国的消息，他的冒险之旅就是从这里开始的。高中毕业一周后，他与兄弟马库斯和他最好的朋友尤尔格（Jörg）受到了风靡一时的影片《死亡诗社》的启发，坚守他们共同的目标。在这部影片中，寄宿学校的新任教师激励一直以来在教条中生活学习的学生，学会自己思考与探索，把握当下，把握大好年华，因为"今日尚在微笑的野花，明日便将凋谢"。和电影中的年轻人一样，马库斯、尤尔格和霍瓦斯都思考过生与死，他们约定，要为延长人类生命而奋斗终生。

我第一次听到这个故事，是在霍瓦斯的TED演讲中。TED演讲是世界著名的演讲系列，三个字母分别代表技术、娱乐和设计。这些演讲是指向未来、指引明天的路标。许多先驱者都曾担任过演讲嘉宾：史蒂夫·乔布斯、比尔·盖茨、拉里·佩奇、斯蒂芬·霍金。在霍瓦斯的演讲中，他先跟观众开了一个玩笑：

"我们能做些什么来降低我们的死亡风险呢？"他问。"如今，在分析过1万份血液样本后，我可以确定地说：妈妈说的话是对的。"蔬菜，运动，不吸烟。

"遗憾的是"，他继续说，"这并不足以让您活到123岁。我们需要开发的是更有效的干预措施。但是哪种措施呢？人们是怎样衡量的呢？"

关于衰老研究的永恒问题：该如何衡量一种有效成分是否能让你保持年轻？要等上一百年？

霍瓦斯找到了这个问题的答案。他发现了一种能够测量真实年龄的方法。

我们每个人都有一个时钟在嘀嗒作响，在每个细胞中所显示的时间均相同。对于一些人来说，时钟嘀嗒作响的速度较快，而对于另一些人来说，时钟速度较慢。将唾液吐到试管里，霍瓦斯便可以告诉你，你的时钟嘀嗒作响的速度——你的真实年龄，以及你还能活多少年。

辛克莱在推特上为霍瓦斯写了一篇颂词，一共有七章，文章上面配有一张辛克莱绘制的草图：霍瓦斯的画像。图片下面写着"我是谁？"以及一条提示："我不是傻瓜，而是数学和生物统计学博士。我因发现衰老并非偶然而闻名。"

他继续写道："我们一向认为，衰老是在我们中年阶段才开始的。但霍瓦斯认为，从我们出生的那一刻起，时钟就开始嘀嗒作响。"他的结论是："史蒂夫的研究具有开创性，他会凭此名垂青史。"

在认识霍瓦斯时，我还遇到了一个人。在进行视频会议时，他身后的大学标志显现了出来。当女儿莉莉打扰他工作时，他的声音依旧柔和。

"我们会讲德语。"他立即说道。

"衰老是什么，史蒂夫？"

"嗯，99%的人会说：衰老就是衰败。但是还有一些人会说：衰老是一种程序。"

啊哈，这是事先制定好的程序。辛克莱在推特中如此写道。衰老并非偶然事件，而是一出生便开始了。

"早早就开始了。"

在母亲的子宫里，时钟就已经开始嘀嗒作响。

"好吧，再问一遍，什么是衰老？"

"我们可以这样说：一开始，它被称为发展；而后，它被叫作衰老。这是一个连续的过程。"

衰老不过是一种自我发展。发展和衰老结合在一起才是生活的重点。我慢慢才开始明白，霍瓦斯在告诉我什么，并意识到它的重要性。这是一个宏大的框架：

衰老不是衰败。

衰老是发展。

在与索菲亚一起郊游后的几天里，我整理好自己的情绪，努力让我的腹部和头部协调一致，我也开始认识到，索菲亚在我身上触发了什么。先是在腹部，然后在头部，我意识到这个我从来没有质疑过的自然规律——爸爸强壮，孩子弱小——只适用一时。我们角色转变的那一天终将来临，那时，她会将她的手递给我，而我也需要她，这是不言自明的道理，也是一次亲身经历。而当我想了一会儿后，我对这一道理的理解更加深入透彻了。

哲学层面：

发展是好事，衰老是坏事。但是，如果发展和衰老是同一件事情，这一观点还适用吗？

医学层面：

自我发展，即成长，是好事，是生命所必需的。但在我们看来，让我们成长的这一过程似乎将在我们年老时夺走我们的生命。

我也重新审视了我们小小的、充满爱的家庭生活。直到现在，衰老对我来说一直是一种发展，是我的朋友，它把我从地面上举了起来，并且越来越高，越来越高。但不知何时，一个我从未设想过的点出现了，它会像跷跷板一样倾斜、下落，一开始速度很慢，然后越来越快，直到撞击到地面。我们一无所有地来到这个世界，而后升至人生的最高点，经历过这样的成长历程后，我们又开始走下坡路，慢慢变老，最终失去了曾经获得的一切。我意识到，索菲亚和我之间的跷跷板失去了平衡，索菲亚正获得动力，向高处进发。但是根据统计数据，如今我的身体已经开始再次下落了。

而我有生以来第一次为自己的年龄苦恼，是因为我在39岁时才遇到想与之结婚生子的女人，七年后，在我46岁时，在我的后半生，我才成为父亲，这时跷跷板已经开始下落了。一切都错了，我并不想与她背道而驰，我为自己浪费了珍贵的时间感到内疚。我总是设想——我知道这都是在做无用功，那时我还不认识弗兰齐斯卡——如果我30岁就有了索菲亚，30岁就成为父亲，与同龄人一样，会是什么样子。她可能已经成年了，会自然而然地把手递给我。这个我爱她胜过一切（包括自己）的小东西，可能不再像现在一样需要我了。而且我认为，作为父亲，年龄越大，健康便会越脆弱，越珍贵，也会从私事变成家务事。

我回想起年初的那些日子，狂欢节前后，我去看了骨科医生，她是一位有趣、睿智的医生，不仅帮我治疗腰痛，还会关心我的工作。我对他说，右小腿这里，每次我一按，就异常的疼。我开玩笑说，这就像《高卢英雄传》里荒谬的一幕：首领马杰蒂斯在一棵树下酣睡，一片叶子从树上缓缓掉落，像羽毛一样轻飘飘地落在了他那装满了啤酒和野猪肉的肚子上，他疼得嗷嗷直叫。我甚至不用按压那个点，只要把手指放在上面，就像是被闪电击中了一样。

"来吧"，骨科医生说，"我来看看"。她的眼神变得严肃起来，她说，那不是小腿，而是骨头，她打电话给隔壁放射科医生办公室，请求尽快预约。我躺在位子上，头戴着耳机，被送进检测仪器里。半小时后，医生助理来了，说他们要仔细看看，冰凉的造影剂滴进了我的手臂，一股刺骨的恐惧在我的脑海中蔓延开来，在仪器里时，我脑袋里只有一个人：索菲亚。我在心里告诉自己："会没事的。"放射科医生在诊断结果出来后，与骨科医生谈话，看起来像是松了口气，"只是骨膜发炎"，并告知我，还有一个比我病情更严重的患者。在那之后，我松了口气，去英式花园散了散步，驱散了我的恐惧和胡思乱想，或者说，把它们全都消除了，因为现在，在这些沉思的日子里，它们再次出现，却不是恐惧和胡思乱想，将近 50 岁的年龄，健康已经是一份礼物，我们应该感恩，不要那么粗心，对于弗兰齐斯卡，对于索菲亚，对这个家庭，要投入更多的精力。

我的脑海里浮现出一首我过去喜欢在星期天听的歌，在索菲亚出生之后，很少能度过慵懒的星期天：稀松平常的早晨，泡过澡后，坐在餐桌上吃早餐，是欣赏音乐的最佳时间，伟大的歌手比莉·荷莉戴或卓越的电影作曲家哈罗德·阿伦，我的 iPod 会播放他所作的《Over The Rainbow》这张唱片以及这首我最爱的歌曲，《As Long As I Live》，因为我觉得它的歌词非常美妙，还很动人：

一个女人唱着她一直是如何度过一天时光的，但现在她已经坠入爱河，以至于她的生活不足以满足所有的爱。从今以后，她要下雨穿胶靴，下雪穿长裤，每天吃一个苹果，这样才能长久：

"如果我不能随心所欲地长久地爱你怎么办？/不会像我对你承诺的那么久？/我会倾尽生命的全部时光来爱你。"

• • •

我决定，以后要照顾好自己。或许跷跷板总有一天可以放慢下落的速度？如果一天一个苹果还不够，何不看看辛克莱和他的同事们吃了什么？我在伦敦和海牙订购了一些分子，也就是最近大家议论纷纷的 NAD，烟酰胺腺嘌呤二核苷酸，辛克莱告知我一个美国的货源。

我可能也会体验一下史蒂夫·霍瓦斯的测试，备受好评的表观遗传学时钟。也许我的实际年龄没有如今那么大，我只是一个年轻的老父亲。抑或是，如果我服用一些药物，在未来会变成一个年轻的老父亲。

15

新冠病毒

"……以及那个包裹到了"

一切生物都由细胞构成，所有细胞的生存都需要能量，它们从食物、太阳或热源中获取能量。所有的细胞都需要 NAD 这种分子，它是一种辅酶。

为了生存，我们需要进食。脂质、糖类、蛋白质等营养素为我们提供所需的能量。细胞需要能量时，它们会将糖类分解。细胞想要生长时，它们会将糖转化为其他分子——如果从格哈德·埃特尔的角度来看，这便是一种化学反应、催化作用。NAD 是人体中最重要的催化剂之一。

细胞呼吸，就是将营养物质转化为生命能量的整个反应过程。在这一过程中，分子不断地被分解或连接。分解产生能量；连接，即成长，则消耗能量。NAD 有助于分解，其姊妹酶 NADP 有助于生长。没有 NAD 就没有能量，没有能量就没有生命。或如辛克莱所说，"如果没有 NAD，我们将在 30 秒内死去"。

在我们的房子刚刚建起的那个年代，之后的诺贝尔奖得主，英国化学家亚瑟·哈登（Arthur Harden）发现了这种分子。在此之前，路易斯·巴斯德（Louis Pasteur）已经证实了酵母菌可以将糖分转化为酒精，他将其称为"发酵"（Fermentation），源自拉丁语"fermentare"，意为发酵。"发酵"，他说，"就是生命"。面团发酵，面包中形成气孔，葡萄能酿成酒。亚瑟·哈登延续了他的研究。科学家们随后意识到，酵母发酵的方式和人体细胞获取能量的方式有着相似性，NAD 对两者都起着重要作用。几十年来，研究人员对这种分子的兴趣逐渐减少。我们的生存需要NAD，仅此而已。我们需要的分子还有很多，像是氧气，这是每个学生都知道的，它在治疗某些疾病时也是关键所在；兽医会用NAD 治疗狗的黑舌症。

20 世纪 60 年代，科学家们有了一项发现，其对于衰老研究领域的意义今天才得以显露。科学家们已经确定，NAD 片段不仅是分解其他分子的参与者、能量管理者和辅助者，它也会进行自我分解，自我消耗，或被其他酶所消耗。他们将 NAD 固定到基因组因烟雾、辐射、压力、细胞分裂等受损的地方，通过酶的相互作用，人体能够查明并修复损伤。修复损伤——是保持年轻的代名词。

另一组酶使用 NAD 片段改变包装 DNA 的表观基因组分子，这些分子决定 DNA 周围的珠子是否与基因结合，是否会开启基因——这些酶就是长寿因子。

关于长寿因子如何利用 NAD 的研究主要是由辛克莱的导师莱

尼·葛兰特和日本生物学家今井真一郎（Shin-ichiro Imai）得出的。在接下来的几年里，针对 NAD 的研究成为衰老研究人员的头等大事，各研究所之间展开激烈角逐：麻省理工学院的葛兰特、华盛顿大学的今井真一郎、哈佛大学的辛克莱。人类对 NAD 了解得越多，媒体越会对此大肆宣传。据了解，随着年龄的增长，细胞中的 NAD 水平也在不断下降。这就是我们失去能量的原因吗？修复 DNA 损伤的能力会因此变得更弱？我们的生存基因会变得更安静甚至保持沉默？DNA 仿佛是一颗魔法球，白藜芦醇只能激活一种长寿因子，而 NAD 可以激活全部七种。没有 NAD，长寿因子甚至都无法工作。难怪辛克莱会放弃研究白藜芦醇。当然，他仍然服用它，仍然将它视为青春之泉，但与 NAD 相比，它只是一座小型喷泉。NAD 将酵母的寿命延长了 50%，就像一个 80 多岁的老人的寿命一下子延长到 120 岁一样。

　　那么，如何生成 NAD？又如何储存呢？它是一种极为脆弱的物质，并不是能轻易在实验室中观察研究的。在艾奥瓦州（Iowa），查尔斯·布伦纳（Charles Brenner）教授成为各界关注的焦点，他新发现了一种维生素 B_3，即一种烟酰胺核苷（NR），它是 NAD 的前体，也是第一个大有前途的营养补充剂。稀有的化学物质摇身一变成了批量生产的产品。

　　辛克莱——与葛兰特和今井真一郎一样——将目光投向另一种化合物 NMN，即一种烟酰胺单核苷酸，它存在于西蓝花或卷心菜中。我们的身体将 NMN 转化为 NAD。当研究人员在动物身上进行试验时，产生了惊人的效果。

今井真一郎证实了，该分子可以改善小鼠的老年糖尿病症状。在其他研究中，NMN 注射剂增强了小鼠的线粒体，并增加了其耐力、力量和记忆力。在谈到 NAD 时，辛克莱总喜欢提起他与一位博士后的对话，这位博士后正在进行对处于——相当于人类年龄——退休年龄的小鼠的测试：

"大卫，我们有个问题。"

"什么？"

"这些小鼠。它们一直跑个不停。"

"这不是很好吗！"

"不是的，它们把跑步机给跑坏了。"

状态良好的小鼠可以跑 1 千米，小鼠界的奥运选手可以跑 2 千米。而年迈的小鼠竟达到了 3 千米，甚至导致跑步机出现故障。

在这些年迈的小鼠体内形成了新的血管，这些血管会向肌肉供应氧气，消除乳酸和有毒物质。这一反应使得小鼠就像在锻炼一般，虚弱和疲惫感全然不见。

● ● ●

莱奥尼突然狂吠，宝拉也跟着它一起，索菲亚很好奇，尖叫着跳进我的怀里，像蜘蛛猴一样爬了上来，简直太可爱了。

"莱奥尼为什么叫？"

"因为到了一个快递。"

　　从阳台上往下看，老旧的大门屋檐下站着一个快递员，他弯下身子，穿过木门，将一个包裹放在地上。

　　"去取。"

　　"等一下，索菲亚。"我们正在做饭，我不知道如何将鲭鱼和海芦笋这两种食材煮在一起。我最后一次吃鲭鱼是在小时候，在厄尔奇角（Cap d'Erquy），布列塔尼海岸的海湾，阿尔伯特·尤德佐在这里创作了著名漫画《高卢英雄传》。波波，一个渔夫，每天早晨他都会带我们这些孩子出海捕鱼，晚上便会用大火把这些鲭鱼烤熟了吃，虽然我更喜欢吃沙丁鱼。我们的市场中卖鱼的老板是一个法国人，在他的热情推荐下，我买了点鲭鱼。他还赠送了我一些海芦笋。"用餐愉快。"他说。那一瞬间，我好像又回到了小时候，面前仿佛站着波波，同样的法语问候，黑色的头发，黝黑的皮肤，抽着香烟，穿着蓝白相间的条纹衬衫。

　　我试着在网上寻找菜谱，海芦笋的做法看着很简单，"用黄油稍微炒一下洋葱，再加入海芦笋。绝对不能放盐"，但是鲭鱼……我决定搭配芥末。我将鲭鱼均匀分开，切成两片，尾部不切断，刷上芥末，放入烤箱，180度，烤上15分钟。我热得满头大汗，还一直担心孩子或狗会被烫伤。但这道菜还是失败了，我已经看到弗兰齐斯卡坐在我面前闷闷不乐的样子了。鲭鱼可能是弗兰齐斯卡最不愿意买的食物。我最好把它们端到花园里，再在木桌上放上几朵小花。"芥末鲭鱼"这道菜完全不符合弗兰齐斯卡的口味。第戎芥末酱[1]？她更喜欢甜芥末配白香肠。而且只有把鱼做成完全看不出、闻不出、尝不出是鱼的情况下，她才能接受。偶尔她会吃三文鱼，或是——疯狂的——培根鲽鱼。

但是，在一段时间内，我们应该不会再吃培根、白香肠和甜芥末了。几周前，我们决定换换样子：自己做饭，少吃肉，多吃蔬菜、水果、扁豆。我们尝试了一些菜肴，如酸奶红薯汤、香蒜酱西葫芦意面、帕尔马干酪茴香沙拉、木瓜和椰子片炒蘑菇。有时我们仍会在这些菜里加点"纯的"意大利面或肉饼，但这种情况很少，我们想将这种健康的饮食习惯持续几个星期，少吃香肠、糖类，少喝酒。

新冠疫情让我们做到了。我们最爱的咖啡馆关门了。在这家咖啡馆，人们可以像坐在自家客厅中一样感到舒适，地毯柔软，灯光柔和。在一个小角落，索菲亚用抱枕搭了一个洞穴，来躲避狐狸。店里的汤和蛋糕都非常美味。还有市集上的一家意大利餐馆，我们在店里宽阔的露台上吃千层面或是炖牛骨，而索菲亚咬了三口后，就开始和莱奥尼一起玩。疫情之下，我们惶恐不安：来自贝加莫的照片、来自纽约的照片，塑料帐篷里垂死挣扎的人，人满为患的医院走廊，病人排着长队，过道摆满了病床，穿着白色防护服的医生，眼眶通红的医护人员，口罩在他们脸上留下痕迹。医院门口躺着一具具冰冷的尸体，装满棺材的教堂，空荡荡的街道，满是绝望的人们，还有到处都能够看到这样的字

---

[1]　第戎芥末酱，一种法式芥末酱。

眼："团结一心，共渡难关。"晚上，我们在外公的房间里，坐在家里最大的电视机前，静静地听着病毒专家和医生的分析。病毒引发肺部感染，致使病人呼吸困难，濒临死亡。生命行将结束的人，心中早已没了希望，来不及和家人告别，没有伴侣在身旁，也无法再和孩子牵手。病毒遍及亚洲、澳大利亚、欧洲、美国、非洲，席卷了全世界，每个人都身处巨大的不确定之中。我们坐在威利的床边，赫尔加坐在沙发椅上，苏珊坐在椅子上，弗兰齐斯卡和我坐在地毯上，狗蹲坐在我们旁边，它们的鼾声是这房间里唯一能抚慰心灵的声音，否则只有电视里传来的冰冷的、令人恐慌的话语，以及我们的沉默无声。而这种寂静又是那么震耳欲聋，我想不出一个词能够描述这种骇人的寂静。我们也只是默不作声，只有用哭喊、躲藏来排解内心的惶恐不安，只有赫尔加偶尔会说些话，她必须说点什么，因为她觉得沉默比说话更糟糕。当医生谈到老年人的死亡率时，她说，"这太可怕了"。

看完电视后，苏珊便埋头于一本关于病毒的书，这本书特别厚重，索菲亚都举不动它。苏珊还订购了些草药和酒精，并开始在她的小浴室里混合酊剂和治疗药水。她还起草了一份内部应急模拟方案——应急区域、初步措施、后续战略——这对任何应急小组来说都是功不可没的。弗兰齐斯卡继续寻找消毒剂，并把它装进小瓶子，分放在所有车里、屋门口的柜子上，并制订了采购计划。我全身心地投入与墨尔本、纽约、内罗毕、德累斯顿、首尔、圣保罗、鹿特丹的病毒学家的视频会议中，以寻找解决方案——而在会谈结束时，我却越发感到恐惧了。

"因病毒死亡的不仅仅是老弱病残。"伊恩·利普金（Ian Lipkin）说："年轻力壮的人也会有生命危险。在纽约，许多儿童死于川崎病。"利普金是纽约哥伦比亚大学的教授，在 SARS 流行高峰期曾为中国政府和世界卫生组织提出了指导意见，并在 2011 年为史蒂文·索德伯格执导的好莱坞电影《传染病》提供了专业意见。

参加这次视频会议的还有鹿特丹伊拉斯姆斯大学病毒学系主任、欧盟委员会新冠病毒专家组成员马里恩·库普曼斯（Marion Koopmans）。她对于流感的研究为世界各地制订应对计划铺平了道路。她补充说："我们不应该只关注死亡率，还必须为患者输送氧气，包括年轻患者，这些患者正在遭受我们尚未可知的长期损害。"她还谈到了与世卫组织负责人的通话，他希望这次疫情可以尽快结束。"许多人仍然相信这场灾难很快就会结束。但在很长一段时间内，我们仍要全副武装。"

与免疫学家、2013 年出版的流行病权威著作《流行病：每个人都需要知道的》的作者彼得·杜赫提（Peter C. Doherty）的谈话也令人很痛苦。澳大利亚领先的传染病研究所就是以他的名字命名。这就像正在与罗伯特·科赫本人交谈。自新冠病毒肆虐以来，这位 80 岁的老人一直待在家里，在他的小办公室里，摆满了书籍和奖杯。当杜赫提因发现免疫系统如何识别病毒感染的细胞而获得诺贝尔生理学或医学奖时，委员会要求他提供个人履历。在其中，他提到了，他的祖父是在 1919 年西班牙流感大流行期间死于肺炎的。他的儿子在美国的一家医院当医生。"我们很长一段时间内都无法见面",杜赫提说,"在接种疫苗或有效药物面世之前,我们都不会去旅行"。

我们一家人也愿意待在家里。我和弗兰齐斯卡想做十足的准备,多做一些对身体有益的事情,来与病毒对抗。减掉四五千克可太不容易了,只有在聚会上,当我的裤子绷紧了腿时,我才意识到我该减肥了。这几公斤又有了新的含义:危险因素!我们每天都要散很久的步,莱奥尼和宝拉看起来不是很痛快,它们经常也要跟着一起。我们还开始喝姜茶,是的,还有鲭鱼和海芦笋,我们要让病毒远离我们的身体和花园。在这样一个时代,拥有一个花园简直是我们莫大的荣幸,这是搬家所带来的意外之喜。但它也是一个不安之源:我们与高风险群体生活在同一个屋檐下。每次外出购物后,我们都会怀着担忧和愧疚的心情慌慌张张地爬上楼梯。但不久之后,我们明白了,什么才叫"老年人的沉着冷静"。在这座房子,只有威利和赫尔加能够保持冷静。弗兰齐斯卡提议,在购物时顺便帮赫尔加带一些物品,这样她就不必在人们冷笑和斥责的目光中,走进那个邪恶的病毒世界。但赫尔加拒绝了。走向这个世界,无论它是否友善,都是她自己的权利和自由,她不允许自己被剥夺这种权利。赫尔加和好友露丝每天依旧会出门散步,她们也喜欢带着索菲亚,因为有了她,她们便可以用全然不同的眼光来看待森林。索菲亚会观察树木、石头、树叶,她强迫两个老年人和她一起躺在地上,仰望着天空,绿树成荫。她以一种新的方式向她们展示世界。虽然,那里什么都没有。给她们缝制口罩的露丝打来了电话。"索菲亚,我们要去散步。你愿意跟我一起去吗?"

唯一困扰威利的是电视上每个人都在谈论的分类治疗,医生认为比起老年人,应更加重视年轻人的治疗。他的声音颤抖着:"我们老年人是不是一文不值?"我从没见过他这么生气。他很难过。"我的生命是没有什么价值吗?我们老年人就这么不值得被重视吗?"

我坐在那里点了点头。我们曾多次谈论死亡,而我从未感到过威利对生命有所依恋。他和我的外祖母赫蒂完全不同。赫蒂在99岁时仍旧珍爱生命。我最后一次拜访她是在2018年的冬天,也就是她最后一个生日前不久,在我的家乡萨尔兰一个养老院里,这里距离我父母和弟弟托尔斯滕的房子只有一百米。吃午饭时,赫蒂坐在轮椅上,把她的草莓冰激凌递给我。"你瘦了"——我永远都是她疼爱的外孙。

我的目光转向桌子上摆放的一张黑白照片:1938年体操协会成员合影。我的外祖母年轻时是一名优秀的运动员,直到80岁才停止打网球,因为她不想在与60岁队伍的比赛中输掉,也不想在俱乐部的排名下滑。旁边摆着的彩色照片上是我的外祖父,也是他最后一张照片,有一点模糊,照片拍摄于1980年,那时我9岁。在这一年中,有两天我永远都不会忘记:一天夜里,电话响起,我和我的两个兄弟正在走廊里玩玩具车,我看见我的爸爸突然走出了浴室,身上只围了个浴巾,汗流浃背,急匆匆地跑上楼梯,一脸慌张。我的妈妈在大声呼喊着他。我的外祖父托尼(Toni)因中风去世,年仅59岁。那是我第一次参加葬礼。我清楚地记得这一天，墓前摆放着花圈，还有阵阵花香飘来。"人就像田野里的花朵"，一位富态横生的牧师说道，"风一吹，它就消散了，它曾经生长的地方，也不再记得它的存在"。当时的我年纪还小，并没有明白这句话，但我将它牢牢记在了心里。我们永远都不会忘记外祖父。我们泣不成声。其他的我已经记不得了。我的外祖母要独自度过剩下的岁月。在这将近四十年的日子中，有一半的时光她都过得辛酸苦涩。我不想我的日子也变得这么难过。

令我感动的是，桌子旁还挂着一张我与弗兰齐斯卡和索菲亚三个人的合影。那是我在 2017 年 5 月，索菲亚刚出生时寄给她的。

赫蒂不想再讲自己的事情了，"哎呀"，"都过去了"，她想多听听关于远在慕尼黑的弗兰齐斯卡和索菲亚的事。她对我说道，语气有点埋怨："我们应该经常打打电话，我也想多了解点你们的近况。"

我们聊到了她的百岁寿辰。"到那个时候，我还会活着吗？"她说。自打我记事起，或至少是外祖父托尼死后，她就总是把这句话挂在嘴边。对此，我的祖父欧根总是跟她开玩笑："不要总是胡思乱想。"他说，他知道赫蒂不想死。而且无论发生什么，她都会活得比他长。但是我的外祖母却没能活到一百岁。一月，她的脚趾因静脉阻塞而变黑，她只有一个选择：截肢或死亡。"我该怎么办？"赫蒂问我的妈妈。"你必须自己决定。"她回答说。赫蒂松开了手，心里的辛酸苦涩也跟着一起消逝了。还有什么要说的吗？妈妈问。没有了，想说的话都说过了。她不再讲话，不吃不喝，睡了又睡。再也没有醒过来。

威利则完全不同，他的百岁寿辰？"上帝保佑。"他更愿意活在当下。如果病毒找上门来，他甚至可能不会问："我该怎么办？"他自己知道该怎么办。他永远不会离开他的房间，他的房子，他的花园。他不会请求医生拼尽全力拯救他；但他想自己做决定。没有人有权力，仅仅因为他们老了就说他们低人一等。任何人都不行。

这并不是出于对死亡的恐惧。这是 1949 年《世界人权宣言》定义的歧视：歧视是"基于自然或社会类别进行区别对待"的行为。就威利而言：他老了，所以他与常人不一样了——他就必须"退居幕后"。这不公平。

2020 年冬天，我正为《南德意志杂志》写一篇以公平正义为主题的文章，在探究如何能让世界在疫情之后变得更加正义的问题时，我与许多人，包括政治家、经济学家和社会学家都进行了交谈。其中，朱迪·休曼所说的话让我深受触动。休曼对人权所做出的贡献不亚于马丁·路德·金或女权主义者路易斯·奥托–彼得斯。巴拉克·奥巴马曾任命她为美国国务院残障权利特别顾问，此外她还担任过世界银行的顾问，在美国家喻户晓。休曼在18 个月大时患上了小儿麻痹症。当她两岁时，医生建议她的父母将朱迪送到托养机构，这样他们就可以摆脱烦恼和负担了。五岁时，她不能上学：因为她需要坐轮椅，所以"在火灾时无法逃生"。九岁时，朱迪进入一所为有身体和学习障碍的学生所设立的特殊学校，班里年龄最大的学生有 21 岁。朱迪的父母发声了。"他们知道歧视意味着什么。他们是德国人，1936 年逃亡，在大屠杀中失去了父母，他们无法保持沉默。"她说。最终朱迪被允许读高中。

暑假期间，她会参加一个为残障青年开设的夏令营。在这里，他们互相激励——也会表达愤怒：他们是如何被歧视、被拒绝的。"我们开始想象，世界可能变成什么样子。"休曼说。她组织了第一次抗议活动：在学校为残疾人设计坡道以及专用学生宿舍。

实习期结束后，在体检时，一位来自教育委员会的女士询问休曼是否可以给她演示一下如何上厕所。最后休曼被拒绝了。官方给出的原因是："她的下肢瘫痪。"休曼对此提起了诉讼，公开反对这一制度体系。

在审判席上，她看到了康斯坦斯·贝克·莫特利（Constance Baker Motley），第一位被任命为联邦法官的黑人女性。休曼如愿成为一所小学的教师。

她的第一个公平原则是：如果遭遇歧视，就直接说出来。

第二个原则是：影响法律——并确保它们得到执行。当理查德·尼克松否决了一项旨在为残疾人提供保护、使其免受歧视的法案时，他们在麦迪逊大道举行了抗议活动，使得纽约陷入瘫痪状态。最终，尼克松总统签署了这一法案。从那时起，他们与其他活动人士组织了一次又一次的示威活动。"我不想再忍气吞声了。"休曼说。"我等不及让其他人来决定我是否有权上学还是能不能在电影院里坐在轮椅上看电影。或者我们是否可以成为社会的一部分。"

休曼让我明白了一个重要的道理：公平是包容，是参与，他们同样属于这个世界；在我们中间，不应有任何限制。

凭借这一点，休曼已成为全球"独立生活"运动的领袖人物。最初，这一运动旨在让残疾人能够"过上独立的生活，尽可能受到尊重，有权自己做出决定，并拥有平等的机会"。这场运动扩展到了老年人的福利救济领域，其中包括关于老年护理、老年人的新型生活方式，如有关多代同堂的讨论。

老年人和残疾人之间的相似之处比人们想象的要大。"您也有很大概率会变成残疾。"休曼告诉我。老年研究人员也说了同样的话。瘫痪、失明、耳聋、孤立无援，而在老年病中，这些症状便被称为老年性耳聋、骨关节炎、骨质疏松症、糖尿病、帕金森病或阿尔茨海默病。

歧视残疾人是不公平的，而歧视老年人，无论他们健康与否，也同样不公平，不让他们拥有病床也不公平。让年轻人做出这个决定则更加不公平。有这样一个哲学理论，或者说正义理论，是哈佛大学教授约翰·罗尔斯提出的，这一理论塑造了20世纪的哲学思想。罗尔斯开发了一种判定决策是否公正的方法。想象一下，如果你拥有世界上所有的权力：你会对病人进行分类吗？

你可以自由决定，重整这个世界——但你必须在眼睛上蒙上一层"无知的面纱"：你不知道自己会以什么身份回到新秩序中，是年轻还是年老。如果你恰好是我这个年纪，四十多岁，你不知道走廊里躺着谁，你的父母或是你的祖父母。你会怎么做？这一艰难决定是不人道的。让医生决定孰生孰死也是不人道的。这个问题必须由社会来回答。

我们目前老龄化社会所面临的其他问题也一样必须由社会来回答。

• • •

我先没去管那个吓到莱奥尼、让索菲亚兴奋不已的包裹，而是小心翼翼地把芥末涂在鲭鱼片上，又晃了晃正炖着海芦笋的锅，海芦笋看起来就像松树的针叶，闻着它我仿佛回到了儿时在埃尔屈伊（Erquy）的那些日子。两样都做完后，我把它们端到楼下的花园里，弗兰齐斯卡正在收拾桌子，她抬头盯着我看，好像我完成了什么不得了的事情。我对她说，即使是波波做得也没我好。顺便说一下，海芦笋的味道非常鲜美，因为它生长在岸边，涨潮时会被冲刷，内部会残留一些海盐，很少有植物这么健康，但它已经暴露在大自然的喜怒无常之中，是一种压力环境下生长的植物，就像是一种长寿因子活化剂。亚洲人将它用作草药，因为它可以清洁血液，还能强身健体，完全是一种神奇药草——如果威利只和我们一起吃饭，他能活到几岁？苏珊也好奇地走近：把它放在盘子里，用叉子递进嘴里，并用舌尖舔了一下——"味道很好"。鲭鱼也不错，几乎和慕尼黑啤酒节上的烤鱼一样好吃，这道菜又勾起了弗兰齐斯卡的童年记忆。不用做午餐了。

索菲亚在啃着玉米，这样她就不会因为我们的节食计划而无法获取充足的碳水，弗兰齐斯卡在煮咖啡，我下楼走向门口。一周前，我收到了快递公司的来信，包裹存放在法兰克福机场，海关就里面的物品问了我一两个问题。这种白色结晶粉末并不能随意进入一个国家。我回答说，这是一种营养补充剂，一种维生素B_3，海关明显对这个回答很满意。所以这个包裹来到了我家门口，就在那里，NMN，我的 DNA 修复工具、长寿因子活化剂，来自辛克莱的实验室。悄悄地，我把它拿出来放在我存放在女士休憩室的其他包裹旁边，这些包裹是世界各地衰老研究人员服用过的药物。AMPK 和 RTF2 激活剂。mTOR 调节剂。NF－kB 抑制剂。

他们说，这些药物会引导你走向长寿之路。

真的吗？

16

重返青春之路

"……以及星星和聚会"

"我们都是星尘。"

告诉我这句话的并不是哪位幻想家，而是天文学家玛丽卡·布兰切斯（Marica Branchesl）。2016 年，她获得了国际科学突破奖，这一目前全球奖金额度最高的科学奖，其奖金高达 300 万美元。此外，她还获赠艺术家奥拉维尔·埃利亚松（Olafur Eliasson）所作的让人联想到生命、银河和 DNA 雕塑。

我们站在位于拉奎拉（L´Aquila）的格兰萨索科学研究所（Gran Sasso Institute）的屋顶露台上，面向着阿布鲁佐大区（Abruzzen），眼前是积雪的山峰，天空闪烁着繁星。我之前问过玛丽卡，我们能否看一看天空。我想更深入地理解生命。

她为我讲述了当她向人们描述她的工作时，人们的反应是如何的。"如果我说我是天文学家，人们就会凑过来。天空比任何事物都更诗意。"但是如果她说她是一名物理学家，人们就会转身离开。"人们面对物理总是产生恐惧心理。实际上，物理也与天空有着直接的关联。它能够让我们感受到天空之美。"

如果你想要了解生命，了解它的美丽之处，以及感知它的痛苦所在，你不仅应该与哲学家和医生交谈，而且首先应该与物理学家交谈。格哈德·埃特尔，这位催化领域的杰出人物告诉我，如果他可以重新开始，他会选择研究物理学。在这里，你能找到一切重要问题的答案。

在谈话过程中，玛丽卡给了我一些这样的答案。我们站在那里，冷得发抖，头顶是广阔而冷寂的夜空。

"您能看到些我看不到的东西吗？"我问。

"如果你指的是星座：看不到。"

"什么都看不到？"我惊讶地问道。

"我不擅长星座。每当有人问我这个问题时，我不得不说：抱歉。我甚至不知道行星现在在哪里。那里是北斗七星。这很明显。那其他的呢？当然，我所知道的是：我们看到的所有恒星都以惊人的速度运行着。太阳系的移动速度比一辆法拉利要快很多倍。但一切似乎都那么平静。"

和我们一同站在露台上的还有她的一位同事欧亨尼奥，他拿出手机，放到玛丽卡的面前，面向着夜空：这是一个使星座可见的应用程序。她笑着接过，看了一眼，转身。

"啊，这里：猎户座。金牛座。狮子座。巨蟹座。"

她把手机递了回来，又抬头看了看天空。

"如果你仔细观察，你会发现每颗星星都不尽相同。有小的、大的，有亮的，也有不太亮的。我们所看到的，只是那些靠近地球的恒星。它们的背后还隐藏着数十亿颗。你可以通过光的微弱，来判断它们是处于将死之时，还是开始之时。星星和人一样，也有年老和年轻之分。"

那要怎样识别，一颗星星是年老还是年轻呢？

"您可以观察它们的颜色。一些泛着蓝光，一些则泛着红光。蓝色代表着：它们充满能量，更加年轻，充满活力。而红色则预示着年老。可惜这里没有望远镜。通过望远镜，您可以看到各种各样的色彩，还有弥漫着的星云。它们像灯塔的光一样出现又消失。但当我站在这里时，我的头脑中并没有那么多科学道理。这让我想起了去年夏天，我和两个孩子一起观看了一场流星雨。我们都许了愿。当我仰望天空时，我不是科学家，而是玛丽卡，我只能看到其中的美。我只觉得心旷神怡。"

对您而言，美在何处？

"在浩瀚无垠的宇宙之中。我们所能看到的，只是很小的一部分。对我来说，宇宙承载着生命的意义。这些恒星赋予我们生命。我们靠它们的能量存活，由恒星创造的元素组成。骨骼中的钙、铁、金，都归功于星星。我们从那里来。这就是为什么我从一开始就对银河系以外的恒星更感兴趣的原因。如果我们探索这一领域，就能追根溯源。"

如果我们现在向另一个方向漫游，走进内部，进入星云，进入构成我们的元素，进入细胞，一个专属于自己的宇宙就会呈现在我们面前，就像玛丽卡透过她的望远镜观察夜空，那个望远镜看起来有很多米宽，主镜直径可达 39 米。

　　我们用眼睛尚能观察到较大的细胞，比如卵细胞，它和变形虫或草履虫一样大。而如果一个细胞直径小于 0.1 毫米，比一根头发的横截面还小，我们就需要显微镜，通过光学显微镜我们能够观察到微小细胞，识别出细胞核和线粒体。这种显微镜可以分辨细菌，但不能分辨病毒。为更加深入地研究与观察，你需要一台电子显微镜，它的波长比较短，可以分辨病毒、分子和 DNA。

　　观察细胞就像观察星空一样令人难以抗拒。正如恒星的移动速度比赛车快一样，分子在细胞中来回奔跑。在酶的作用下，这些分子分解，又重新融合，从而创造了生命。"对于一种酶来说，一毫米就像一个大陆那么大。"辛克莱曾经说过。它们在略带咸味的海洋中旋转，每个细胞中有 7.5 万个，比飓风更狂野，单个酶每秒分裂 1 万个分子。而这些分子又重新找到彼此。生命产生于混沌之中。

　　让我们来看看长寿因子酶（Sirtuin Enzyme），这些遗传学的奇迹钢琴家。它们控制着细胞中的蛋白质，决定着一个基因是发出声响还是保持沉默。如果你吃了西蓝花，其中的 NMN 在体内就会转化为 NAD，NAD 会激活一种长寿因子酶，使其振动，并与 NAD 分子、开启或关闭基因的一种蛋白质以及包裹 DNA 的组蛋白相结合。NAD 和组蛋白之间没有任何关系，长寿因子酶将它们聚集在一起，并再次将它们分离。在这个过程中，它从组蛋白中提取了一种物质，使其带正电荷，并更紧密地与带负电荷的 DNA 框架结合。组蛋白因此可以更紧密地包裹 DNA，信息无法继续通过，其背后想要复制的基因则保持沉默。与此同时，长寿因子酶激活了启动生存基因的蛋白质，其中一种基因叫作FOXO3。这一基因是在长寿之人身上发现的。体内携带某种形式的FOXO3的人，就像辛克莱的两个孩子，可以说是相当幸运的。他们活到和威利一样年龄的概率比常人更大。辛克莱自己并没有这种基因变异。但他有他的分子。

• • •

我拆开了在海关处存放了一个星期的第一个包裹。里面是五个小瓶子，瓶内是白色粉末，膨胀后会变成晶体颗粒。粉末尝起来又酸又涩，和柚子的味道有点类似。我抿了抿嘴，打了个喷嚏。在吃黑巧克力、喝橡木桶贮存的红酒或是吃柚子时，我也会打喷嚏。但不知道这是什么原因引起的。因为我很喜欢这些食物，所以我从未去做过过敏原检测。

产品说明书上有关NMN（Nicotinamide mononucleotide）的介绍是：纯度已经过实验室测试，纯天然、素食主义者友好、不含麸质，而且有趣的是，它是非转基因的。

基因工程——至少我们知道的——有利也有弊。当总部位于美因茨的生物技术公司BioNTech获得新冠疫苗研发批准时，包括我在内的基因工程的反对者甚至都对此感到高兴。而在我与梅琳达·盖茨谈到有关非洲饥荒问题时，她告诉我，她和她的丈夫比尔·盖茨正在推广转基因作物，因为这类作物更耐高温与干旱。

我认为这一点很有信服力。如果能让更多的孩子免于挨饿，这将是一个了不起的成就。但我也不会购买转基因玉米，相比之下，我更愿意选择 NMN 包装上所说明的非转基因食品。

NMN，即 NAD 的前体，激发了第一个能够延长寿命的因素：长寿因子。它能让身体误以为我在节食和运动。

如今，除长寿因子外，科学界还发现了另外两种能够激活长寿基因组的通路：TOR（Target of Rapamycin）[1] 与 AMPK［Adenosine 5′-monophosphate（AMP）-activated protein kinase］[2]。它们存在于下述两个瓶子里。

第一个是棕色瓶子：白藜芦醇

这种物质能让人联想到石灰，辛克莱常常把它加至酸奶中搅拌。首先它并不是必要的，它也能够让 SIRT 基因"发出声响"，就像 NAD 一样，只是效果没有那么好。那这是在浪费钱吗？或许不是。它作用于 TOR 基因，在人体中被称为 MTOR，因为我们不是酵母，而是"哺乳动物"（mammals）。

我从霍瓦尔和辛克莱那里学到了什么呢？衰老是一个过程。无论是人类还是酵母细胞，都得做两件事：进食与繁殖。

若是酒足饭饱，胃里装着千层面，血液获得养分，氨基酸进入细胞，TOR 基因会被激活，生命便会延续：细胞生长，我们成长；细胞分裂，我们繁殖；世间万物，各有奇妙。

---

[1] TOR，全称为"雷帕霉素靶标"，是调控生物生长发育的重要因子。
[2] AMPK，全称为"腺苷酸激活蛋白激酶"，即 AMP 依赖的蛋白激酶，是生物能量代谢调节的关键分子，是研究糖尿病及其他代谢相关疾病的核心。

这一过程的细节是这样的：MTOR 基因促使 mTOR[1] 形成，为蛋白质提供一个由它读取和转化的型板。mTOR 与其他蛋白质相结合，形成两个蛋白质组，像长寿因子一样传递信号，即告知细胞要做什么：继续形成蛋白质，生长与分裂。mTOR 信号让大脑得以发育，神经细胞得以连接与交流，从而使我们能够学习与记忆。

但当我们懒散而惬意地生活、发展、繁殖以及逐渐成长时，需要消耗大量能量。从玛丽卡宇宙物理的逻辑角度看，无论是谁，当他某一天能量耗尽时，都会如同天空中淡红色的星星般，面临着死亡。而长势迅速、消耗过多但产出能量过少的人，便会缩短寿命，这在细胞呼吸作用，或者说微小生物细胞逻辑中也能体现出来。在我们将食物转化为能量的同时，化合物也正被分解与结合。分裂产生能量；生长消耗能量，而且是双倍的细胞能量，因为分裂的细胞会将 DNA 分解，再进行重组，从而造成 DNA 损伤。细胞为修复这一漏洞，会消耗更多的能量。其他与不良生活习惯相伴而行的事物，如懒惰、大腹便便、高血糖，则更是如此。生命之烛的两端都在燃烧。幸福可能孕育着灾祸，TOR 也可能从朋友变成敌人。

MTOR 基因与 SIRT 基因一样，都是由营养物质调控的，尤其是肉类和牛奶。但在饥饿状态下，MTOR 基因不会再发出建立 mTOR 蛋白的命令，细胞因此节省能量，并减少分裂，缓慢生长，

---

[1] mTOR，即雷帕霉素蛋白，是由 MTOR 编码合成的。

这也使得 MTOR 成为抗癌的重要帮手。

而在压力情况下，基因不仅会放慢速度，还会"换挡"。全速返航！那么这就意味着生存而不是生长。它们与许多老年病的病因——炎症——对抗，弥补 DNA 的损伤，并让细胞从剩余物质中获得能量。这就像赫尔加将手伸进食品储藏架的后面，拿出已经发霉的白菜，但其意义远不止如此，日本人大隅良典（Yoshinori Ohsumi）在 2016 年因此获得了诺贝尔生理学或医学奖。

这个过程被称为细胞"自噬作用"，即自给自足。简而言之，这一作用就是细胞在内部吃掉自己的组成部分，分解并消化蛋白质，这不仅可以提供能量，还能为细胞解毒。这一过程就如同清理垃圾，将垃圾转移至废品回收设备中——在此处，处于困境中的细胞会进行自我保护。因此，对于身体而言，它有三种重要作用：获取能量，清除功能异常的细胞，并帮助进行修复。

此外，运动也能抑制 mTOR。老调重弹：运动和禁食——这两种简单的方式便可以使人健康长寿。

另一个瓶子是橙色的：黄连素，胶囊，黄色，味道微苦，提取自小檗，早在发现 AMPK 通路的千年之前，这种物质便受到中医的青睐。

关于这一通路还有很多故事。理智的学者们对此都很迷茫，当然，辛克莱也是如此。还有阿尔伯特·爱因斯坦医学院的教授尼尔·巴茨莱（Nir Barzilai），亚拉巴马州的教授史蒂文·奥斯塔德（Steven Austad），这位衰老研究领域的领军人物，凭借其著作《我们为什么会衰老》影响了整整一代的研究人员。

我也曾遇到过这一通路，但当时我并不知道这些 AMPK 基因具体有什么作用，我们的朋友弗里德里克是一位画家，她喜欢把人们都聚在一块，在她的花园里举办夏季派对。露易丝和彼得，我们最好的朋友，也都会参加，还有哈拉尔德和托马斯，我们虽然很少见到他俩，但每次见面时，我们都相谈甚欢。他俩风趣幽默，心地善良，且拥有一个共同的爱好：吃。闲暇时，他们会为杂志测评餐厅；平日里，他们喜欢邀请客人到他们的阁楼公寓聚餐，弗兰齐斯卡和我也被邀请过一次，他们做的菜肴我都不曾吃过。大部分都使用亚洲特色原料，其中还加了姜和香菜，最好吃的是那道由薄而长的香兰叶制成的甜点，尝起来有香草的味道。他们把这些香兰叶小心翼翼地卷起来，放在冰柜中保存起来——这是 15 年前他们从泰国带回来的。

两人现在坐在弗里德里克的长椅上，谈论着——60 岁出头的他们是餐桌上最年长的人——关于衰老，关于他们父母的死亡，以及他们自己的衰老。聊着聊着，我们就做起了试验：将手臂轻轻抬起，看上臂肌肉是保持坚挺还是下垂。每个人都开始照做，且都通过了，除了托马斯。他立即抱怨说，虽然他们俩吃得基本一样，但哈拉尔德却一直比他瘦，而他却变胖了。而哈拉尔德甚至更瘦了。"哈拉尔德的基因更好。"他叹了口气。

"其实，我们的基因没有你想象的那么负责任。"我说。这并不是什么安慰，只是想让这轮谈话持续下去，更有趣些。托马斯问我，我是从哪里了解到的。我便给他讲述我关于抗衰老药物的研究。市面上甚至可能已经有了能使人重返青春的药物，一种能治疗糖尿病的药物。

"哈拉尔德，你吃过这种药啊。"托马斯喊道。

"是的，我的家庭医生为我开了这种药。"

"二甲双胍？"我问。

我回忆起史蒂文·奥斯塔德的一次演讲。在 TED 未来会议上，他举起了一个瓶子。

"您看到这些药了吗？让我告诉您这些药能做什么。这些药物，如果您在中年时服用，将预防阿尔茨海默病。"

观众席上一片寂静。

"但和其他药物一样，这些药物也有副作用。它们可以预防癌症、心脏疾病，以及中风。还能维持基本的肌肉张力，保持协调性，改善睡眠，并减弱我们随着年龄增长而出现的那些记忆衰退情况。算下来，这些药平均每天只有几分钱，整瓶药的价格不到 5 美元。"

更长时间的寂静。

"我听到你们的心声了：'我有点怀疑'。"

一阵哄堂大笑。他开了个小玩笑后，继续讲道：

"现在您可能在想：为什么我没有听说过这件事？嗯，我猜测，在场的观众中已经有许多人在服用了。这种药物是世界上治疗和预防糖尿病最常见的处方药。谁会想到它也能治疗衰老呢？我来解释一下。我不是说，您吃了它就会变成不死之身。但您多活上 10 至 20 年是完全没问题的。"

二甲双胍的作用与黄连素相似。两者都能通过 AMPK 通路。

AMPK 酶与 mTOR 酶是对手。随着年龄增长，我们的 AMPK 水平逐渐下降。这就是我们随着年龄增长而变胖的一个原因。此外，AMPK 会传递信息，告知基因和细胞要做什么。当我们吃饱时，它就会有所克制，告知身体将能量储存在脂肪中。当我们饥饿时，酶就会变得活跃起来，帮助我们全副武装，渡过难关，并告诉身体要燃烧脂肪。在这一过程中，它用尽了我们从其他生存酶中得知的一切办法：抑制生长、自噬作用等。

AMPK 可以对抗炎症，降低血脂和胆固醇，减轻体重，刺激线粒体，从而释放更多的能量与肌肉力量；可以扩张血管，为细胞提供源源不断的养分，清除毒素；刺激细胞分解糖分，并将其输送至肌肉，从而降低血液中的糖分水平；它还影响着其他两个通路：抑制 mTOR，启动长寿因子。简而言之：它是一颗魔法球。

一项针对 4.1 万名年龄在 68 岁至 81 岁之间的人进行的研究发现，二甲双胍可以强身健体，并降低阿尔茨海默病、抑郁症、心脏病和肺、肠、乳腺及胰腺癌症的患病风险，数值高达 40%。

另一项研究分析了英国药店的数据。接受调查的人分为两组，均为 75 岁左右的老年人，都有相同医生治疗，生活环境也相似。一组有 7.8 万人，均患有糖尿病，此外还患有其他疾病，他们正在服用二甲双胍。另一组也是 7.8 万人，没有患糖尿病，且很少患有其他疾病，比第一组人更瘦。研究人员表明，服用二甲双胍的糖尿病患者比健康的非糖尿病患者寿命更长。"死亡率低了 17%。"

比常人更胖、久病缠身、糖尿病患者——但拥有更长的寿命。这多亏了二甲双胍。服用其他糖尿病药物的糖尿病患者在研究期间的死亡概率是前者的两倍。

7.8 万个理由促使着我们在 AMPK 通路上走一走。

但是，驱使我订购这瓶黄连素的不是这些统计数据，而是与纽约一位医生兼研究人员的一通视频通话。

17

医生和病毒

"……以及百岁老人的秘密"

他感受到，病毒已经在他体内停靠。尼尔·巴茨莱坐在家中，一个带有大花园的联排别墅，客厅里摆放着他妻子劳拉（Laura）喜欢弹奏的三角钢琴。

过去几周，尼尔共去过几个国家和地区——他的祖国以色列、新加坡、阿布扎比，还有中国。但他却在纽约感染了新冠，该地已有数万人被感染。第一波浪潮席卷这座城市，海军医疗船停泊在港口，救援人员在灾难中争分夺秒，这个时代让尼尔回想起了战争。

年轻时，他经历过战争的残酷，和所有以色列人一样，他当了三年的兵。他在部队里担任卫生员，不想参与杀戮，只想救死扶伤。20 世纪 70 年代后期，他开始学习医学，但仍旧在后备部队担任卫生员。在一场交火中，一架直升机对黎巴嫩发动空袭，当时他正在那里为一个恐怖组织的领导人治疗。子弹从他身边呼啸而过，击中了病人的腿。他深深地意识到死亡离自己是多么的近，人是多么的脆弱。

1979年，越南入侵柬埔寨，数万人逃往泰国边境，巴茨莱率领以色列应急小组花费数月时间救治患有疟疾、麻疹、钩虫感染以及遭受枪伤的患者。野战医院门前的死亡人数无时无刻不在增加。"但是"，他后来在《爱因斯坦生物与医学杂志》上写道，"我觉得，我在过去的职业生涯中所拯救的全部生命，都不如在营地一小时内多"。

他成为一名医生、生物学家、研究员，他想探寻疾病的源头。糖尿病最让他着迷，因此他开始研究二甲双胍。

二甲双胍提取自一种叫作山羊豆的紫色植物，也被称为法国紫丁香，这种草本植物可以增加绵羊、山羊和奶牛的产奶量，但如果过量食用，便会出现中毒情况。在中世纪，医师用它来治疗瘟疫。此外，它还可以缓解多尿症状。17世纪，英国植物学家兼医师尼古拉斯·卡尔佩珀（Nicholas Culpeper）提出山羊豆可能有助于治疗糖尿病。但这种药草毒性太大，不能用作药物。

几个世纪以来，生物学家一直在深入研究山羊豆，并发现：山羊豆富含胍类化合物，这种化合物可以间接降低糖分水平，但同时也具有很强的毒性。而其中的山羊豆碱，相对而言毒性较小，但降糖效果也不太明显。所以医生们并不再将目光局限于这种草药。

直到1918年至1920年间，西班牙流感导致数百万人死亡；疟疾成为英格兰的一种流行病，医生要用稀有且昂贵的奎宁来治疗。化学家在胍和山羊豆碱中找到了这种药物的替代品。

1922 年，爱尔兰化学家艾米·维尔纳（Emil Werner）和詹姆斯·贝尔（James Bell）从山羊豆碱中提取出了二甲双胍。此后，二甲双胍渐渐被遗忘，直到菲律宾医生尤西比奥·加西亚（Eusebio Garcia）开始使用双胍药物，治疗流感和发热。尤西比奥说，它还可以通过降低疟原虫生存所需的血糖水平来治疗疟疾。

二甲双胍对流感或疟疾等紧急情况有所帮助，但作为治疗糖尿病的药物则具有毒副作用。这种情况一直持续到 20 世纪 50 年代后期，当时法国医生让·斯特恩（Jean Sterne）发明了一种新的、无毒的二甲双胍，成为历史上最成功的药物之一。

20 世纪 90 年代，当巴茨莱转而进行衰老和遗传学研究时，二甲双胍才被证实除治疗流感、疟疾和糖尿病之外，还可以预防衰老。在读过波士顿大学托马斯·珀尔斯（Thomas Perls）所写的一篇关于百岁老人生活的论文后，他认识到：有些人凭借他们自身的基因中了头奖，他们能够长寿，并不是因为生活习惯比其他人更健康。对于他们而言，决定寿命长短的是基因，而非生活习惯。

为了对辛克莱和他的同事们的研究进行划分，必须要了解衰老的多重面貌：

无论过去和现在，有些人能够活到一百岁甚至更久，仅仅是因为比常人多了些长寿基因。这类人很少见。

如果一个人能够保持健康的生活习惯，那么他有可能会延长寿命——但他们也无法活到一百多岁，而且在生命最后几年还会体弱多病。

过去十年，这两条原始法则得到了扩展。据有声望的科学家称，我们第一次有机会通过恰当的药物，将那些未中过基因彩票的人的生命延长至一百岁以上。而且还不用饱受疾病的折磨。

其中之一是巴茨莱。20 世纪 90 年代，他提出关于长寿基因的命题，却遭到非议。但阿尔伯特·爱因斯坦医学院和美国老龄问题研究所认可了他的研究价值，并向他提供了 45 万美元的资助，他发起了一个至今仍让世界着迷的项目：长寿基因项目，这一项目调查了 1400 个百岁老人的家庭，并探索他们衰老的基因奥秘。

这些百岁老人无论男女，均和威利一样高龄，而且从未经历过"四大老年病"：癌症、糖尿病、智力衰退、心血管疾病。是什么保护了巴茨莱口中的这些"超级老年人"免受四种疾病的侵害呢？

他并没有按照惯例，去寻找那些致病基因；而是试图去寻觅维持健康的基因。一点一点地，他找到了名为 CETP、APOE、APOC 的基因变异；其中也包括 FOXO3。如果你对这些基因进行研究，你就会知道，自己是否需要为举办百岁生日宴留点钱。CETP 可以预防心脏病发作，APOE 能够预防阿尔茨海默病，APOC 能够控制糖尿病、FOXO3 可以预防癌症。

如果想从细微之处入手，你可以观察染色体的保护帽，即端粒，它可以显示出你的健康状态，以及你弹奏表观遗传学钢琴的状态。如果你想要一个简单粗暴的办法，无须验血，那么你可以在三个容易回答的问题中找到自己预期寿命的迹象：你父母多大年龄了？他们近几年的健康状况如何？你有多高？你只需遵循腊肠犬比拉布拉多犬寿命长，小马比马寿命长的逻辑。

百岁老人比比皆是，巴茨莱将目光投向了在纽约犹太人中占多数的德裔犹太人。研究表明，如今40%的德裔犹太人都是四位犹太母亲的后裔。他们的基因非常相似，因此即便是微小的基因差异，例如DNA代码中的一个字母，也能够很容易被发现。此外，在纽约居住的德裔犹太人在社会地位、生活方式和教育等影响因素方面也都存在相似性。

巴茨莱给我看了一张20世纪初的照片：卡恩家的兄弟姐妹们。海伦、莱昂诺尔、欧文和彼得。直到几年前，他们还是世界上最年长的兄弟姐妹四人组。欧文·卡恩于2015年去世，享年109岁。绰号"快乐"的海伦，在她110岁生日前不久去世。老幺彼得在103岁时逝世，莱昂诺尔更早一点，享年101岁。

他们所有人都参加了巴茨莱的研究。其中最值得关注的是华尔街投资者欧文。107岁的他仍然每天都会去办公室，102岁时，他开始乘坐出租车，在那之前乘坐公共汽车。他坐在计算机后面，穿着西服，系着领带，在有庞大资产的公司中掌权。除一些维生素外，他不吃任何药，自己刮胡子，喜欢海绵浴。他的饮食习惯："一晚吃羊排，下一晚吃牛排。"锻炼？为什么要锻炼？但他抽烟，就像他的妹妹"快乐"一样，除香烟外，她还喜欢吃巧克力和喝百威啤酒。当巴茨莱问她，是否曾有人试图说服她戒烟时，她回答说："是的，有四个医生都曾建议我这么做。他们都已经去世了。"

最让巴茨莱惊讶的是，人们在七八十岁时患上的疾病，这些长寿老人往往在三十年后才会得上。他们的健康持续时间更长，生命也是如此。如果他们在生命的最后阶段病魔缠身，癌症、中风、心脏病发作，他们就会迅速死亡。

延长生命中健康状态的时间，便成了巴茨莱的目标。而他的三个重要研究项目之一是：二甲双胍。

巴茨莱做了一个小型的临床试验，接受试验的有 15 位 70 岁老人，试验严格遵循标准，随机，采用双盲对照法及安慰剂对照。在前六周，每个人都被随机分配了二甲双胍或安慰剂。然后，巴茨莱从肌肉和脂肪组织中取样。休息两个星期。之后，一些人服用了安慰剂，另一些人则服用二甲双胍。再次取样。

结果是：二甲双胍影响了细胞中的化学成分、新陈代谢的运作方式、能量代谢、合成代谢，即生存或生长。研究人员比较了老年人和年轻人的细胞代谢——老年人的细胞代谢看起来更年轻。巴茨莱由此得出结论：二甲双胍并不会干预个别疾病，而是影响衰老本身。

现在他想采取下一步行动。TAME（Targeting Aging With Metformin），即二甲双胍抗老化，一项可能创造历史的研究。即使世卫组织在 2018 年将"衰老"列入疾病分类，但世界上没有一个政府会将衰老宣布为一种疾病。

起先，这是一件好事。但它将老年人与疾病等同起来，老年人的尊严被践踏。新冠疫情暴露了这种想法的武断。并非所有感染新冠的老人都无法医治；世界上第二长寿的人，来自土伦的修女安德烈，年龄将近117岁，检测结果为阳性。"我的身体根本没什么异样。"她惊叹道。是的，并不是所有感染新冠的老人都难以医治或是只能静待死亡。死亡的几乎只是那些有基础病、软弱无力的老年人。但在疫情期间，全世界都在讨论要保护老年人，很多人还发表了隔离、孤立老年人的言论，这是鼓励老年人参与社会活动的对立面——同时对很多老年人而言，无论健康还是患病，都意味着折磨和恐惧。孤立无助的痴呆症患者陷入了深深的恐惧之中；肺病患者恳求护理人员能够借给自己手机，与家人做最后的告别；白发苍苍的老夫妇，被医院拒之门外，泣如雨下。他们遭受着常人无法承受的痛苦。赫尔加和威利也想继续看到他们的孩子，想和我们安安稳稳地在一起生活。这就是人类的生命，而衰老是生命的一部分。治愈衰老或与其斗争的设想是错误的，但有一件事我们却可以做到——保持并延长健康状态。

但这一观点造成了一个困境：如果衰老不被视为一种疾病，相关研究便会不受重视。卫生部门甚至不会对促进健康衰老的药物进行测试。为什么要在一种不必要的药物上花费时间和金钱，且这种药物所治疗的连疾病都不是？这就导致各公司纷纷将这种药物作为保健品出售——糟糕的是，相关测试并不严格。这种情况对任何人来说都是不利的。例如，辛克莱的公司 Life Biosciences 在构建其研究时，认为药物只治疗个别疾病。痴呆症、糖尿病、不孕症、肺纤维化。作为副作用，病人会活得更久。

但巴茨莱想打破这种恶性循环。他去了美国食品药品监督管理局（FDA），并介绍了他的研究。巴茨莱说，他不想把衰老定义为一种疾病，但也许我们有理由，不仅仅处理个别疾病。一个针对一系列疾病、老年疾病的药物测试。

他们谈了很久，卫生部门同意了他的计划。在2020年夏出版的《后长寿时代》（*Age Later*）一书中，巴茨莱写到了这次会议，并引用了美国食品药品监督管理局局长说的话："肌肉张力丧失、头晕、跌倒、痴呆、失明，所有这些——用一种独特的治疗方法进行治疗……这将是前所未有的事情。如果您真的能做一些事情来改变衰老，人们肯定都会很感兴趣。如果您能实现它，这将是革命性的。"

美国食品和药物管理局提出的唯一条件是：巴茨莱应明确表示研究中不涉及糖尿病。对于该机构来说，这也是至关重要的事情。

TAME研究将于2020年春季开始，持续6年多，采用双盲对照法及安慰剂对照，接受试验的有3000名65岁至80岁的人。这些人中不应有糖尿病患者，但应是老年病高风险人群或是已经患其他老年病了。每天1500毫克，活性物质会缓慢释放。二甲双胍会推迟疾病的发生吗？

一切都准备好了，报名的志愿者比规定名额还要多，然后就发生了疫情。只要病毒还在肆虐，巴茨莱就不想开始。

一种莫名的感受涌上他的心头，他也无法说清楚。往常，每天六点半他都会去训练一小时，多年来都是如此，而四月的某一天，他突然不想锻炼了。他取消了训练，第二天也是如此，他吃了退烧药，还吃了二甲双胍。第三天他又开始训练和工作。写论文时，他想起了二甲双胍在最初发现时的用途：治疗流感、疟疾。

几周后，巴茨莱录制了一段视频，他坐在湖边的房子里，夕阳西下，他说："我陷入了伦理困境。"他开始谈论新冠疫情，分享幻灯片，就像他向我解释《后衰老时代》一书时所做的那样。这本关于流行病的书中没有出现过一次"COVID-19"。

在视频中，他提到，有两种药物将对下一次疫情肆虐有深远的影响。

幻灯片上展示着线状图："无论是欧洲、中国还是美国，80岁以上的老人比20岁的年轻人的死亡人数多了180倍。衰老是新冠肺炎的最大风险因素。"

他谈到了衰老研究，在很长一段时间里，衰老研究只是一个"空头承诺"，但现在正处于履行这一承诺的过程中。而研究，他说，对抗击新冠感染很重要。"有两种药物可以帮助预防新冠感染的严重后果。"

他播放了下一张幻灯片。疾病如何随着年龄增长而增加。由细菌或病毒引发的肺炎的死亡概率对老年人而言要高上1000倍。他说，这就是许多新冠感染患者的死因。"衰老引发了疾病。因此，应对这些疾病的唯一方法是，探索衰老的进程。"

关于他们的研究，TAME。

他谈到了衰老的八个迹象，其中两个在他的幻灯片中以黄色突出显示：

炎症。在新冠疫情几天后，这种症状就暴发了，对许多老年人的身体造成了严重损害。

免疫系统遭到破坏。无法抵御或对抗病毒。

对抗老年病的两个最重要的目标是——抑制炎症并保持免疫系统健康——也因此成为对抗新冠感染的关键。

"有两种药物对人类健康极为重要"，他再次强调，"二甲双胍和雷帕霉素（Rapamycin）"。

雷帕霉素被认为是继二甲双胍之后，我们手中拥有的第二颗应对老年病的魔法子弹。它是一种 mTOR 抑制剂。它的故事始于雷帕努伊岛（Rapa Nui），这是一个位于智利以西 3700 公里的火山岛，也叫复活节岛，因有 900 个巨石而闻名。

20 世纪 60 年代中期，一个小组来到这个荒无人烟的孤岛，寻找稀有的微生物。他们在其中一块岩石下的土壤中，发现了一种新的细菌。当印度药物研究人员苏伦·塞加尔（Suren Sehgal）对其进行检查时，他发现，该细菌能够分泌一种抗真菌的物质。塞加尔将这种物质命名为雷帕霉素，以纪念它诞生的那个岛屿。他本想把它制成治疗足癣的药物，但他所在的实验室被迫关闭，他不得不销毁这种物质。但他在自己的冰柜里还保存了几瓶。

某天——时间到了 20 世纪 80 年代末——他重新开始研究工作。雷帕霉素不适用于治疗足癣，因为事实证明，它能够抑制免疫系统。那么，它是否适合作为器官移植的帮手呢？器官移植的成功概率很低，因为接受者的免疫系统会排斥新的器官。而雷帕霉素能够抑制身体对新的器官的自然排斥反应。如今，雷帕努伊岛上有一块纪念牌，上面写着"为需要器官移植的病人开创了一个新时代的物质"。

随着时间的推移，医生发现，雷帕霉素可以经由 mTOR 通路延长生命。在研究中，注射该物质的小鼠寿命明显延长——换算成人类年龄约为十年。此外，在德国的一项研究中它还推翻了一条规则，即父母生育过晚是其子女患病的一个风险因素。

然而，就像曾经山羊豆中的胍一样，雷帕霉素也具有毒性，并且会长期损害肾脏，还可能导致糖尿病，因此研究人员并没有将其作为预防衰老的药物。但他们用毒性较低的雷帕霉素类似物进行了试验。

在新的试验中，正如巴茨莱的下一张幻灯片展示的那样，人们服用了二甲双胍和雷帕霉素类似物。结果显示，他们的寿命延长了 24%。

接着，他谈到了关于百岁老人及其子女的研究。他说："令人惊讶的是，他们的免疫力都很强。"较强的自我保护能力，防御细胞成功反应，自噬作用，内部垃圾处理和回收工厂，正在以最佳状态运行——这两者都有助于抵御新冠病毒。

巴茨莱将这一防御描述为一座城堡。到了晚年，城墙上满是窟窿。研究衰老的生物学家们计划重建城墙。

"当然"，他说："你可以用药物来抗击这种病毒。也可以选择接种疫苗。但你也可以增强自身防御能力，加快恢复速度。"他又把话题转向了二甲双胍和雷帕霉素。

"问题是"，他表示这使他陷入了两难境地，"没有任何研究证明二甲双胍可以防治新冠病毒"。

沉默。

"但是……"所有现有的证据都表明——在我们找到针对这种疾病的合适药物之前,为什么不试一试二甲双胍?二甲双胍,安全、已经过测试,且在新冠疫情期间能够满足身体所需。

他接着谈到了雷帕霉素类似物 RTB101 和他的朋友琼·曼尼克(Joan Mannick),生物制药公司 ResTORbio 的负责人,该公司开创了针对癌症和其他疾病的疗法,并发表了两项研究报告,一项二期临床试验,对 250 名 65 岁以上的人进行了测试,这证实了其药物的安全性和有效性。它能够降低老年人呼吸道感染的发生率。而且这些情况发生的频率较低,并且不那么严重——相较于接受安慰剂治疗的人改善了 42%。之后的 2b 期试验的参与者包括 650 名患有严重基础疾病的人、肺病患者,也包括新冠病毒患者。感染的人数少了三分之一。发展成严重疾病的患者减少了50%。而且患者不需要经常待在医院里。研究人员主要研究了流感病毒,而没有研究新冠病毒。

所以,这种药物一点用处都没有吗?

这种药物能够使我们免受病毒侵害,防治冠状病毒的效果甚至明显优于防治普通流感病毒,它能使新冠病毒感染人数减半。[1]

不幸的是,这只针对普通的冠状病毒,而不是危险得多的新冠病毒变异株。

---

[1] 以上结论仅基于临床研究试验,不作为用药指南。——编者注

但治疗的逻辑依旧如此，巴茨莱说。也就是说，这并不是要攻击病毒本身，而是要加强其宿主，即人类，用修复工具加固他们满是漏洞的"城墙"，以便他们在受攻击时幸免于难。启动应急方案。转危为安。

其副作用：比接受安慰剂治疗的小组要少得多，因为药物不进入肺部和呼吸道之内，显然这对身体是有益的。副作用也是积极的。

但反对的声音依旧存在：没有第三期研究，就无法证明雷帕霉素是否有助于对抗新冠病毒。

而世界上的每一位医生都知道：在给病人开药之前，必须有临床证据证明这种药物是有效的。

"这就是进退两难的问题。"巴茨莱说："如果换作您，您会怎样决定？我在和自己搏斗。但是，我再强调一次：我们正与病毒作战。那么，我们还有什么可失去的呢？"

在他与病毒单打独斗时，他服用了这种药物，还将它送给了妻子劳拉。

而在第三天，他又骑上了自行车，回到了工作岗位，当然这可能是一个偶然，很多过程都很顺利，但也可能是更多。几个月后，当我再次与巴茨莱交谈时，他给我看了研究报告：新冠病毒和二甲双胍。前者来自中国的一项研究，医院中感染新冠的糖尿病患者。没有服用二甲双胍的病人的死亡率为12%，而服用二甲双胍的病人只有3%。来自伯明翰的一项研究对2.5万名患者进行了调查，结论是："糖尿病是导致新冠感染重症的一个风险因素。在服用二甲双胍的受试者中，这种风险大大降低。"巴茨莱说，在所有研究中，二甲双胍患者的住院率和死亡人数都较少。

. . .

在与巴茨莱交谈后，我又对衰老、分子和药物有了不同的看法。

是的，我们身处疫情之中，我可能会接受它们。但等这阵风波过去——我可能会再观望观望。

我没有名叫琼·曼尼克的朋友，不会服用处于2b期临床试验的雷帕霉素类似物RTB101，也不会服用具有副作用的雷帕霉素，世界上没有一个医生会把这药开给我。但我认为，能够了解到白藜芦醇，辛克莱的mTOR抑制剂，确实是我的幸运。

我没有选择二甲双胍，而是选择了被辛克莱称为"小二甲双胍"的黄连素。黄连素从植物中提取而来，与二甲双胍中的山羊豆碱一样，是一种重要的生物碱，我们的花园里也有小檗这种植物。黄连素没有二甲双胍那样有名，相关研究也很少，它也没有二甲双胍那种需要医生处方和监控的副作用：二甲双胍会损害肾脏，一旦引发乳酸中毒的情况，即身体中含酸过度，则会危及生命。

于是我开始了自己的测试，但这不是科学试验，那种试验是必须由医生来做的，成百上千的受试者，遵循严格的标准。我只是想尝试一些东西，用疗效已被证实的分子在疫情期间强身健体。即便尚未有研究证实它们能让人身体康健地多活上20年。

单单吃苹果是不够的。除了NMN、白藜芦醇和黄连素这三者，我还找到了另一个路径。我服用了槲皮素，辛克莱在疫情期间也断断续续地服用了它，这是一种在辣椒和野菜中发现的花色素。双盲研究显示，这种物质可以抵御病毒，消除肌肉酸痛，还可作为抗衰老药物，清除体内的衰老细胞，正如专家所说，这些细胞本应死亡，却不断反抗，最终致使危险发生。它们留在体内，引发炎症，这是导致衰老、虚弱、痴呆、糖尿病、骨质疏松症、心脏、肾脏、肝脏和肺部疾病的主要原因之一——无一处不被它们侵袭。而且，就像《德古拉》里演得那样，它们会让健康细胞也变成僵尸：一部令人毛骨悚然的恐怖电影正在我们的身体里上演。体内僵尸细胞被消灭的小鼠的寿命能够延长20%—30%。2019年，位于明尼苏达州罗切斯特的世界知名的梅奥医院首次成功在人类身上证实槲皮素在抗衰老方面的有效性——在有肾脏疾病的糖尿病患者身上亦是如此。为使效果增强，研究人员还将槲皮素与达沙替尼组合起来。

四条重返青春的道路。让我们来看看……

18

告诉我，洛伦茨

"……和一个'俱乐部三明治'"

第一次被问到这个问题时，我没怎么在意。"洛伦兹，你减肥了吗？"

我们在谷物市场遇到了彼得。那日，我们开车去郊游，往返花了一小时，索菲亚坐在车的后座。

逛逛小摊，买些蔬菜，见见朋友，也无须预约，市集是城里为数不多的既适合本地人，又适合游客的地点。

我们坐在喷泉旁，喝着汤。彼得是我们最好的朋友之一；我们还在城里住的时候，他就住在我们楼上，我们的两间屋子原本是一间。后来我们添加了旋转楼梯和薄墙，将一间公寓变成了两间。早上我们能够听到彼得拉小提琴的声音，一把17世纪的意大利小提琴，听觉享受堪比整场音乐会；他的音乐能够直击你的心灵。晚上，他经常会下楼来，我们一起做饭、喝酒、畅谈，除夕夜他在房间里发射火箭，幸好是他的。彼得热爱生活，热爱音乐、美食、聚会，在啤酒节期间，他可以带领着人从后门进入帐篷，在狂欢节上，他穿上弗兰齐斯卡的祖母莉丝尔（Liesl）的连衣裙，消失在喧嚣中，一周都不见踪影，就像备受巴伐利亚人崇拜的绅士摩纳哥·弗兰茨曾经做过的那样，我们喜欢把彼得和他进行比较。我从来没有遇到过比女人更能被激起感情的人，她们看着他，爱意或嘲弄，微笑或责骂，但几乎从不冷漠。对生活满腔热忱的人，生活起起伏伏，体重也会起起落落。彼得每隔一段时间就会健身，根据季节严格运动，划船、骑自行车或滑雪旅行，所以我实际上对他的问题不以为意，他只是关注增长或收缩的腹部。

"是的。"我说。

几周后，当第二次被问及这个问题时，我有些疑惑。

"告诉我，洛伦兹，你是不是减肥了。"露丝走下楼，进入花园时喊道。"你看起来和往常不太一样。"

但这对我来说也不是什么大不了的事，新冠病毒波及了全世界，在花园里待了好几个小时的我，皮肤被晒成了和小时候一样的棕色。头发蓬乱，胡子也没怎么修理，一直放在衣柜里以及落灰的太阳镜现在整日被我架在鼻梁上。我只是看起来和往日完全不同。

但是当编辑们讨论新选题的视频会议开始时，有人问我在吃什么，我想：哎哟。

两位亲爱的同事帕特里克和托马斯立刻开始开玩笑，我和他们一起采访了意大利病毒学家伊拉莉亚·卡普阿（Ilaria Capua），随后他们的脑海中出现了一段离奇的对话。

卡普阿今年54岁，是佛罗里达大学同一健康中心的主任，因研究流感病毒而闻名。她向我们解释了新冠肺炎疫情为何是一次机遇："一切可能会重新开始。"

她开始谈论我们的经济体系、航空旅行、大型农场和肉类工厂、消费和气候、动植物的健康，我们正逐渐破坏它们。"如果我们不解决这个问题"，她说，"洛伦茨的孩子以后可能必须得吃垃圾"。

我的孩子？为什么只有我的？我同事的孩子都比索菲亚年龄小。

卡普阿继续谈论未来。她说，也许，我们如今生活方式的后果，她和同事们可能无法看到了——除了洛伦茨。

她对我们微笑。她把我当成了实习生。我随口提了一下，我不是这里最年轻的。

最后，卡普阿突然问："你确定你不是 Z 世代吗？你是千禧一代，对吧？"

"呃，不是。"我能感觉到同事们在强忍笑意。

"您多大了？"卡普拉问道，"30 岁左右？"

"不，不。我今年 49 岁了。"

沉默。

"好吧。您怎么看起来这么年轻？"

· · ·

当然，视频画面模糊了真相。但在那之前，人们也都认为我长得很年轻。这得感谢我的妈妈。但是改变我的还有服用分子的这几周，以及健康的饮食。在我服用它们之前，我做了一次全面的血常规检查，还在威利的老式秤上称了重，这是20世纪60年代的一种体重秤，按下两个刻度盘，秤才能稳定下来。我瘦了六七公斤，腰围足足小了十厘米。我很好奇血常规检查的结果会是什么样。

我可以明显感觉到差异。除了体重变化，胫骨的疼痛感也消失了，小腿也不再有触电般的麻感，骨膜的炎症也有所减轻。两年多来，在我穿上裤子时，都会有疼痛感，最后严重到我去看了骨科医生，她给我做了些检查。冲击波，注射，都不见效，但是在我开始服用分子一个月后，这些症状全部消失了，完全客观，医生也说不需要进一步治疗了，哦哈。

洗牙时我也感受到了变化。牙医克劳斯是个极其严肃的人。每三个月我都要去一次，但每次一进门就会后悔，我的牙龈总是发炎，她会责备我，并教我该怎样正确刷牙，就像我教索菲亚一样："转，好，旋转；门牙；别忘了牙齿内侧，必须清理到位。"只是她不会像索菲亚图画书中的那种口吻："过来，你们这些小狗，现在开始刷牙了。"自从三年前我们搬到这里，每次回家我都无精打采的，我要通过手术治疗前侧的牙龈，医疗保险上的手术申请一年前就已经得到批准了。现在，我已经开始治疗三个月了。当我又一次像只小白鼠一样陷入椅子时，我听到克劳斯夫人惊呼："天哪！今天我要表扬你。"这一次我像狮子一样走出了门。下一次面诊时，她把整个诊所都召集在一起，老板、实习牙医、接待员，所有人围在我的身边，就差清洁工和扫烟囱的人了。在她检查我的牙龈，并与之前状态进行对比时："太不可思议了"，她一再强调着，"不可思议"。可是：我没有做出任何改变啊，我没有改变牙刷的旋转方式。好吧，我心想，我不能说这些东西是否能恢复活力，但它可以消除炎症——至少对我来说是这样。

我还注意到其他一些细微变化。比如在书桌前。25 年来，我坚持写作的节奏从未变过，写三个小时后，文字就会变得空洞，而且毫无头绪。如果在汉堡，我会沿着易北河跑跑步；在慕尼黑，便会在伊萨尔河边遛遛弯儿，然后再写上两个小时，接着休息，最后继续写上一个半小时。一整天中我只能保持这几个小时的状态。而现在，四个小时后我才开始感到疲倦，背部先开始疼，当然，可能只是想象，心理作用，等等，但事实就是这样。晚上我必须小心翼翼，就算头脑持续运转着，也不能在深夜继续写作，否则我会清醒一整晚，作息变得像婴儿一样。躺在我们中间的索菲亚，喜欢把她的脚横在一边，小脑袋在我的枕头中间，用她小小的身体把我挤到墙边，早上，迎接新的一天时，她警告我："不要打鼾了。我不想听到它。"

· · ·

人们总是问我在写些什么，他们很快会读到什么。而接下来便会是一场闲聊，啊，亚马逊，啊，自闭症，啊，天体物理学，但当我提到，我正在研究衰老，了解多代同堂的生活时，往往会引起一次激烈的讨论，朋友、邻居、熟人，每个人对此都很感兴趣，问题不断涌现，对话时间也就随之延长，其中有一个问题从未缺席过：假如这些教授所说的话是可能发生的，假设我们可以活到120岁，甚至更久——但这真的好吗？

伦理、社会、经济——关于衰老的研究不仅仅存在于医学层面。

在弗里德里克的聚会上，谈话声音此起彼伏，尤其是哈拉尔德，他对二甲双胍充满感激之情，点了点头：死亡不是一开始就赋予了生命意义吗？

或者在弗洛里安家的露台上，他是我的邻居，曾长期在谷歌担任经理，我偶尔会去拜访他，谈论生活和他的家乡汉堡，也是我最喜欢的城市。啊，易北河，船只，大自由街……"衰老研究？"我一提到它，托拜厄斯就说："我必须把你介绍给安德里亚斯（Andreas）。他是慕尼黑大学的教授，也是一名癌症研究人员。"在听我讲了很久之后，他慢慢地说，"这得讲到什么时候？"

是的，还有威利，在自家花园的桌子旁，没来由地反对："每个人都应该去哪里？"赫尔加点点头。"花了多少钱？"

能回答这个问题的人是安德鲁·斯科特，这位经济学家、社会科学家、伦敦经济学院教授[1]。他的人生主题是：衰老。他

---

[1]　安德鲁·斯科特于伦敦商业学院（London School of Business）担任教授，而非伦敦经济学院（London School of Economics），此处疑为作者笔误。——编者注

在中国、日本和美国的知名度不亚于伦敦，他为英国金融监管机构提供建议，并与英国亿万富翁吉姆·梅隆组织了长寿论坛，每年最优秀的研究人员都会会聚在此。他在 2020 年出版的著作《新长寿》（*The New Long Life*）中描绘了老龄化社会的未来，《金融时报》称其为"政策制定者和商界领袖的必备读物"。

"若人类更加长寿，我们的社会能负担得起吗？"斯科特思考。"这是看待这个问题的一个很特别的角度。对于政府而言，没有什么比让其公民尽可能地过上尽可能健康的生活更重要的了。是的，如果我们能活得更久、更健康、更有生产力，这对经济是有好处的。"

哈佛大学、哥伦比亚大学和蒙特利尔大学的一项研究——早在 2013 年就已经发表——显示，如果我们治疗衰老而不是疾病，可以节省很多钱。如果我们的健康寿命仅增加 2.2 年，那将创造 7.1 万亿美元的价值——在研究发表的那一年，这一数字相当于世界上所有黄金的价值。

我们能用这笔钱做什么？

应对气候变化？

推进教育事业。教育，是这个时代被严重低估的危机。除了 25 亿失学儿童，还有 3.3 亿在学校里但并没有学到知识的孩子。如果不对此采取应对措施，到 2030 年，世界上一半的儿童和青少年，即世界 16 亿人口中的一半，将没有学上。教育是对抗世界上所有苦难的灵丹妙药。据世界银行称，仅女孩的教育就有助于实现联合国宣布的十七个发展目标中的九个。气候研究人员在拯救气候的建议中将女孩的教育排在第六位——高于太阳能电池板和电动汽车。理论上，我们可以用 1000 亿美元像根除天花一样根除教育危机。在 7.1 万亿美元中还剩下 7 万亿美元。

或者，回到这本书的主题上来，世界未知的第三场危机：即将席卷我们的养老金和护理危机。我们不仅可以在阳台上为护理人员和护士鼓掌——就像我们在疫情期间所做的那样——我们还可以公平地支付他们的工资。

我们能在家中照顾老人。与他们聊天，陪他们散步，安慰他们，逗他们笑，让他们享受天伦之乐，比如说让 95 岁的老人和 3 岁的孩子一起吹笛子和小号。

我们可能会研发新的疗法和药物，造福人类。如果巴茨莱的研究取得成功：每月一包二甲双胍的费用为 1.66 欧元。2020 年，全球约有 7 亿人的年龄超过 65 岁。用 7 万亿美元，我们便可以为他们所有人提供六个世纪的免费二甲双胍。

当然这有些夸大其词了，要战胜老年病，需要的远不止二甲双胍。诚然，这只是一个粗略的计算，其中没有包括物流成本，而且，货币流通的速度比我们想的要快。但我们必须改变思考方式，改变我们的社会，正如安德鲁·斯科特所说，要么我们去改变，要么我们被改变，不管我们喜欢与否，有或没有基因医学。衰老本身，即使是它的计算方法，也不再是十年前的样子：

"我们总是谈论长寿"，斯科特说，"但当我们观察，如果有哪个阶段时间延长了，便就是中年的尾声。就像一天持续 32 小时。您的一天会被重新安排：您在不同的时间起床并在不同的时间睡觉。这种变化已经发生：在英国，40多岁才有孩子的父母比20岁以下的人要多。人们不再工作到60岁，而是到70岁。甚至到80岁"。

这也是疫情让我们看到的。70不再等于70。我们数蛋糕上的蜡烛——完全错误，病毒能否成为致命危险并非取决于蜡烛数量，而取决于内部时钟。一个50岁、患有糖尿病、脂肪肝或烟熏肺的患者，要比一个70岁、注重养生、基因优异或是今后服用合适的抗衰老药物的人的死亡概率更大。疫苗接种效果也取决于此。医生说，疫苗能够提供95%的保护。这是对于健康的人而言的。对于内部老化的人，基因不再与细胞正常通信，表观基因组不再正常工作，酶会传递错误的信息，来自疫苗的信息也会丢失。最需要保护的人正是那些疫苗发挥影响最小的人。

随着个人生活结构的变化，社会也在发生变化。20世纪出现的三阶段，即学习、就业、退休，即将消失。你要如何在18岁接受教育，并工作长达60年之久？

三阶段人生将会被多阶段人生取代。50岁开始上大学也未尝不可。这还使得婚姻关系更加稳定，因为夫妻在这样的过渡时期能够相互扶持。但这同时也会削弱以后的婚姻，80多岁的人也会重新考虑他们的爱情。在耄耋之年，人们可能又度了一次蜜月。老年时的爱情与年轻时的爱情有什么不同？"没有不同"，爱情研究人员安娜·梅钦说，"爱情就是爱情，所有年龄段的神经化学过程都是一样的，内啡肽总是存在的，它们的水平不会波动。60岁与20岁同样能够坠入爱河，并经历相同的阶段：从喜欢发展到互相陪伴的爱情。唯一的不同表现在生活经验上"。

此外，新的老龄化可以减少对妇女的歧视，生育与否不再重要。"顺便说一句"，安德鲁·斯科特用他令人愉快的英国口音说，"两性之间的不平等还体现在别的方面。比如女性往往比男性活得更长，嗯，这种差距是众所周知的，但往往女性的患病时间也更久。但回到长寿对女性的影响的问题，我认为这里有很多事情非常有趣。第一，如果我们活到 100 岁，就必须工作 60 年，从 20 岁到 80 岁。好吧，当你有 60 年的职业生涯时，组建家庭要容易得多。这将有助于减少性别不平等的情况。有些男性也会说，'我想休息一下。回来后我只想每周工作三天'。家务分配会有所不同。我认为，这也将减少性别不平等，这一切都很好"。

他继续说："但这其中也隐藏着风险：到目前为止，育儿假是人们请假照顾孩子的时间。但现在老年人的数量正在增加。很快，孩子们就会抽出时间来照顾他们的父母。如果这个负担只落在女性身上，那对她们来说将是一个可怕的变化。"

最后，我还没有告诉斯科特关于我们家庭的事情，他便说：

"如果人们想要拥有百岁人生，这意味着我们将看到更多的四代家庭，比三代家庭多得多。目前在英国，我们所说的三代家庭便是'三明治一代'：他们被夹在孩子和父母之间。四世同堂，则被叫作'俱乐部三明治'。问题是，谁负责什么？祖父母照顾曾祖父母，他们就不能照顾孙辈。因此，必须制定一些新的社会协定。我们将看到政府和公司会在旧规定的基础上推出新版本，以便人们可以照顾他们的父母。"

"我家是一个四世同堂的家庭。"

"真的吗？"他惊呼。"那你肯定也知道这其中的缘由……"

他把话题引到了我们之前谈到的大卫·辛克莱。

"……说到这，不得不提辛克莱的研究。它改变了人们的思想和态度。在这个社会，你一定要长时间地保持年轻。年轻不仅意味着身体上精力充沛，也意味着克制自己，保持好奇。在与年轻人相处时，老年人也会变得更加年轻。"

我给他讲了家中的一些故事。

"三个阶段的人生"，斯科特最后说，"我们已经解除了那些代际联系。我们被年龄分隔开来了"。

"隔阂"，他说，与朱迪·休曼使用的词相同：隔阂，包容的对立面——社区、社会的瓦解。

"在历史的大部分时间里"，他补充说，"我们并不知道我们年龄多大，何时出生。19世纪，政府开始签发出生证明。这导致隔阂大幅增加，无论是在学校教育还是退休生活中。这对我们来说是个问题。我们一直在固守着旧观念，即衰老意味着什么。但衰老也有不同之处，你可能90岁跑马拉松，也可能50岁坐在轮椅上。人们衰老的过程是截然不同的。这种对按正常规律变老的痴迷限制了个人和社会"。

"是的"，他说，"辛克莱的研究将使实际年龄变得无关紧要。一切都会改变，最大的危机是贫富差距。如果你有钱，便可以很容易地适应这种变化。如果没有，便会遇到难题。政府必须在教育方面为弱势群体提供资金支持"。在英国，有一个中年帮扶协会，为40岁左右的人提供检查服务：健康、财务、专业知识。同时，政府也必须确保穷人能够获得药物。

这便成了一个伦理问题，而不是医学问题。它与哈拉尔德的考虑同样重要：医学能走多远？

当谈到基因疗法时，伦理学家常常不知所措：如果一种疗法具有未知的迟发效应怎么办？它们对子孙后代意味着什么？

但是如果医生因为这些原因拒绝治疗，而20年后事实证明它可以治愈病人呢？或者，更令人不安的是，如果一位谨慎的医生拒绝对一位50岁的妇女进行预防治疗，而事实证明这会使她免于痴呆或癌症呢？

美国总统生物伦理委员会也对衰老研究表示怀疑。更长的寿命可能使人类麻痹，甚至愤世嫉俗："过了一段时间，我们中的大多数人不再用新鲜的眼光看待世界。"并且，难道不是"自然生命的局限性（人类的脆弱性及生命的有限性）"赋予生命以"持久的意义"吗？

辛克莱称这些担忧是"致命的胡说八道"。

他们让我心烦意乱。威利和赫尔加并不愤世嫉俗。他们很冷静，也很智慧。

并且我尽我所能，分享我所理解的在死亡中寻找意义的想法——因为生命就是发展，而发展就是衰老，所以衰老和死亡是我们为生命付出的代价；我很乐意付出这种代价——所以我认为，承认脆弱的价值并声称我们只有在罹患疾病时才能认识到生命的价值，太过偏激了。按照这种反人类的逻辑，我们也可以放任疫情发展，因为每一个死去的人都会让我们更强烈地感受到生命的价值。

但我并不是说，研究可以做到任何事情。对此，科学家和伦理学家应该继续关注，即便是那些与我意见不合的人。我别无他求，因为我们正走在新的道路上，走向未知。危险正潜伏在我们身边。

19

家　庭

"……以及衰老中的物理学"

这个时刻！

当我把小罐头放在花园桌子上时——

我们正要吃烧烤，威利比平时来得早些：今天不是星期四吗？卖鱼的车会不会来市场？上周四，他尝了一口我们的鲑鱼，接着又吃了第二块。鲑鱼很软嫩，正好适合他的牙口，小块鱼肉用上颚就能轻易碾碎，汤汁鲜美，威利赞不绝口，市场中卖的鲑鱼要比赫尔加在超市里买的贵，但物有所值，十欧元可以买一块肉质嫩滑的尾鳍肉。威利很乐意为此买单。弗兰齐斯卡会像前一周一样准备，用铝箔包裹，上面放一点盐和柠檬片。赫尔加面露不悦。这么贵！总之！你之前的鲑鱼不够好吗？

我笑着往前走，身旁跟着莱奥尼，前面的婴儿车里坐着索菲亚，她想看看各种各样的鱼，红点鲑、比目鱼、斑点鳟鱼、金头鲷、贻贝、小海虾、鲭鱼和安康鱼。鱼车前的队伍排得极长，把市场围得水泄不通。我戴上了口罩，索菲亚和莱奥尼一起玩着玩具。而弗兰齐斯卡此时正在花园里生火。

宇航员英萨曾经跟我讲述过，当她还是女孩时，连生火都不被允许，因为那是男孩才能做的。在接下来的几年里，她便没再尝试过这件事情。幸运的是，这个世界不仅在衰老研究领域取得了突破。在我们家，生火的任务一般都由弗兰齐斯卡来做，车也是由她来开。索菲亚也将不会有任何束缚。过去几年，我了解到了很多关于女权主义的知识。仅仅说"我尊重女孩和妇女"是不够的——否则就保持沉默。保持沉默不会改变任何事情，而不尝试改变，无异于支持目前有损于女性的体系。

我陷入了沉思。当我们快到家时，我才意识到我们忘记了莱奥尼。

莱奥尼跟了上来，我们终于到达花园门口，索菲亚推开门，炭火正微微燃烧。威利正坐在苹果树下，我在他旁边坐下。附近的花园里，一个男孩正玩着一架小型无人机。如果他在里面安装了摄像头，他就会捕捉到一些充满魅力的时刻：一个大家庭在闲聊、欢笑，有推着助步车的，也有躺在婴儿车里面的，有修剪花朵、摆桌子的，还有处理垃圾的。他们无视疫情，在这个普通的周四，抓住了生命中的几分钟或几小时。他们或许忘记了时间，或许让时间停滞了，或者加快了时间，又或者驱赶着时间消失于无尽，就看人们用哪个视角了。正如阿尔伯特·爱因斯坦所说："如果你和你爱的女孩坐了两个小时，你以为只有一分钟。但如果你在热炉上坐一分钟，你会认为是两个小时——这就是相对论。"

我在阿布鲁佐（Abruzzen）与玛丽卡·布兰切斯围绕着爱因斯坦谈了很久。布兰切斯之所以为人所知，是因为她将以前只有爱因斯坦在他的脑海中看到的东西形象化了：引力波是如何产生的。当她的测量工具接收到那些波动时，她推动了全球合作：70台望远镜齐心合力，对准同一方向，探测到了两颗中子星的合并碰撞，见证了这一历史性的时刻。这证实了爱因斯坦的相对论。这一进步堪比望远镜的发明：引力波使我们得以回望过去，恐龙时期也曾发生过恒星碰撞。英国天体物理学家斯蒂芬·霍金将引力波的发现称为"一场革命"。来自世界各地的科学家一致认为，我们很快就会对人类的起源有更多的认知，甚至听到和看到大爆炸。幻想家梦想着时间旅行。

当我和玛丽卡站在格兰萨索科学研究所的屋顶露台上，颤抖着——就当延长寿命了——她告诉我我们都是星尘时，我问她，在她演讲时，人们都问了哪些问题。

"有时他们问的问题，我们也同样想知道答案。其中最热门的问题是：生命起源于何处？不久前，我还去了一所小学。学生们的问题令我深受触动。"

比如？

"你越向天空的深处仰望，便越能看到遥远的过去。孩子们想知道，我们能否进行时光旅行，回到过去。"

然后呢？

"目前来看，这可能只存在于科幻小说之中，但未来——谁又知道呢？"

让身体进行一场时光之旅，是辛克莱和他的同事正在进行的探索。他们的想法与物理学也有一定的联系。

他们认为生物学只是信息传递的一种方式，像传话游戏一样，会导致错误出现。就算精确度达到百分之百，也同样可能会无限地消耗能量。因此，身体允许错误产生，并利用物理方法来修复后果。但这也需要能量。随着时间的推移，丢失的信息越来越多，直到细胞不再知道自己是谁，以及自己的任务是什么，继而导致死亡。

在瑞士进行的演讲中，辛克莱将图片投射到墙上，只有小鼠神经领域的专业研究人员才能看得懂这些图片。首先是一张视神经受损的成年小鼠的图片。随后是一张神经重新长出的图片——实际上这根本不可能，视神经只能在胚胎中生长。研究人员借助病毒引入了重置细胞年龄的基因。"我们可以对身体进行重新编码。"辛克莱说。从零开始。或是回到十年、二十年前。

辛克莱将物理-基因思维注入衰老信息理论之中。DNA，遗传信息，像数字化信息一样被存储，供我们随时调用。问题在于它的外壳，如同 CD 一般，历经岁月，留下了划痕。辛克莱说，通过干细胞研究和遗传学，我们能够去除那些划痕——就像我们对小鼠所做的一样。我们可以进行一场身体的时光旅行，重返过去。

. . .

啊，鲑鱼！

花园中的谈话。

苏珊和弗兰齐斯卡接手了威利的活，除草、耙地、修剪、装饰。在园艺方面，弗兰齐斯卡与苏珊的任务分配截然不同。苏珊负责劳作，弗兰齐斯卡站在一旁夸赞她。

啊，咖啡！

我们一同回忆往事。

威利和赫尔加是如何相遇的。他投放了一则招聘广告。同事希佩尔走进他的办公室，对他说道："下一位你肯定满意。"

在威利10月20日生日的那天，他们在一起了。五月，赫尔加怀孕了。八月，他们举办了婚礼，她的父亲必须签字，因为她当时还不到21岁。她的姐姐也结婚了。父亲答应给第一个孩子1000德国马克，赫尔加先一步有了孩子：苏珊。

闲聊就一直这样进行着，我没多想，走进了女士休憩室，找到我的药瓶，把它们装进一个盒子里，带着它们下楼。我砰的一声把它们放在桌子上。

威利投来了目光！

一直以来，他都认为我很理智，除了沙发那件事情。他会读我的文章和报道，对其中的人物充满了兴趣，杰夫·贝索斯让他想起了查理·布鲁多恩，他也与比尔·盖茨做过生意，梅丽莎·麦卡锡的收入甚至比奥黛丽·赫本当时的收入还要多。这位来自墨尔本的诺贝尔奖获得者关于新冠病毒的评论，解答了他的许多问题。

现在，我带着能让人青春永驻的药物来到他面前。这纯粹是一派胡言。多年来，他不得不从妻子和女儿那里听到类似的胡闹话，抗氧化剂，草药胶囊，昂贵又无用的药物。"没吃这些药片，我也活到 95 岁了。"他说。弗兰齐斯卡也这样看着我拿来的东西。我以前不是拒绝吃药吗？不是一直都像外祖父那样，吐槽什么药都没用吗？

赫尔加和苏珊的眼神则完全不同，她们对这些药物充满兴趣。苏珊立刻开了口。啊，黄连素。啊，槲皮素。啊，NMN。我在《南德意志杂志》上发表关于辛克莱的文章后，她对此进行了深入研究。

烟酰胺单核苷酸？威利又开始取笑。在他接受过心脏手术后，他的主治医师试图向他推销含有尼古丁的东西。他表示拒绝："我不吸烟。"现在回想起来，这是一个机智的回答。20 世纪 80 年代，医生常用烟酸来降低心脏病发作风险，但效果并不尽如人意。

"威利，别这样。"赫尔加说，她好奇地注视着，不自觉地噘起了嘴。这太重要了。

· · ·

人会突然在某一时刻感觉自己变老了。在 60 岁生日时，衰老就会突然袭来。大卫·辛克莱这样告诉我。

在谈话中，我们还提到了我的家人，在同一屋檐下住着几乎所有年龄段的人。

"您的女儿 3 岁？她的细胞运作近乎完美。它们学得快，愈合得也快。但是：衰老自出生便开始了。"

我们不必过多谈论索菲亚。甚至十几岁、二十几岁的人也可以先越过。但自 30 岁开始人们就要重点关注健康了。

"您夫人多大了？"

"三十多岁。"

"在这个年龄段中，有些人会比其他人衰老得更快，会变得更加敏感。如果他们不小心割伤了手，伤口愈合的速度也会变慢。全身酸软无力。炎症也时有发生。这个年龄段的人要开始注重保养身体了。"

"您多大了？"

"49 岁。"

"我们能称之为中年吗？"

"当然。"

"40 多岁的人，即便他身强力壮，也能感觉到年龄带来的变化：发量减少、皱纹增多、皮肤松弛。一旦他生病，就需要很久才能恢复过来。在运动时，他也不再能像从前那样，精力充沛。您平时做运动吗？"

"现在会的。"

"您的记忆力往往也会下降。您也不再像往日那样能量满满，而且很容易感到疲乏。如果用电脑断层扫描仪查看身体内部，您会发现各个器官都不再处于最佳状态。肝脏可能会堆积脂肪，血管内的血液不再能顺畅流动。我们总是习惯忽视这些问题，想着毕竟长皱纹又不疼。这确实是，但皱纹却可以表明你的内在衰老程度。"

皱纹？我从没注意过这个问题。能量？我喜欢跑步。每天会跑一到两个小时。至于效果怎么样，当我们在买鱼时忘记了莱奥尼时，索菲亚让我顿悟：

"快一点。"当我转身寻找莱奥尼时，索菲亚叫道。"我们必须快点。"莱奥尼一定是在城里的某个地方，也许它跑去了奶酪店，它总能在这里得到一块古乌达干酪，或者在那家意大利餐馆，它不戴口罩，喜欢走进去讨要一片火腿，但最后的希望在鱼车那里，它在那儿总是一无所获，但从未放弃希望。

"爸爸，你在干什么？"我跑步时，索菲亚问道。

"我在呼呼喘气"，我气喘吁吁地回答她，"因为太累了"。

"啊。"索菲亚又学到了新的词汇。

莱奥尼果然坐在鱼车旁。回去的路上，我感到轻松了不少，但仍大声喘着气。

"爸爸。"

"嗯？"

"累是什么意思？"

"嗯……就是当你做了些极为困难的事情时的感受。比方说，爬上一座陡峭的小山坡。或是妈妈提着装有狗粮的袋子。"

"诶……爸爸?"

"嗯。"

"我不会大声喘气。"

"是的,索菲亚,你不会,只有爸爸会。"

"妈妈说我是世界上最强壮的女孩子。"

是的,弗兰齐斯卡是最棒的妈妈。

"家里还有谁?"辛克莱问。

"苏珊,63 岁。"

"在六七十岁这一年龄段,是否注重养生差别很大。许多人会关节疼痛,行动受限。能量逐渐耗尽。这时许多人便开始意识到,自己已经时日无多了。50 多岁时,他们还觉得自己能够长久地活下去。事实清晰可见。他们离生命的尽头越来越近。这是一个艰难的时期,很多人开始为自己的健康做点什么。"

当他这么说的时候,我很惊讶。苏珊也曾这样跟我说过。60岁时,她觉得自己一下子就老了许多。还有我的一个同事,一位单亲妈妈,她是整个报社里最酷的,她的背仿佛是钢铁制成的,她还会骑马,她的 60 岁生日聚会简直就是一场盛典,在庭院内,我们沉浸在啤酒和音乐之中,直到天亮。一次,我们坐在湖边闲聊,我向她提起这件事,她说她同意苏珊和辛克莱的观点。

赫尔加倒是没有在 60 岁生日之后感觉到什么变化。她甚至还有些欣喜,因为自此开始她可以使用老年优惠卡乘车了。但她也有其他的烦恼,她在 20 岁时结婚,50 岁生日后开始长皱纹,当她有了这种她所谓的"改变"时，一波波病痛接踵而至，风湿病，诸如此类。赫尔加说，70岁之前的时光是最好的。

"每次剪头发时，我才能想到我的年龄，才会意识到：我的头发都花白了。"她说。"我一直以为自己的头发在70岁之前不会变白。然后我心想：现在来看看头发是什么颜色。没想到完全变白了。"

苏珊："用狗的剪刀。在阳台上。"

赫尔加："以前，我也曾想去理发店把头发染成浅色的，但理发师跟我说这行不通。但我对此很坚持。从理发店出来后，我以为自己会拥有浅色的、漂亮的头发。我的口袋里还有一顶假发，样式是我从前的发型，以备不时之需。"

苏珊："深棕色，就像我现在一样。"

赫尔加："他们修剪了头发，染成了浅色：头发的颜色像是灰烬。"

苏珊："就像钢丝球一样。"

苏珊："也像稻草。"

赫尔加："最糟糕的是——他们对自己的工作充满热情。他们总是打电话过来，问我是否满意。我简直像是被暗算了，我说，'托您的福，我现在戴着假发'。"

笑声。

威利："哦，我那个时候才知道夫人戴假发。"

苏珊："你居然不知道。"

赫尔加："我们都摆脱了那堆稻草，那个发色灰白的金发女郎。"

苏珊："在理发之后，她甚至想把头皮从头上扯下来，太丑了。然后我们把头发剃光了。就像可怜的癌症患者一样。"

赫尔加："人们看到我时都很伤心。我没有想到这一点。"

苏珊："好吧，等一下。90％的时间你都戴着假发。"

赫尔加："原本的头发藏在下面，全都花白了。威利对此一无所知。"

苏珊："这个游戏太有趣了。妈妈从来没有像当时那样笑过，她坐在房间里给每个人打电话，有一天她把这件事告诉了爸爸，之后她就不再在房间里狂打电话了。"

赫尔加："他悄悄地爬了下来。"

苏珊："我从二楼打电话下来，因为我知道她一个人的时候总是会摘下假发。他差点就逮住了她。"

赫尔加："我迅速戴上假发，他没有怀疑。随后，我们出发去露营地。我在8月初剪了头发，我们在8月中旬到了那里。而且我总是戴假发。然后我想，这太烦了，太热了。我对自己说：坚持下去。威利坐在夕阳下的沙滩上，凝视着大海，我在他旁边坐下：'威利，我现在要和你谈一件严肃的事情。'我开始说。我想，你可能以为我现在想离婚。"

威利："很明显，要发生坏事了。"

赫尔加："然后我把假发拉下来，他惊讶地看着我。我说我现在70岁了，每个人都认为我年轻。我不想那样做。我想看起来老一些。威利一时不知道说什么。过了一会儿，他说，'如果你在街上遇到我，我就认不出你了'。这证明了他从来没有真正看过我。"

笑声。

苏珊："好吧，如果这对你来说是衰老中最深刻的事情……"

赫尔加："嗯，不是那样的。80岁生日是最痛苦的。80岁的时候，我突然觉得自己不像女人了。镜子里的样子影响了我，因为我在很长很长一段时间里都是展现自己最好的一面。以前，老的都是别人。"

苏珊："但是当你跳舞的时候，你比那些年轻人更活力四射。"

赫尔加："这都是表面上的。实际上，已经没用啦。"

苏珊："原来是这样。终于明白了。"

赫尔加："我的睫毛越来越稀少了。现在我不想再涂睫毛膏了。"

是的，80岁和健康。赫尔加没有谈论它。糖尿病、胆固醇、心脏，具体细节只有她的家庭医生和苏珊知道；苏珊很担心。如果赫尔加抽血，就会监控这些数值。我不时听到苏珊责骂，因为她又看到赫尔加在吃蛋糕、喝酒或是她心爱的山羊酸奶。

这有点像我谈到赫尔加时辛克莱告诉我的。

"她很幸运"，他说。"一半的人在年老时死去。幸存者与三到五种疾病、糖尿病和高血压作斗争。在分子水平上，细胞失去了它们的身份，它们不再有机会正常运作。如果你遇到挑战，大量的糖，超重，情况很快就会变得糟糕。"

赫尔加正处于关键的十年。这关乎她想要维持的美好生活，变老这件事让她伤心不已。这关乎生存，胜利的概率只有一半，比俄罗斯转盘还要危险。在这十年中，也要为 90 岁做准备。我和辛克莱最后谈到了 90 岁，也是威利正在经历的阶段，生命的寒冬。

"我祖母活到 93 岁"，辛克莱说。"90 多岁的人有很大的不同。我认识一个打网球的 95 岁的老人。但一般的 90 岁老人有五种以上的疾病。他没有精力，腿脚不便利，很痛苦，感觉精神很差。他准备好死了。而健康的 90 岁老人想要活下去。仅仅因为有痛苦和苦难，人们就会说，'我受够了'。"

90 岁值得再做点什么吗？还是要在生命更早时间开始？

"嗯"，辛克莱说："如果你五年前问我这个问题，我会说你必须早点开始。我们当时拥有的技术能够减缓衰老，但不能逆转它。但现在我们发现，你真的可以逆转表观遗传时钟。这改变了一切。"

• • •

威利不感兴趣。

但苏珊和赫尔加……

"我不会给你们订购的。"我说，手里拿着药。"你们得和你们的医生说。"

　　如果我有心脏病，如果我有糖尿病、脑瘫，等等——我不会在没和我的医生讨论的情况下服用任何东西。如果我患有癌症，就更不会了。当然，研究表明，NMN 似乎可以预防癌症，抑制某种类型的癌症。但有人怀疑它可能也会助长癌症，即已经在体内生长的癌症。换句话说：它可以保护健康的人免受癌症的侵害，但生病的人不应该服用它，因为它也为癌细胞提供能量。因此，医生建议老年人在服用前进行癌症检查。并通过禁食或服用槲皮素、达沙替尼或非瑟汀等药物来减少衰老细胞的数量，这些细胞也会发展为癌症。

　　这就是为什么研究以及临床试验的结果如此重要。即便我没有表达出来，但我认为赫尔加和苏珊订购小檗碱，即二甲双胍的替代品，是一个明智之举。经过研究证实，小檗碱中期不会对身体造成任何损害。

20

夏　天

"……以及那个被感知到的事实"

夏天过去了。我们住在花园里。中午时分，我坐在房子后面的一张圆木桌旁，身后是赫尔加从那不勒斯带来的经历过风吹雨打的雕像，雕像注视着我，我注视着一家人，一切都朝着它该有的样子进行着。逝去的日子，未来的记忆，琐碎而重要，就如同一首首小诗、一分钟小说一样，出现在我面前。

赫尔加。身穿白金色的衣服。

在长餐桌旁摆了两个长凳。

桌布、野玫瑰、高脚杯、大肚玻璃瓶中放着晶莹剔透的玻璃棒。

铃响了，莱奥尼竖起耳朵。一个接一个头发花白的女士走下楼梯。共有十一位。

玻璃杯中的啤酒嘶嘶地冒着泡。

啊，彼得，穿着背带裤，花白的长发——一位舞蹈大师。

穿过玫瑰拱门走到草地。威利坐在那儿，谈论着："精灵之舞和土壤压实。"

音响中播放着希腊歌曲。吉他、七弦琴、架鼓、小提琴、铃铛、扬琴。

大家围成一圈。索菲亚在中间。撩起连衣裙。其他女士们也是如此。

休息。啤酒、扁豆、杧果、辣椒和羊乳酪。

继续转。

直到太阳下山。

索菲亚该睡觉了。

人们眼中也都透露着疲惫。

威利，闭着眼睛。

女儿站在父亲身旁，弯着腰。

剃须刀嗡嗡作响。

"我很满意。"

"是的，完全能与理发店的手艺相媲美了。"脖子处皮肤松弛。

再在脸部涂上薰衣草精油。

与岁月的味道对抗。

你独自一人，在花园中，弹奏竖琴。

啊，弗兰齐斯卡，魔法师。

用音乐凝聚人心。

病毒夺走了什么？

今年的夏季派对。

没有吉他，没有胡安，棕色的皮肤，湿润的眼睛，丝绒般的玻利维亚歌曲。

没有来自纳什维尔的JJ，巴伐利亚白蓝相间的西装，典型的美国南部的口音。

没有麦克斯，瑞士人，施威格尔，萨克斯管演奏家。

没有彼得，大提琴家，拥有一颗强大的心。

没有维尼，喜爱爵士乐和古典乐，一个慈爱的爸爸，没有玛丽亚教孩子们音乐，没有喜欢大笑的胡布西，爱乐乐团的独奏长号手，没有喜欢沉思的马克西，一半阿莫高，一半手风琴，也没有弗里德里克和路易丝，生命的音乐家。

没有朋友，没有激情。

没有手电筒的光和影子下的舞蹈。

只有竖琴和你。清晰的木头纹理，白色、蓝色、红色的琴弦。

金色皇冠和踏板。

楼梯上，孩子们。

他们喜欢来这里。

莱尼、路易斯、保罗、莉亚、汉娜、海伦娜、朱娜。

在你身边嬉闹、跑跳。

威利也在等着。

有人能将这些向日葵带出他的视线吗？

很快又淋湿了。威利正在等待电影开始。

索菲亚带来了水管。在赫尔加周围跳舞。

注意！发射！

赫尔加还心想着月亮，快要升起。

索菲亚成了落汤鸡。

赫尔加！！！

怎么了？她转身。拉动水管。索菲亚滑倒了。扑通一声。大喊大叫。

"你怎么了？"赫尔加问。

"妈妈！"索菲亚大喊道。

"我无法再做任何事了！"传来了这样的回应。

一天天就这样过去了，转眼就到了夏末。

太阳，沙盘，蹦床。

林间小路上，赫尔加抱着索菲亚。闭上眼睛，摸树皮来识别树木，光滑的是鹅耳枥，粗糙的是云杉。

带有滑梯的戏水池。索菲亚在吵闹，威利在打瞌睡。

索菲亚最好的朋友、这位奇怪的父亲来看看索菲亚，在一次环视之后说："它存在。再也没有这样的事情了。"他试着和威利聊天，语速有点快。回答的停顿太短了。如果要和威利说话，必须忍受沉默，让自己慢下来。

苏珊、赫尔加和弗兰齐斯卡穿着同款黑色泳衣。"我的在哪里？"

钥匙总是不见！

索菲亚在苏珊屋子里吃沙拉。不在我们身边。

围绕花的谈话。关于减肥的谈话。母亲们的闲聊。

日子过得飞快。在索菲亚上幼儿园之前，我们又进行了一次自驾旅行，为期四个星期的露营，依旧在鲜花广场，只有我们的小家庭。

"家里太安静了。"当我们回来时，每个人都说。听起来，这样平静的生活过一段时间还好，但长期来看很是悲伤。

"快，给我们看看照片，讲讲。"威利想知道一切，通过他的眼睛、耳朵和感觉回到十年前。

"你们不先把东西搬上楼吗？"赫尔加看着门口的行李箱问道。

"什么？"威利打断道。"他们应该先讲讲趣事。明天我会打电话叫人把这些东西搬走。"

我们已经有四个星期没有见面了。威利看起来很虚弱。他的手颤抖得更厉害了。在餐桌上，他闭上了眼睛。苏珊解释说，威利这些日子太孤独了。她在朋友的农场帮忙。赫尔加在因疫情而多出来的空闲时间更喜欢待在湖边。而我们在遥远的意大利。"很高兴，你们回来了。"他一直在等我们。

除了孤独，没有什么能让威利感到恐惧。

• • •

"来，洛伦兹。看这个。"

苏珊笑着带我走进了赫尔加的小王国，这间前厅里摆放着钢琴和 CD 播放器。索菲亚总是在这儿单曲循环自己喜欢听的儿童歌曲《调皮的小鳄鱼》（*Schni Schna Schnappi*）、《那里有牛，那里有驴》（*Da Ochs und da Esel*）或《亚维农之桥》（*Sur le pont d'Avignon*）。然后是亚洲风格的客厅，狗不能进来，熏香，钵和有氧摇摆机，我认为这是一个极好的装置，可以缓解我的焦虑和背部疼痛——仰卧，把脚放在设备上，它会播放古代日本的教义并随之开始轻轻摇晃。厂家所承诺的功效是否属实——我不怀疑。但在设备停止后的几秒钟内，我感觉自己在飞，就像失重一样，至少与宇航员英萨描述的一样："就像你入睡时那一秒的感觉。"

我喜欢来这个房间做客，这半小时的舒缓摇动让人昏昏欲睡，如果我一个人住在房子里，我干脆就直接躺在那里。就这样，索菲亚跳到我身上，或者莱奥尼踏入禁地，舔了舔我的鼻子，担心我是否还活着。

我还从未继续往前走过，棕色窗帘后面的第三个房间里放着赫尔加的床和三个装满粉末和香精的架子，相当于"食物"，只是这里不是商品琳琅满目的超市，而是一家连锁药店。"我必须好好整理一下，丢掉一些。"赫尔加说。

药物，不再被这个世界需要。几周后，它们被三种新事物取代：紫铆因、NMN、白藜芦醇。

它们的效果怎么样？

"嗯，我没什么感觉。"赫尔加说。

"我有"，苏珊说。"现在，我可以慢跑三公里，这是三年来的第一次。我感冒两次，都是三天后就好了。而且关节也不痛了。"

"这些药我也没有一直吃"，赫尔加承认道。"有时我会吃，有时会忘记。我现在的生活并不健康。"

"为什么？"我问。

"哦，蛋糕，甜食。因为我一直在服用黄连素，所以我可以吃更多……"

"你的各项指标不算太差，但你摄入的糖分也太多了。"苏珊解释说。

"如果我饿了，我会给自己切三片水果面包。今天我在书中读到，黄油没有那么不健康。然后，我就会在面包上涂上黄油。"

"妈妈过分了。"

"我只是不喜欢做菜。我每天都想着，我必须多吃些蔬菜，食品储藏室都快被我堆满了。而且一直都是这样。我宁愿吃剩菜，因为我不舍得扔掉它们。曾经，我还能够控制自己。但现在老了，就没有节制了。"

"你这也太没有节制了，每天至少三杯山羊酸奶……"

"我再也不买东西了。"

"……那再好不过了。你的身体没有任何感觉，那是因为疫情你没有机会跳舞，否则你就能检验一下了。"

"还有体操：我每周会去跳四次体操。"

"所以你需要索菲亚。"

"和索菲亚住在一个房子里是什么感觉？"我问。

"每一天都过得很充实。"苏珊回答："因为总会有事情发生，但我并不会像你们那么辛苦，我能够处理好。当然，人们一开始就要清楚，边界感是最重要的。住在这里有点局促，这也是我需要面对的难题。但是，能够再次看着一个孩子长大真是太幸福了。我总是能回忆起自己的孩子，经常想起弗兰齐斯卡。一切好像又重新开始，我认为这非常非常常好。你呢，妈妈？"

"索菲亚也让我想起了你小时候。总的来说，她让我们的生活变得充实而积极。但狭窄的空间也同样困扰着我。本来我拥有自己的工作室。除去这一点，都是积极的。要是没有你们，这屋子里就只剩孤苦伶仃的老人了。小孩子每天都活蹦乱跳的。威利的身体每况愈下，当他感觉不舒服、心情很差的时候，我能感觉到，即使他什么都不说，我也能感觉到。尽管这座房子对于这么多人来说有点小，但它仍然是家，我们仍然是家人。我只是告诉你：我们每个人都会怀念这段难忘而美好的日子。"

· · ·

我认识那个信封：闪着银色，加厚，上面贴着"优先派送"的标签——它从我们街对面的邻居丽莎和马库斯家的邮箱里露出头来，他们的两个孩子和索菲亚一样大，夏天我们一起烧烤，冬天，我们提着灯笼在房子周围转悠，一起等待圣诞老人。弗兰齐斯卡和苏珊告诉他们我的研究，还向他们提到了 NMN。马库斯笑着从信箱里拿出信封，给了丽莎的父母，不过这两个快 40 岁的人也想尝试一下，所以他们直接买了 100 克。

索菲亚一位朋友的母亲施特菲立即为她的母亲和她自己订购了整个疗程的药物，黄连素、白藜芦醇和 NMN，此后，阿姨和同事以及另一位同事都订购了一些，我的骨科医生也激动地记下了购买方式。她告诉我，DAX 董事，47 岁，在读过我的文章之后，购买了这些药物，包括二甲双胍，最近找她看病的频率明显降低。在她说这些的时候，我坐在她面前，脚趾骨折，是几个月来发生的第二次。我们的浴室真的太窄了，为了索菲亚可以刷牙，我们在水槽前放了一个板凳，距离浴缸的空间变得更小了，以致我的小脚趾卡在了里面。那位董事告诉她，他的视力恢复了许多。医生问我是早上吃药还是晚上吃药。

不知道是不是这些药物的缘故，至少第二次骨折愈合了，同一个脚趾，同一个部位，而且比上次要快许多，第一次我得挂一个星期的拐杖，第二次我两天后就把拐杖收起来了。

马库斯也是这么和我说的，在收到信封的几周后，他的肩膀就脱臼了，还做了手术。他说，他伤口的愈合速度让理疗师感到震惊，在他这个年纪"绝对不正常"。丽莎反馈说，她的父亲感觉也很好，晚上开车回家时，不需要戴眼镜也能看清路了。

弗兰齐斯卡也开始服用这些药物，我们的另一位邻居弗洛里安也来询问这件事。关于这些药物的消息传播开来，这并不是我想要的结果。维尔纳是一位女商人，住着这个地区最豪华的房子，她对此也很感兴趣，并建议我利用它做生意。事实上，美国人可能已经考虑在这片区域内建立一个分支机构，开展自己在全德国的业务。但我对进出口业务并不感兴趣，这次尝试对我来说只是一个自我实验。当然，我已经阅读过相关研究，与研究人员和医生讨论过，这些药物是安全的，不会对身体和生命造成任何危险，但我永远不会给别人推荐它们。就像辛克莱，当他的父亲和兄弟向他询问时，他才把药物给了他们。人类在临床试验第三阶段之前服用的任何药物都没有得到科学证明。每个人都需要知道这一点，并与他们的医生交谈后自己做出决定。50多岁的史蒂夫·霍瓦斯什么都不吃，但他说，如果我80岁……他告诉我一个老人来找他要雷帕霉素的故事。霍瓦斯说，我只能拒绝，因为长期服用会损害肾脏，导致糖尿病。"我80多岁了"，他说。"我还有什么可以失去的？"我想，一个狂热追捧NMN的村庄，将是一部很棒的喜剧，但或许更是一部悲喜剧。布鲁多恩肯定会把它拍成电影的。

　　说到衰老……

21

奇　迹

"……史蒂夫，塞巴斯蒂亚诺和山中伸弥（辛克莱）"

他们又一次拒绝了他的论文。

他能够解密生命之钟？"这只不过是无法实现的美好幻想。"期刊编辑说道。

"吉尔伽美什宣言"已经过去了将近 25 年。史蒂夫·霍瓦斯在大学中学习统计学和数学，同时他钻研遗传学并写了一篇论文，试图突破现有的衰老领域的研究——他们拒绝了？是的，难道他们没收到……？

他们看到了。但是他们认为，他的发现太过离谱，他们对此并不信任。

他的论文没能在知名的专业期刊上发表，研究也无人问津。霍瓦斯的研究或许是异乎寻常的，但却也是无关紧要的。

于是他回到实验室，收集了更多的数据，并试图进一步证明自己的研究。2012 年圣诞节之前，他开始重新撰写研究论文。

2013 年应该是他难以忘怀的一年。

因为这是他最不幸的一年。

他的妻子怀孕了。他们迎来了第一个孩子，多么幸福啊！可她的羊膜囊过早破裂，比预产期早了三个月，妈妈和孩子都会有生命危险。胎膜可以保护孩子免受外界和病原体的侵害。霍瓦斯的妻子不得不立即去医院，她躺在床上，由护士和医生监护，她的丈夫在旁边陪着她：

"我 24 小时都陪在她身边。就这样过了 30 天。这些时日，她只待在医院，我们希望保住孩子，以免感染。但是孩子太小了，几乎没有活下来的可能。我们数着日子。24 小时，每一天都很重要。我的妻子在床上看电视，我拿着笔记本电脑坐在她旁边的一张小桌子旁：砰、砰、砰地敲着键盘。"

史蒂夫埋头于论文之中，用工作逃避现实的压力，他像一台昼夜不停的机器一样工作，仿佛几个小时后就是截止日期，他尽力不再让恐惧感占据大脑，藏身于自己可以掌控的世界之中。但随后，在第三周之后，就在他们重新燃起希望时……

"凌晨 3 点左右，她发热了，凌晨 3 点，那时没有人在，我女儿得了肺炎，这正是我们害怕的。"

最后医生赶过来。女儿的心似乎要破裂了。必须尽快做手术。小婴儿呼吸急促。

"她在我怀里停止了呼吸。"

在这之后的十天里，史蒂夫六神无主，脑子中一片空白。他拒绝去看心理医生，也不想找牧师倾诉。他又一次埋头工作，与衰老进行斗争。

他把在女儿还活着的时候写的文章提交给了另一个期刊。当他再次遭到拒绝时,他愤怒了。他走到冰箱前,喝下三杯啤酒,然后以一种不合时宜的方式,气愤又迅速地给编辑写了一封信。

文章发表了。

霍瓦斯,这位名不见经传的数学家,从门外汉变为大明星。

他的方法能够测出我们的真实年龄,使得先前并不存在的几项研究成为可能。其中两项能够拥有改变一切的力量。此外,辛克莱也认为,"五年前,我们所能做的只是延缓衰老,而现在我们可以逆转它"。

2019 年 7 月 12 日,纽约,格雷格·费伊(Greg Fahy)走上会议舞台,这位戴着眼镜、留着胡须、敞着衬衫的男士,和伍迪·艾伦电影中的科学家简直如出一辙。他是一位医生、低温生物学家,主要研究寒冷和冰冻对人类和动物所造成的影响。他站在台上,首先为能够被邀请参加这个集聚杰出衰老研究人员的会议表示感谢,随后谦虚地说:"我对衰老研究也很感兴趣,我们应该对此深入探讨。"他的演讲持续了 28 分 59 秒,提到了大量的专业术语、各种数字、数据、图表,以及一个无人预料到的结论:人类历史上首次有人能够返老还童。

会议厅内一片沸腾。"令人印象深刻",剑桥著名研究员、剑桥大学的奥布里·德·格雷(Aubrey de Gray)随后说道。"这将会产生深远的影响",《自然》杂志援引癌症免疫学家山姆·帕尔姆（Sam Palmer）。世界各地的教授和媒体纷纷评说，辛克莱、霍瓦斯、新闻周刊、福布斯，在德国，我的同行乌尔里希·班森（Ulrich Bahnsen）是第一个报道它的人，内容相当客观。他写道："如果他的演讲内容得到证实，一场革命可能会因此开启，这将彻底改变我们的社会。最终，人类可能会超越生命的永恒法则：衰老以及转瞬即逝的生命。"

费伊分享了他的公司和三所大学正在进行的一期临床试验：斯坦福大学、不列颠哥伦比亚大学和史蒂夫·霍瓦斯的加州大学。医务人员给九名年龄在 50 岁到 65 岁的男性进行了三种药物的混合治疗，以恢复他们的胸腺（Thymus）功能，在古希腊语中"thymos"意指"生命力"。

胸腺是一种重要的免疫器官，位于胸骨下方。它将从骨髓迁移到血液中的干细胞转化为 T 细胞。这些细胞学会区分人体内原有组织和外来组织。它们被释放到血液中，从而进入淋巴结，并在此处等待发挥作用。如果它们发现入侵者——细菌、病毒、寄生虫、癌细胞——就会繁殖并攻击。T 细胞保护着我们的生命。此后，这一腺体开始逐渐退化，经过几十年的运作，它停止了工作。其实，这种情况早在青少年时期就开始了，脂肪组织渐渐取代工作中的组织。到了 50 岁时，也就是我这样的年纪，腺体的脂肪会逐渐增加。它不再产生新的 T 细胞，而剩余的 T 细胞则变得越来越弱。到了 80 岁，这些 T 细胞已经失去了 98% 的识别能力和对抗细菌、病毒或癌细胞的能力。这就是巴茨莱的意思，他告诉我，为了保护老年人免受疫情影响，除接种疫苗外，在一定程度上加强他们的免疫系统也是当务之急。

费伊想知道，我们能否使用药物来恢复胸腺——这一生命腺体？赶出脂肪？让它重新开始工作，生产新的 T 细胞？他给九名测试者服用了三种已通过试验的药物：生长激素 HGH，由于这种物质会提高血糖水平，引发糖尿病，因此测试者还需服用抗糖尿病药物 DHEA 激素，一种类固醇激素，以及二甲双胍。

鸡尾酒混合疗法实现了费伊一直以来期望的事情。治疗之初，男性的腺体呈白色，且含有较多脂肪。九个月后，腺体颜色变深，周围的脂肪组织明显变小。它们产生了 T 细胞，虽然不是孩子般状态的细胞，但仍然新鲜、充满活力、健康。费伊如愿以偿，完成了研究任务，鸡尾酒混合疗法是安全的，副作用可控且无害，尤其是在剂量适当时。而且治疗效果也很好——至少在这个测试小组中是这样。

下一阶段紧随其后，2 期临床试验，受试者人数增加，其中也包括女性；对照组服用安慰剂，但胸腺治疗绝不可长期进行。生长激素备受争议，长期使用可能会损伤身体，滋生癌症。费伊的公司旨在开发一种阶段疗法，以刺激胸腺再生，进而产生更多新鲜的 T 细胞，保卫身体。五年或十年后，当 T 细胞被耗尽时，再次进行治疗。

一直以来，费伊都热衷于探索胸腺，他从 20 世纪 80 年代的研究中得知，植入年轻胸腺的动物寿命更长。所以他请霍瓦斯用他的时钟观察他们的试验。他们观察到，再生胸腺是如何改变人体内部化学物质的，PD1（一种免疫抑制分子）的水平是如何降低的，以及淋巴细胞和单核细胞的比值（LMR）是多少，简而言之，他们观察到，男性的免疫系统恢复活力的过程及其对健康的影响程度。拿 LMR 来说：如果这一数值高于 5，免疫系统就能保护我们免受心脏疾病的影响。治疗前，所有患者的这一数值都低于 5，而在治疗后则高于 5。

免疫系统、前列腺、肾脏都恢复了曾经的健康状态，头发也没那么白了。

要是赫尔加知道就好了！

霍瓦斯探究这种疗法能够对男性生命时钟产生何种影响。治疗开始时他们的年龄是几岁，之后又是几岁？结果令人震惊，以至于他们在公开之前反复进行检查。经过 12 个月的治疗，接受治疗的男性实际年龄增长了 1 岁。但其生理年龄却小了 18 个月。他们年轻了 2.5 岁。如果治疗从 50 岁生日开始，那么在 51 岁生日结束之时——你的生理年龄就会是 48.5 岁。

人们可能会说，两年、三年意味着什么。

"请您设想一下"，费伊说，"您现在 60 岁。按理来讲，十年后您 70 岁。但是如果我们每年都将您的年龄逆转 1.5 岁，十年后，您就是 45 岁。生理年龄上您就能年轻 25 岁"。

对此，费伊自己也说，这仍是个幻想。

我们只讲了 1 期临床试验，参与测试的只有 9 人，且没有女性，没有对照组。受试者所接受的治疗时间都没有超过 12 个月。但一些数值表明，治疗的效果可能比预想的更好，甚至更难以想象。前 9 个月，患者每天可以年轻生命时钟的 1.6 天，在试验的最后三个月可以年轻 6.5 天。逻辑上讲，如果你想年轻 25 岁，十年内就可以做到。

　　2 期临床试验于 2020 年 1 月开始。预计结果将于 2021 年秋季公布。

　　霍瓦斯忙得不可开交，因为他正在与大卫·辛克莱合作试图取得另一项突破。

· · ·

　　"您看到大卫在《自然》上发表的文章了吗？"尼尔·巴茨莱在视频通话中激动地问道。"您知道，我是说，我们可以延缓衰老，对吧？研究可以证实：我们能够逆转衰老。"

　　发生了什么？

　　辛克莱团队将他们多年来希望的，甚至连科幻小说都对其嗤之以鼻的想法变成了现实：将生物体内的细胞重新编程，使得老化的细胞恢复活力。双目失明的小鼠可以重见光明。

　　斯坦福大学神经学教授安德鲁·休伯曼（Andrew Huberman）在一篇评论中写道，医学的新纪元已经开启了。"十年来，人们一直在寻求能够修复大脑损伤、减缓衰老的新方法。这一时代已经来临了。"

　　这个具有划时代意义的故事始于 2008 年的日本。彼时，医学家山中伸弥正试图解决一个道德上的难题。他的工作是研究干细胞。

干细胞是生命的基石，是人体中一百万亿个细胞的起源。人体的第一个干细胞便是受精卵，即人体起源之处。干细胞可以进一步分裂，分化出特化细胞，从而形成各种特定组织的组成细胞，如血液、骨骼、神经或肌肉组织。多能干细胞能够分化出多种细胞组织。九个月内，人体从这些分化出的子细胞中逐渐生长，心脏、肝脏、肾脏、大脑也开始生长。

干细胞是一类具有自我复制能力，能够替代或修复受损细胞的多潜能细胞。干细胞可以让人体进行自我修复，重新恢复活力。

人体内有多种干细胞，我们可根据自身所处的发育阶段来区分它们，起始阶段是受精卵，最终阶段是成人。

首先是胚胎干细胞，它是所有细胞的母细胞。卵细胞分裂产生胚胎，继续分裂产生二细胞、四细胞、八细胞胚胎。胚胎干细胞只存在几天，大约五天后达到囊泡阶段，此时胚胎与子宫内膜接触。

它们是医学、癌症患者、残疾人的希望，是无数人的希望。但依然存在医学困境：它们分裂得如此顺利，癌症风险会因此增高。道德困境：人类为了能够利用它们，必须进行人工繁殖，然后将胚胎——视情况而定——杀死或摧毁。在人体中进行测试是不被允许的。这就引发了一个问题：生命何时开始。反对者说，生命始于受精，这也是德国禁止生产干细胞的原因。支持者说，只有在五天之后，胚胎才算拥有生命，即称为人类；因此，在英国，干细胞可以被生产。美国正在进行患者试验，使用无须破坏胚胎的技术获得胚胎干细胞。它们能够改善黄斑病变患者的视力。

胎儿干细胞在受精后一周形成，与其相关的研究争议较小，它们无须人工繁殖，一般在流产或堕胎后会被捐赠。这种干细胞可用于治疗帕金森病，但因其具有副作用，所以很少被使用。

更常用的是新生儿干细胞。新生儿干细胞是指新生儿脐带血中的干细胞，对结缔组织的构成起着重要作用。

几十年来，利用成体干细胞进行治疗已经很普遍。这一干细胞不能再转化为其他任何细胞，也无法形成组织，但它们可以替代衰亡细胞。它们是癌症患者的救星，自身或捐赠的干细胞都可使用。

研究表明，70多岁的人中有七分之一需要进行干细胞治疗。这使得胚胎干细胞研究大获支持。但道德问题依旧存在：一方面是帮助病人痊愈的责任；另一方面是保护新生命的责任。

遗传学家山中伸弥也想知道，如果他能获得并非来自胚胎，但同样能够发展出生命力、孕育出200种细胞类型的干细胞，会发生什么？

2006年，他发现了一种将成熟细胞、皮肤细胞再次转换为全能细胞的方法：多功能干细胞。他可借助一种无害病毒，将四种基因引入细胞。细胞被重置，青春之泉重新涌动。2012年，山中伸弥因此获得了诺贝尔生理学或医学奖。

辛克莱也明白了这一突破对衰老研究的影响有多大。

这是年轻一代的希望，是索菲亚的希望，但这对于老年人而言，也是一次重要的机遇。

试想这样一个场景：30岁时，你可以接受三次注射，就像接种流感疫苗一样，辛克莱也将它看作抗衰老疫苗，不再像埃尔利希的研究一样基于化学，而是基于基因工程。通过注射，医生借助无害的病毒将基因，即山中因子，输入你的体内。这些基因原本处于关闭状态，它们不会产生任何变化。然而，休眠着的基因可以通过分子开启，就像 NMN 开启长寿基因一样。辛克莱说，其中一种分子可能是耐受性良好的抗生素多西环素（Doxycyclin）。当你 40 多岁时，我们开始衰老，肌肉逐渐萎缩，呼吸越发困难，头发日渐花白，医生为我们开了一个疗程的多西环素：基因重新启动，身体恢复活力，器官功能恢复，视力和听力都提高了，皱纹也消失了。"你会渐渐感觉自己又回到了 35 岁、30 岁、25 岁。"

最终——关键的是——停下来。多西环素会停止分泌，山中因子会休眠。辛克莱："你在生理上会年轻数十岁，但仍保有全部的知识与记忆。"

这句话使我产生了两种感受。我希望拥有这样的东西，但同时它又令我害怕。我越发明白，哪些是真正可能发生的。我再次意识到为这些可能性设定限制是多么重要。对此我还要再考虑一下。但我还是想先了解那些积极之处。

2014 年，辛克莱开始利用山中因子进行试验。他并非唯一一个这样做的人。2016 年，西班牙研究人员曼纽尔·塞拉诺（Manuel Serrano）以及圣地亚哥研究人员胡安·卡洛斯·伊兹皮苏亚·贝尔蒙特（Juan Carlos Izpisua Belmonte）利用山中因子改造了小鼠，使其包含山中因子的四个基因，并每周都会为小鼠注射两次多西环素，以此来启动山中因子。接受治疗的小鼠寿命能够延长 40%。

但是这个过程中暗藏着危险：山中因子会诱发恶性肿瘤。如果小鼠被注射了过量的多西环素，山中因子启动的时间过长，小鼠就会死亡。

如何消除这种致癌的风险？2016 年，博士研究生吕垣澄（Yuancheng Lu）加入辛克莱的实验室，几个月的挫折让他心力交瘁。他决定做最后的尝试，并希望得到辛克莱的祝福：只需删除其中一个基因，即 c-Myc 基因。辛克莱并没有抱太大期望，只是点了点头。这一次只有三个山中因子，使用多西环素将其开启，观察会发生什么。令人出乎意料的是，小鼠依旧健康，即使几个月后也没有出现溃疡。

他们越来越激动。而由于吕垣澄不想等到他的试验老鼠到了退休年龄再观察它们的寿命是否能延长，他建议做出尝试：切断视觉神经并让其重新生长，而这只有在它的细胞处于年轻状态时才有可能发生。

辛克莱摇摇头。中枢系统的神经、脊髓神经或视觉神经不会再生。几十年来，医学所做的努力均以失败告终。但他也喜欢他的博士生那种近乎自大的勇气。他们不是想改变世界吗？那肯定是要冒险的。

几个月后，辛克莱收到了一条短信。短信中的图片让他惊讶到无法呼吸。画面上看起来像是小鼠泛着橙光的眼睛，长长的触须延伸至大脑，是神经细胞的延伸。两周前这里只有死亡细胞。

在蒙特勒，他将这些图片贴在墙上。他们利用中年小鼠重新进行了试验。为增加成功概率，第一次试验中选用的小鼠还很年轻。试验成功了。这一次的试验对象是十二个多月大的老年小鼠，这些小鼠视力较差，需要佩戴眼镜。试验结束后，他们恢复了年轻时的视力，看清世界，头部可以跟随所展示的线条转动。之后，他们修复了青光眼造成的视力损伤。这种疾病可以通过治疗来减缓，而辛克莱的团队却完全恢复了小鼠的视力。无论神经有多老，他们都可以让它们恢复年轻，所以在 2019 年和 2020 年，他们继续疯狂地研究，并与测量小鼠和小鼠神经的生理年龄的史蒂芬·霍瓦斯合作，以证明小鼠确实重返青春了。在这项研究中，他们用实验室培养的人类神经细胞证实了他们的发现。辛克莱预测，比其他神经复杂程度更低的视神经将是这项技术之于人类第一次应用的对象。

成就在于与山中因子的微妙作用：细胞恢复活力，是的，但只是细微变化，并非变回了干细胞，而是变回到"没有身份"、可随意改变的细胞，这种细胞分裂频繁，以至于激活了成年哺乳动物体内的癌症。辛克莱的团队并没有将细胞变成干细胞，而是希望它保持其身份——它们仍是感光细胞，足够衰老而不退化，足够年轻以修复自身。

恢复活力的胰腺、大脑和心脏肌肉，战胜糖尿病、帕金森病和动脉硬化——一切都可以想象。

• • •

"我认为"，山中伸弥说，"医学生物学在 21 世纪的发展速度将比过去更快"。这是值得高兴的，但也应保持谨慎。因为："研究人员应该始终考虑科学研究中的伦理问题。"

基因工程中正在发生的事情是开创性的。斯坦福大学教授维托里奥·塞巴斯蒂亚诺（Vittorio Sebastiano）使用相同的技术使人类肌肉细胞恢复活力，并将小鼠的肌肉力量提高了40%。最大的突破当属基因剪刀，即CRISPR。2020年，埃马纽埃尔·卡彭蒂耶和詹妮弗·杜德纳（Jennifer Doudna）因此获得了诺贝尔化学奖。这一基因剪刀可以轻松添加和剪切、打开及关闭基因；这在此前也可能实现，但需要付出很大的努力。五年前我拜访卡彭蒂耶时，她办公室的门上贴着一个牌子："请不要进来，我正在努力突破。"她说，奖金当然很丰厚；但会妨碍工作。她谈到了她的梦想，谈到想要帮助有遗传缺陷的病人。而这个梦想已经实现。

首次临床研究引人注目。在雷根斯堡，医生治疗了一名患有遗传性疾病的20岁女孩，她身体中的血红蛋白过少。这就导致患者无法将足够的氧气带入细胞，从而破坏生长，导致肝脾肿大或抑郁症。

到目前为止，这名年轻女子每月接受一次或两次输血治疗。然而，这种治疗会给心脏和肝脏带来压力，还可能导致死亡。医生让病人接受化疗，并给她用CRISPR修饰的新造血干细胞。它们定居在骨髓腔中并形成血细胞和血红蛋白。

在治愈老年病方面也有很大希望。著名的麦克斯·德尔布吕克分子医学中心在其网站上写道："永葆青春的梦想与人类的历史一样古老。现在，像 CRISPR-Cas9 基因组编辑这样的技术使这一梦想成为可能，消除衰老，或者至少可以显著延长我们的寿命。"

宾夕法尼亚大学和斯坦福医学院的一个研究小组从癌症患者身上提取了免疫细胞，并对其进行了改造，使其对肿瘤细胞更有效。许多诊所的癌症医生都在等待这些结果。

同样在宾夕法尼亚州，心脏病专家奇拉·穆苏努鲁（Kiran Musunuru）正在研究如何关闭胆固醇基因。其目标是：治疗而不是终身服药，就像预防心脏病发作的疫苗。这种疗法已经在小鼠身上起作用了。

医学转折点迫在眉睫。

但这也存在缺点。2018 年，一位来自中国的研究人员震惊了世界。他通过扮演上帝或科学怪人改变了双胞胎女孩露露和娜娜胚胎中的基因构成。她们的父亲是艾滋病毒携带者，这一改变使得两个女孩对艾滋病毒免疫。这种治疗并不合法，且在伦理上也令人憎恶，还很拙劣，导致了女孩的基因受损，其后果还有待观察。

是的，我们正面临着巨大变革——社会正面临重大问题。每一次突破都会在旧突破得到回应之前创造出新突破。

医学基因工程有什么用途？只能治疗遗传病？

干预措施真的安全吗？有哪些长期影响呢？会出现意料之外的基因变异吗？

研究这些问题的人对基因工程的热情并不会消减。

我们可以半认真半玩笑地来看待这件事。用基因工程延长寿命？好吧，著名基因工程企业家利兹·帕里什（Liz Parrish）说，"这是一件好事"。但请不要与别有用心的人一起共事。

我们可以谨慎地看待这件事，就像德国伦理委员会一样——与许多其他国家相比——拒绝研究胚胎干细胞。虽然委员会也支持用山中的干细胞（也称为 iPS）进行研究，却无法忽视严肃的问题，因为它在理论上可以实现克隆。有人发言反对在未出生的生命中应用 CRISPR——因为我们对后果知之甚少。

我们可以以开放的心态科学地看待它，就像我与《南德意志杂志》的同事一同采访的克里斯汀·纽斯林-沃尔哈德。在2001—2007 年讨论胚胎干细胞研究时，她担任联邦议院伦理委员会成员。当时，她抱怨道，伦理委员会中没有足够多的生命科学家，只有律师、哲学家和主教，但这些人根本无法认清现实和乌托邦的区别。

当被问及对克隆和繁殖人类的恐惧是否合理时，她回答说："这是明显的乌托邦。现代方法 CRISPR/Cas9 使得这些讨论再次爆发。这为我们的研究人员提供了巨大机遇。但现在人们会相信，人是可以随意改变的。你可以忘掉它了。"

在回首往事时，她一直摇头："我问过伦理委员会的一位主教：'如果您的母亲患有帕金森病，而美国正在开发一种基于胚胎干细胞的疗法。您会让她利用这种疗法进行治疗吗？'他回答说：'当然。我有义务帮忙。'人们可以反思一下：自身到底有多少道德？"

是的，我们有多少道德？扪心自问：首先，无数的可能性让我害怕。但我想，即使我 95 岁，即便我老了，我仍然想去威尼斯，读些好书，和家人一起庆祝，而不是像威利那样，聚会开始半小时后就想逃离，因为嘈杂的声音会刺痛耳朵，然后我想：不过是打针，并且在医生的监督下，这比打疫苗糟糕那么多吗？

我很感激口服疫苗使我免于类似朱迪·休曼感染的小儿麻痹症。在我写这篇文章时，我非常期待接种新冠疫苗的那一天，希望能够免受这种病毒的侵害，为了我自己，同样也是为了赫尔加和威利，这样我就无法传染他们。我对使人免受衰老疾病的疫苗的渴望会有多强烈？甚至对于长生不老的愿望呢？这对我来说仍然陌生，但我却越来越理解。两个人的话让我深思。

为了更好地理解辛克莱，我给玛蒂娜·罗斯布拉特（Martine Rothblatt）[1] 打了电话。罗斯布拉特是世界上为数不多的能够从各个角度审视辛克莱的衰老理论的人之一，该理论融合了生物学、物理学、遗传学和计算机科学。这位美国人学习医学、医学伦理学、生物学和信息技术，以及法律。她是生物医学、伦理学和科技界的权威。1990 年，她创建了第一个全球卫星广播网络，帮助建立了太空互联网，之后起草了《联合国世界人类基因组与人权宣言》草案。

因为她的女儿患有致命的肺部疾病，罗斯布拉特于 1996 年创立了联合生物技术公司（United Therapeutics），旨在研究罕见疾

---

[1]　罗斯布拉特为跨性别人士，出生时生理性别为男性，自我认同为女性，故下文人称代词为"她"。——编者注

病。至今，她仍旧领导这家公司，多年来一直是全球薪酬最高的CEO 之一，2020 年的收入约为 4600 万美元。

正如她在电话中告诉我的那样，她称辛克莱的作品"具有开创性"。她自己正在用人工智能研究永生，创造了她伴侣的复制品——一个可以思考和说话的人形机器人半身像，另一个令人毛骨悚然的想法。

当我问她为什么要这样做，为什么要像美国其他富豪一样征服死亡时，她并没有夸夸其谈，只是简单地说："每个人都拥有各自的经验、才华、朋友，无论他们是否被人熟知。音乐家也好，园丁也罢，都能给世界带来欢乐。我认为，一个人死去，是件很令人悲伤的事情。"

她说话时的表情严肃、平静，完全不像是美国人，她并没有喊出我们在科学界常听到的"我想改变世界"的豪言壮语。战胜死亡的信念根本不是美国人的专属，她说。她的国家也没有人这么认为。"99% 的人都认为人只能活那么多年——然后就结束了。技术也无法改变这一点。就算可以改变，其方法也可能存在缺陷。"

她顿了顿。

"为什么那 1% 的人观点不同？因为那 1% 的人克服了他们生活中看似不可能的事情。当谷歌创始人拉里·佩奇或谢尔盖·布林说他们想重新排列世界信息时，每个人都说这是不可能的。当我的朋友克莱格·文特尔试图解码人类基因组时，生物学家说这是不可能的。20 年前我女儿生病的时候，欧洲、中国和美国的所有医生都说：'这种病没有治愈的可能，您女儿最多只能活五年。'但 20 年后我的女儿还活着，过着健康的生活。也许更重要的是，如今，5 万名患有这种疾病的患者都活下来了，此前这一数字只有 2000。这不是通过祈祷完成的，而是通过生物技术实现的。这不是奇迹，而是科学将几乎无法逆转的死亡变成了充满希望的生命。当然，就像人们常说的：我们仍然可以实现看似不可能的事情。"

交谈结束后，我就在想，这位女士的想法有什么问题？我为什么要反对？

时间到了晚上，我有些困意，在我想听些鲍勃·迪伦的歌时，碰巧我的电脑——感谢人工智能——向我推荐了一部纪录片：《97 岁》(Being 97)。这部纪录片的主人公赫伯特·芬格莱特 (Herbert Fingarette) 是加利福尼亚大学教授、哲学家，他的思想深受让-保罗·萨特、索伦·克尔凯郭尔和西格蒙德·弗洛伊德的影响。

2018 年，当他的孙子安德鲁·哈斯拍摄这部关于他的纪录片时，他已经 97 岁了。出于好奇，我看了看这部纪录片：

视频里是一个老人，皮肤和头发都像十一月的雾一样白。一位细心的护士在为他洗脚。早餐时，他穿着红色背带裤，面前摆着一个鸡蛋和培根。他很感恩。我听到他松开助步车的刹车。随后，他拖着脚走进花园。他让我想起了威利。

"这么说吧"，赫伯特对他的孙子说，"没到这个岁数的人很难理解老年人的内心"。

人们失去了曾经拥有和可以做到的一切。

赫伯特·芬格莱特谈到了他在电影中的生活。他说，我很幸福。我与妻子有 70 年的婚姻。他听到音乐，想起了他的妻子，潸然泪下。家庭照片。书架上的书。芬格莱特的一些著作，关于老子，关于人对自己的失望，以及在他 75 岁时所写的关于死亡的书。他在其中写到，恐惧死亡是不合理的。死亡不是一件可怕的事情。任何事物都无法避免痛苦。

97 岁时，他对这件事有了不同的看法。

"死亡"，他对着镜头说，"是一个可怕的想法，是我不希望发生的事情"。

影片结束前三分钟，他坐在外面，戴着一顶牛仔帽，眼前是绿色的花园，他那虚弱的嗓音伴随着钢琴曲：

"我看着树木，嫩绿的树枝在风中摇曳。

虽然我见过它们无数次，但不知何故，这次看到它们是一种超然的体验。

我心想，年复一年，它们一直都在，但我真的欣赏过它们吗？

事实是：没有。直到现在。

这让我更难以接受死亡的事实。这让我热泪盈眶。"

他回到屋子里。

"我写过许多其他主题的书。我自认为已经解决了许多问题。但关于死亡这一问题是无法解决的。

这不仅仅是一个理论问题。这是我存在于这世上的核心所在，我一直在试图理解。而我没能成功。

所以我只是继续存在着，事实就是，我存在着、等待着。"

他起身，扶着助步车，走向敞开的门，走向光。

"我在等待。等到我不得不说再见的时候。"

几个月后，他去世了。

22

难以名状

"威利、欧文叔叔和博多叔叔"

"安德鲁一会儿就到。"弗洛里安打开红酒。他的脸色看起来有些苍白。家庭办公室！秋天来了！不会再有适合他最爱的周六航海旅行的天气了。虽然他平日里也不怎么出门。正如他所说，他日复一日地坐在"地下室"，从早上八点到晚上八点，指挥他在一家美国公司的团队。我们在一次邻里聚会上相识，一见如故，有时我们会一起坐轻轨去慕尼黑，或是去上班。而旅程总是太短，我们有太多的话题，尤其是关于老年的话题。

我们一致认为，运气相当重要。这也是在我们谈到衰老时，威利所表达的主要观点，也是坐在旁边的赫尔加的老生常谈："你运气很好……是的，你确实运气很好……你是个幸运的孩子。"她一遍又一遍地讲述着威利的全部人生经历。她说的没错，威利遇到了他的贵人们。战争期间，赫尔曼叔叔让他无须在前线拼命；战后，莫勒叔叔让他免于挨饿；在格金根，市长提拔了他；最后，他遇到了查理·布鲁多恩。他很幸运，他们从冰岛飞回来时，途经卢森堡，从那里坐飞机飞往法兰克福，飞机载着大约 12 个人，帆布座椅，发生了惊心动魄的一幕：飞机开始着陆，然后向左倾斜，引擎发出轰鸣声，随后又腾空而起，再次恢复正常。到底发生了什么事？次日的报纸是这样报道的：一架飞机与另一架飞机降落在同一条跑道上，其中一架偏离了跑道。多米尼加共和国的恩里基洛湖（Lago Enriquillo）是安的列斯群岛最大的湖泊，以前是一个河口，由两座山脉保护，他与一位野生动物摄影师乘坐直升机飞到那个有火烈鸟、美洲鳄的地方，这些美洲鳄也能生活在海水中，非常特别。威利走近观察，鳄鱼的幼体呈淡黄色，身上有深色横纹，成年的鳄鱼呈褐色，眼睛大大的，背上顶着甲壳，五、六、七米长，鼻子突然竖起老高。"咔嚓。"当威利讲述此事时，赫尔加只是这样说。汽油用尽了，飞机不得不紧急降落，幸运的是，飞行员让螺旋桨转动起来。最幸运的莫过于威利在大加那利岛的海滩上度假时，他身后是红黄相间的沙丘，面前是风、浪以及一望无际的大海，突然心里一阵压抑，他无法站起身，无法说话。一名妇女叫了救护车，红十字会总部就在不到 300 米的地方。从那时起，他就没再得过什么大病，没中过风，没患过癌症、痴呆症，这些几乎折磨着他所有同龄人的疾病。威利当然有着一些巴茨莱所谓的长寿基因，毕竟他的生活方式并不健康，一年中有一半的时间都坐在电视机前，房间温度将近 40 度，还喜欢喝罐装的汤，再配上点啤酒混合饮料。

　　而且，我们搬进来与他同住，也算是一种幸运。"几乎所有的百岁老人都有一个共同点。"尼尔·巴茨莱说，"在他们的生活中，有一些让他们保持头脑清醒的东西"。他谈到了一位百岁老人，他在她85岁时就认识了她。"有计划的人才会活得更久。"她告诉他。在她百岁生日那天，她爬上了秘鲁的一座山脊，来到了失落的古城马丘比丘。巴茨莱曾问她爬山过程是否艰难，她回答说："艰难的不是爬山，而是下山。"

巴茨莱家中也有一个百岁老人，欧文叔叔，98岁，他曾在几个集中营中幸免于难。"布拉格之春"期间，他不得不逃离爱沙尼亚，而在休斯敦，他在一场飓风中失去了容身之所，他只能将它重新建起。

"百岁老人"，巴茨莱说，"大多是乐观积极、懂得感恩、开朗外向的人"。但在他们的一生中，也并不全然如此。"不久前，我和一位104岁的老人交谈过——一个很可爱的人。当他谈到自己的家人时，他没有指责任何人的不好，即便是他的儿媳妇。于是我去找他80多岁的儿子，告诉他，他父亲是个多么美好善良的人。他的儿子却看着我说：'你应该在他80多岁的时候见见那个混蛋。他是一个非常可怕的人。'"一切都会随着年龄而改变，包括性格。

弗洛里安和我就巴茨莱的研究谈论了一段时间。这让我想起了我朋友莫里茨的叔祖父，他99岁时，我们一起去拜访过他：博多·布吕默，我们都叫他博多叔叔。他曾邀请我们到他在辛特拉的庄园品尝葡萄酒。走过很长一段上坡路，我们就可以看见一座淡黄色房子，蓝色瓦片，由坚硬的花岗岩砌成，它安然无恙地挺过了 1755 年的地震。博多叔叔的餐桌有 12 米长，取材自一艘帆船。谈话进行到一半，他起身向我们道歉，说他现在必须离开，他想一个人待着。不要大惊小怪！我们只能随他去。他走进大厅——一个由曾经的七个房间和一个浴室合并而成的巨大房间，原来的小便池还在那儿——然后躺在地毯上，在他已故妻子的画下。

一个小时后，他坐起身来，双手背在身后，仿佛散步刚刚归来。是时候去小教堂了，那里以前是驴厩。八把椅子、小板凳和一个曾经是饲料槽的祭坛。上面是他两个妻子的讣告。博多叔叔蹲在最后一排，玩弄着手上的两枚戒指。"死了"，他说，"都死了，只有我还活着"。

死亡是博多叔叔的日常话题。50 年前，他患上了胰腺癌，以为自己命不久矣，便来到了辛特拉。医生说他还能活一两年的时间。于是他辞去了在银行的职位，离开了瑞士。"我想在温暖的地方死去。而且我希望我的妻子在我死后也能拥有一段美好的时光。"他活了下来。一位朋友送了一句话给他："永远不要放弃，奇迹正向你走来。"我们去拜访他时，他将这句话随身携带。有了这句话，博多大叔决定，从现在开始，他要活得更久。他买下了这座房子，因年久失修，需要花费数年时间进行修缮，在这些时日里，他可不能离开这个世界。最终，曾经的那片废墟也成了他们的家园。他本想在他死后，让他的妻子在这里度过余生，但没想到他的妻子比他先走了一步。

死亡偶尔也会来拜访他：肠癌、胃癌——博多叔叔用切除手

术来与之抗争。还有一场婚礼，是的，他再婚了。以及他给自己
安排的任务。他的第二任妻子喜欢马。于是他饲养了葡萄牙最好
的阿拉伯马。它们在世界各地都赢得了奖杯。之后，他的第二任
妻子也去世了。马疫席卷了种马场。博多叔叔当时 83 岁。"都走
了。"但他不愿承认妻子已经离开了自己。从那以后，他不愿让
别人坐在她的位置上，就好像她一直都在，就在他的对面。他注
重自己的言行：绝不会拿着报纸吃早餐。他还和他的妻子一起庆
祝圣诞节，穿着燕尾服，牧师专门为两人而来，做完弥撒后，她
被安置在大厅里。他就这样继续以自己的方式过着婚姻生活，并
做了些能让他的生活充满希望的事情，让他在未来的岁月里都不
会再去想死亡。他在街上捡了一只小狗，开始养羊，建了一个游
泳池，还种了 2000 棵蜀葵——他相信他的生命钟摆，也相信医生
的技术，因为现在他的心脏上也长了一个肿瘤。因此，在他 96
岁时，他又住进了医院，当他决定最后一次向上帝表明他在这个
世界上还有事可做时，他把医生叫了过来：

"我还能活多久？"

"14 天。"

"两周？不行，我必须回家！"

"为什么？"

"我必须回去工作。"

"啊？"

"我必须回去种葡萄。"

六周后，他种下了第一批葡萄。他的一个熟人，一位丹麦的

葡萄种植者，给他出了个主意，建议他将葡萄酿成酒。红葡萄酒？他说，很漂亮。但酿葡萄酒可不是件容易的事。他建议博多叔叔在自己的土地上种几株葡萄藤，酿出波尔多红葡萄酒，他就能明白了。

波尔多红葡萄酒？博多叔叔正在进行一项规模宏伟的计划。他带我们进了葡萄园。无须拄拐杖，他迈着小而坚定的步伐，走过碎石、石头和树根。右侧：他的游泳池。而在此之后是一株株葡萄藤，数百米，各处都有，整齐有序，棕色藤条，鲜绿色的叶子，蓝色和绿色的葡萄，细枝弯下了腰。家人、朋友、同事，每个人都建议他不要这样做。"还没等喝完这些酒，你就可能不在了。"他们不知道，事实恰恰相反。要花四年时间才能酿出第一杯酒？如果能过上 100 岁生日，那就再好不过了。

由于年复一年的畜牧养殖，博多叔叔的土壤很是肥沃。他从法国请来顾问，买了最好的葡萄藤，十几个品种，雷司令、梅洛，应有尽有。他把一台布赫压榨机放在了骑马厅，还有昂贵的酒桶，900 欧元一个，比普通的贵了三倍。许可证？消防用水管道？员工卫生间？好吧，他没有那么多时间。他加快了制作进度，四年的时间对他来说太久了。他购买了 1 万千克葡萄，并创造了他的第一个葡萄酒品牌"Senhor D'Adraga"。很快他就凭此获得了奖项。博多叔叔在葡萄牙的葡萄酒界声名鹊起，他的另一个品牌"Casal Sta. Maria"跻身全国十佳白葡萄酒之列。他的红葡萄酒也获得过金牌。

博多叔叔为自己设定了终极目标：酒庄收支平衡，并实现盈利。他计算过，这需要四年时间，也就是他 103.5 岁那年。在这之后，他再决定下一步该怎样走。他目光长远，盈利颇丰，而在全世界葡萄酒杂志的赞扬中，于 2016 年去世，享年 105 岁。

在科学界，可能每个人都知道这样的故事。这些百岁老人总是有着特别之处。弗洛里安经常谈到他的母亲，当她被带到汉堡的临终关怀医院时，他的兄弟打电话给他："你快点赶回来吧，医生说她只能活两个星期了。"他搭乘最近一班飞机，来到了母亲的床边，和她聊天。

他问母亲想要什么。

她还想与全家人一起出去吃顿饭，在她生日那天。

在她生日那天？还有几个月的时间。他一言不发，在接下来的两周里，他每天都会去探望她，而她没有死。他谎称自己回了美国，秋天，为了她的生日，全家人都回来了。他的母亲去了理发店，穿了精致的衬衣和开衫，还戴了金耳环和珍珠项链。当他们坐在意大利餐厅里时，她气色很好，脸颊红润，眼睛有神，头发柔顺。她面带笑容，谈笑自如，还喝了酒。一周后，她离开了这个世界。

谁都无法说清其中的缘由。

进行了 40 年研究的尼尔·巴茨莱也是如此。当我问他这件事时，他有些不知所措。"您知道……"他耸了耸肩。

难以名状的美，令人震撼。我们并非已经揭开了所有生与死的奥秘，也永远无法完全将其揭开。幸好。揭开生与死的奥秘比死亡本身更糟糕：那时，将是人类的末日。

23

怀 疑

"我可能不会服用……"

安德里亚斯来了。

是的，他也想来点酒。漫长的一天终于过去了，他刚从医学院的实验室里出来。

在大学里，他主要负责利用化学的理论来研究医学和生物学领域的问题，即生物化学。生物化学对于当今的诊断和治疗以及医学，包括老年医学，都具有重要意义，如果没有它，一切都无法想象。

细胞过程、新型分子机制、营养物质、代谢产物、DNA 损伤、信号网络、线粒体功能——安德里亚斯·纳都勒（Andreas Ladurner）调查了大卫·辛克莱所写的一切。他深悉表观遗传学领域。白藜芦醇、NAD、二甲双胍、生长激素，都是他擅长的领域。新陈代谢如何调节基因活性？压力和 DNA 损伤是如何影响染色体、基因活性和线粒体的？他用酵母菌、果蝇和细胞培养进行实验。他的工作任务与我们的细胞密切相关，他正在用他的研究塑造我们的未来，使人类脱离癌症、帕金森病、心脏病和阿尔茨海默病的苦海。纳都勒在这一领域当行出色，担任主席、得过奖、负责期刊论文评估工作、主持会议并领导专业人士参与小组讨论，像大卫·辛克莱和莱尼·葛兰特等人都会在这些讨论中对自己的研究做出解释和辩护。

"所以你认识大卫·辛克莱。"他在坐到桌子旁后说道。

我点点头，并向他讲述了我们的认识过程。弗洛里安安静静地听着，安德里亚斯只是微笑，说辛克莱确实是一位才华横溢的科学家。他所做的研究是革命性的。但他宣传的方式！一定要这么大张旗鼓吗？他是不是做出太多承诺了？他有明确表示过自己除了科学家的身份，也是一名企业家吗？

我曾在科隆的马克斯-普朗克衰老生物学研究所听到过这种批评。"衰老研究与社会息息相关。"在我代表《南德意志杂志》采访他时，研究所所长托马斯·兰格教授这样对我说。

他认识辛克莱吗？当然，兰格说。但目前还没有更进一步的交流。和安德鲁一样，他是一个冷静明智的人，50多岁，慈眉善目，语气温和。他谈到了辛克莱的论题，认为研究正在取得重大突破，不论被问及哪方面的问题，他都没有对辛克莱提出任何批评。但很明显，他的想法是与众不同的："大多数科学家的研究动机首先是求知。他们想理解：这个问题的科学依据是什么？而不一定是商业依据。当然，公司的目标也与基础研究人员的目标不同。这不一定是冲突，但可能会发展为冲突。"

　　像安德里亚斯或兰格这样的科学家会被辛克莱的言行干扰，因为这也影响了他们的工作。在那个"我将活到一百岁"的重大承诺之后，他们经常受到记者的追问，质疑他们是否在进行严谨的科学研究。在我们第一次谈话开始时，尼尔·巴茨莱无奈地告诉我，在一次关于心脏病的会议上，医生、研究人员、FDA 代表，各界人士都出席了。在他发表演讲，谈到老龄化时，一位记者立即发言说："你是个魔术师，还是什么？解决衰老问题？只用一种药？你想向我们推销什么？"

　　"这就像在我心上刺了一刀。"巴茨莱说："我们都是教授，我们已经进行了多年研究，我们的研究成果也已经多次得到证实。但反响仍不尽如人意。"他得出了结论："我们必须谨慎地注意我们的说话方式。因为人们不相信，而且99%的人还不知道我们的研究。"

　　谨慎对辛克莱来说是陌生的，尽管它更复杂：如果你和他坐在一起，他绝对会很冷静。虽然有时会有点兴奋，像个好奇的大男孩，但多数时间他还是安静、沉稳的。"在这一点上，衰老对他有好处。"安德里亚斯说。但在舞台上……甚至辛克莱的容貌都发生了变化，睁开的眼睛眯成了一条缝，孩子气的五官非常硬朗，语速变快，这个充满好奇心的青年变成了一个干劲十足的人，一个推销员。

　　很长一段时间我都不明白这一点，直到我在波士顿杂志上读到辛克莱的朋友史蒂文·奥斯塔德的描述："他是一位杰出的科学家，但他也是一位杰出的商人。如果你和他谈论科学，你不会找到几位比大卫更加学识渊博、严谨认真的研究人员。当你听到他在电视节目上所说的话时，你会想：'他到底在说什么？'"

如今，辛克莱的出场身份正从科学家转变为商人。英国《金融时报》预估，其公司 Life Bioscience 2019 年创造了 5 亿美元的价值——公司仅仅成立了三年。和所有商人一样，辛克莱也处于竞争之中。一场史无前例的竞赛正在进行，顶尖大学参与其中，以及所有制药公司和有实力的初创企业，如由吉姆·梅隆创办的 Juvenescence 或是由 Alphabet（谷歌母公司）创立的 Calico 也都纷纷加入。在疫情的冲击之下，数十亿美元的投资——各领域的投资都亏损殆尽，唯独生物技术、药品、健康和长寿领域在这场风波中安然无事。这次疫情还让投资者意识到老年人健康的价值。"我们已经准备好迎接黄金时间了。"辛克莱说。而且这很昂贵，即便在规划阶段也要花费数千万欧元，并确保有人能从中获益。在这种情况下，前任对冲基金经理特里斯坦·爱德华兹掌管着数亿美元。"他为我们指明了前进的方向，给了我们信心。"辛克莱说。

我第一次在蒙特勒见到辛克莱时就注意到了爱德华兹。晚上，我们在酒吧里聊了很久。他大半辈子都在追逐金钱。2016 年，他想改变这种状态，不想只赚无意义的钱。因此，他来到了长寿领域，这是面向未来的市场，承担着社会责任，当然，他也遇到了辛克莱。他打电话给他，他们开始交谈。

一个小时后，辛克莱说："下次你来波士顿，联系我，我们喝杯咖啡，再聊聊……"说这话的时候，爱德华兹已经在浏览澳洲航空的网站了。

"我问：'明天 11 点你有空吗？'"

"我那时应该在上课，怎么了？"

"结束后我们要不要见一面？"

"可你不是在悉尼吗？"

"是的，飞机三小时后起飞。我还有一个小时的时间。"

他甚至没有收拾行李。"我飞了 25 个小时，和他见了面，然后就飞回来了。"

他们创立了 Life Bioscience 公司。十年后，爱德华兹认为，公司会发展壮大。当时的他还不知道，三年后他们会成为市场领军人物。如果他们一两年前就开创这家公司，他们可能永远不会得到几百万欧元的投资——长寿对投资者们来说仍然是科幻小说。如果他们晚了两年，他们将失去很多重要的员工，市场将把他们扫地出门。

爱德华兹积极思考公司结构，将它设计得像一个生物有机体：总公司用法律知识、专利知识和其他辅助手段来帮助下属公司。但子公司必须有自己的发展模式。

一家生育力公司。

一家增强线粒体的公司。

一家专门清除衰老细胞，即"僵尸细胞"的公司。

一家致力于自噬作用，自我修复的公司。

还有一家使动物健康长寿的公司。这是一个绝佳的商业想法，因为辛克莱曾收到过一封的电子邮件，邮件中家长问他是否有给孩子的仓鼠吃的药物。

2019年1月，英国《金融时报》报道称，爱德华兹筹集到了5000万美元，是目标资金的两倍。这就是辛克莱言行不一的原因。他必须赢得这些资助者的支持，为此他必须改用投资者的语言，这对大多数科学家来说是一门外语——不是语言，而是语气。

在我访问硅谷时，我体会到了这些投资者的魅力。门洛帕克的沙丘路，风险投资家齐聚在此处，谈成了多笔生意，像本·霍洛维茨和马克·安德里森这样的企业家，坐拥数十亿美元的资产、脸书、爱彼迎、推特以及最新潮的俱乐部会所、疫情应用程序。它们正在塑造未来，而且思想超前，让人头晕目眩。

公司估值会在行为良好的德国商业管理研讨会上引起动荡。我们看的是利润，这些投资者看的是赢利概率。如果赢利概率为1%，而一家初创企业的收入是1000亿美元，那——从逻辑上讲——这一公司就价值10亿美元。由于他们投资的公司平均十家有九家失败，所以第十家必须大获成功。在德国，投资者愿意把钱投入开发医院软件的公司，以此来节省开支。在这些美国投资者中，更确切地说在全世界，只有那些承诺重塑医院的人才能得到钱。而且他们对糖尿病治疗的进展感到厌烦，他们想马上摆脱衰老。没有风险，就没有利润。

于是，爱德华兹不仅在投资者会议上展示了辛克莱的研究准备工作，长达25年的研究，一项又一项的研究，一个又一个的诱饵：马，再次拥有了繁殖能力。小鼠跑出了打破纪录的距离。还有辛克莱在蒙特勒展示的那些来自实验室的照片：两只小鼠并排在一起，一只灰色的、毛发蓬乱，另一只棕色的、活泼的——

它们在同一天出生。爱德华兹也说了与辛克莱措辞几乎相同的句子："我们不只是要减缓衰老，还想逆转衰老。"

而在投资领域受人追捧的东西，在其他地方也可能会受到排斥。辛克莱说，有一回，在一次讲座中，一位教授从他手中接过麦克风说，科学家就应该在实验室里研究，而不应该与金钱为伍。"我回答说，'如果没有资金，那么情况就会是：你研制的分子作为保健品在网上售卖，但从未经过严格的测试'。这就是我如此专注于药物的原因。但研制一种药物，至少需要5亿美元。这不是做慈善。你必须集资、组建团队、创立公司。只有这样才能把我们的研究传递给大众。"

他的三种药物正在进行临床试验，并将在未来三年内上市。如果它们实现了这一飞跃，它们的成效将不同于目前市面上的NMN和白藜芦醇。正如辛克莱所说，这是未来的药物。

对此，有些人相信，有些人则半信半疑。尼尔·巴茨莱在服用NMN，而史蒂夫·霍瓦斯没有。他自己评估了NMN研究以及小鼠研究。但小鼠和人类不同。"我是否信任NMN呢？答案是：还不能。等它在人类身上显现出效果时，我才会相信它的作用。许多药物虽然治愈了小鼠，但在人类身上的试验却失败了。"

是的，人类和小鼠不同。

• • •

科学一直面临着这样一个问题：如何将实验室中的研究成果

应用到生活之中。如何测试一种药物或疗法是否有效或者是有害？自保罗·埃尔利希那个时代以来，人类一直在动物身上进行这种试验。这面临着一个伦理上的困境。圣雄甘地曾说："宁可放弃生命，也不要通过摧残其他生物来换取生命。"但是在20世纪50年代，在怀孕动物身上进行的试验证实，镇静药沙利度胺对胎儿四肢发育有害，而后该药被停用；而在猴子身上进行的试验使帕金森患者得以使用脑起搏器，许多患者的症状也因此有所缓解。伤害动物是残忍的，而见死不救是不人道的。人类已经认可动物试验。这关乎伦理道德：试验别无他选，人类是最终受益者。

近期，一项呼吁不再将动物试验视为研究的黄金标准的运动正在兴起。这一运动的参与者不同于传统的动物试验反对者。其参与者主要是研究人员和企业管理者，他们对伦理辩论并不感兴趣，而是用理性、用数字来论证。动物试验得到的一百个结果中只有五个可以应用在人体上。而衰老研究受此影响尤为明显，因为在这一研究中动物试验是必不可少的——动物衰老速度更快，用小鼠做试验一年后便可显现出治疗效果。

为了解医疗困境，2019年，我代表《南德意志杂志》拜访了医院和企业，进入饲养着小鼠的房间和实验室之中，与医生、科学家、企业家进行交谈，参观了拜耳和夏里特医学院，他们向我展示了他们的研究过程和药物的研制过程，以及他们的研究结果中有哪些能够真正惠及病人。

我还与夏里特董事会成员阿克塞尔·拉德拉克·普里斯教授

讨论了动物试验的局限性。对他而言，动物试验是必不可少的，它是生物医学研究的"重要组成部分"。然而，与此同时，他也愿意为寻求替代方案贡献自己的一分力量。因此，他非常清楚地谈到了试验的局限性。他拿了一张纸和一支笔，画了一条线。在线条的两边各画了一个 M。"这些是小鼠，这些是人类。约旦·福克曼有一句经典的话：'若你是一只老鼠，得了癌症，我可以帮助你'，福克曼是一位著名的细胞研究人员。在动物试验中，他开发了一种缩小小鼠肿瘤的疗法——但对人类几乎没有作用。"认为这行得通的人也有点天真"，普里斯继续说道。"不仅仅是因为小鼠有别于人类，还因为试验中使用了特殊的小鼠：所有年轻、健康、基因一致的小鼠都在无菌条件下饲养，然后科学家将肿瘤移植到它们身上。另一方面，患者千千万万，每个人的年龄和症状都有所不同，不能相提并论。"

如果要对动物进行研究，那就在普里斯梦想中的小鼠栖息地：将小鼠放在两公顷的土地上，隔段时间选出一只，并只有在小鼠自身患有癌症时才进行研究。对他而言，这往往比使用关闭基因以测试其效果的"基因敲除小鼠"进行研究更有意义。针对癌症的研究向前迈进了一步，但也并非完美无缺。

在此必须提到，也有人用 NMN 在野生老鼠身上进行了测试——同样取得了惊人的成功。并且，长期以来已知的分子NR——它与 NMN 一样，可以增加 NAD 水平——已在人体临床试验中显示出可增强线粒体功能、触发自噬作用、减少炎症和心脏病以及改善肌肉功能的功效。

但普里斯教授的替代方案都有什么呢？

其中之一是上文中提到的人工智能，即托马斯·哈通的试验：计算机与动物之间的角逐，以检测出物质是否有毒，最终结果是计算机获胜。此前，欧洲监管机构并不信任这种替代方法。现在，欧洲的化学品管理局要求公司尽可能信任计算机。制药行业也做出了应对。一些公司向他展示了数据，哈通在两次电话中告诉我，他们将每种药物的动物需求量减少了80%，也尝试了其他替代方法。

关于这一点，我是在伍珀塔尔（Wuppertal）了解的，1863年拜耳公司的历史便始于此地，现在拜耳的办公地仍然在山谷中。50年来，拜耳公司在山上进行动物研究；30年来，克劳斯-迪特·布雷姆一直在拜耳公司工作。这位生物学家曾一直用动物进行试验，而现在他是拜耳的动物保护专员。他体验过研究发生了怎样的变化。布雷姆刚进公司时，仅在莱茵河下游的工厂每年就有40万只动物被用于动物试验；最近，他们在全球的所有工厂每年只用大约10万只动物。也正是动物试验的不可靠性使得拜耳开发一种药物的成本如此之高，平均每种药物需要花费24亿欧元。制药公司希望成本能够降低，因此他们在私下交换秘密。拜耳档案中有大约一千篇研究论文，这些研究处于锁定状态，但并非完全保密，因为数据可以在监管机构找到。他们将数据与竞争对手的数据联系起来。

他们还使用了山中伸弥的"器官芯片"（Organ-on-a-chip）方法，山中伸弥告知我们如何将身体细胞转化为干细胞，从中可以制造出小的替代器官。我在柏林生物技术公司 TissUse 的一座旧厂房里看过它们。为了进入内部，我必须在后院乘坐一部货运电梯，打电话给创始人乌伟·马克思。员工们的办公桌上放着看起来像儿童火车组件的盒子，里面是机体组织，通过连接可以形成一个微型有机体，工作人员在 37 摄氏度的温度下输入液体并用氧气进行通风。心脏和肾脏，肝脏和大脑或所有重要器官：它们与人类的比例为 1∶100000。

"这个东西可以做任何符合我们对有机体的基本理解的事情"，马克思说，"进食，排泄，只是不能思考和感知"。

八年前，当他向投资者展示他的想法时，他被嘲笑了。然后他给芯片皮肤和肝脏输入了一种市面上不再销售的糖尿病药物，因为这种药会导致肝脏疾病。马克思的芯片器官试验揭示了动物试验和临床试验未能显示的内容。没有人再嘲笑他了。大型制药公司使用他的设备，包括拜耳。

"芯片上的人"是下一个目标。"这将使 70% 的动物试验被淘汰。"马克思说。还有人——所有的志愿者和病人，在该技术获得批准之前仍在接受测试。

但仍有 30% 无法淘汰。一些复杂的试验对它们提出了更多要求。比如衰老。

夏里特医院阿尔茨海默病研究领域的顶尖学者弗兰克·赫普纳（Frank Heppner）教授向我解释道，动物试验目前仍然不可或缺。他也认为寻找替代方法很重要，但生命不能仅在试管中探索，像阿尔茨海默病这样的疾病只能在活的生物体内进行研究。

赫普纳认为一项试验是具有开创性的：给怀孕的小鼠注射一种引发炎症并增强免疫系统的药物。这些小鼠的后代在老年时患有阿尔茨海默病。这是关于阿尔茨海默病病因的一个里程碑：它不仅仅出现在大脑中，免疫系统对其似乎也有重要影响。但是试管或替代器官中没有免疫系统。赫普纳的两个同事向我展示了对小鼠的测试，他们将可以减轻炎症、减缓阿尔茨海默病患者症状的营养补充剂混合到饮用水中。阿尔茨海默病沉积物消失了。2020 年 12 月，一项关于天然分子亚精胺的研究发表，它与白藜芦醇和雷帕霉素一样，可激活青春通路 mTOR 和 AMP，并刺激细胞发生自噬作用及自我修复。建议：需要进一步研究。在应用于人类之前，还需要更多的小鼠。

这正是尼尔·巴茨莱和格雷格·费伊的研究如此重要的原因：

他们必须利用经过验证的药物进行研究，不必冒险进行试验，也无须利用小鼠进行试验。

所以，在蒙特勒，我对大卫·辛克莱传达的第一个观点是：人类不是老鼠。

"没错。"他一次又一次地回答这个问题。"但衰老的根本原因在任何地方都是相同的——无论是在人类、老鼠还是在我们用来酿造啤酒和烤面包的酵母细胞中。"我们共享长寿的重要基因。不同生物以不同速度衰老，我比巨龟快得多，裸鼹鼠比橡树快得多，这只能说明所有生物都找到了衰老的解决方案。"如果所有其他生物都能做到，我们也能做到。"

　　但这句话不禁让人产生怀疑。这是科学家在说话吗？还是商人？

• • •

　　兰格教授在我心中植入了第三个疑虑，而且分量最重。

　　在实验室参观很久后，我和他坐在他的办公室里，他指了指他的架子。书旁边有一个盒子。一种抗氧化剂，作用于线粒体，对细胞起保护作用。这是制造商给他的。而他永远不会接受它，兰格说。这种物质确实很好。但它还有什么作用？还有什么不为人知的？保健品从未像药物那样经过严格验证。细胞是一个敏感的世界，它有自己的生态系统。在其中，一切都有意义。即便是乍看之下没人需要的垃圾。正如在自然界中，牛粪能为土壤施肥，使得植物生长。细胞垃圾也能使细胞完成自噬作用。荷兰教授埃琳娜·斯拉格博姆（Eline Slagboom）向我详细解释说，导致炎症的衰老细胞，与衰老之间的密切关联，比我们想象的还要重要。这些僵尸细胞有一个目的——治愈伤口。所以如果有人像我一样用槲皮素与之对抗，他应该注意休息并告知医生。我通过兰格认识了埃琳娜·斯拉格博姆。她是欧洲最重要的衰老研究人员之一，也是一名生物学家，分子流行病学会主席，她研究老年常见疾病，确切地说是基因和细胞。

　　为什么有些人活到90岁还能骑自行车？为什么其他人身体状态很差且衰老得更快？斯拉格博姆对临床数据进行了评估。我们为什么易患疾病？怎样做可以健康衰老？有哪些生物标记可以客观衡量这一点？当然是血压和体重，但血液、细胞和基因中的线索是什么？

斯拉格博姆领导了一项在欧洲独一无二的健康衰老研究，即"莱顿长寿研究"。研究人员寻找存在高龄老人的家庭，以及他们的后代，即 3500 个 2002 年之后出生的人，并检查了他们的健康状况和生活方式，并通过新的生物化学"组学技术"进行了比较。他们的问题：

基因组、遗传物质中是否存在影响衰老的变化（基因组学）？

我们细胞的蛋白质是否有存在变化，并引发疾病或保持健康（蛋白质组学）？

蛋白质如何相互作用？代谢途径呢（代谢组学）？

环境如何影响基因组（表观基因组学）？

研究人员采集样本，收集数据，将它们与来自世界各地生物库的样本进行比较，一直在寻找生物标记，事实上，斯拉格博姆已经确定了 14 个可以于几年内在诊所发生很大变化的标记，14个标记，每一个不超过 25 欧元花费的测试，是任何医生都可以做到的，他会告诉你应该对哪些疾病做出应对、应该如何生活、服用什么药物、服用多少。以及，二甲双胍，雷帕霉素类似物或胸腺是否有助于应对衰老，还是根本不需要它们，因为基因能够起到保护作用，或者需要别的东西——每个人都不一样。

相较于德国，荷兰的相关研究更贴近人、更偏向于应用。所以马克斯－普朗克研究所想要接近"人类研究员"斯拉格博姆。

当我和斯拉格博姆在处于完全封闭状态的 2021 年年初进行视频通话时，我发现这位教授不仅在她的研究中非常人性化，而且在她的整个生命中也是如此。

她坐在厨房里，我也坐在厨房里，她丈夫吹着口哨，做了些饭，当她离开一小会儿时，我们停止了交谈。她的丈夫给她送来了一颗咽喉宝，她看上去脸色苍白疲惫，过去两天她一直在发烧——因为新冠感染。他们家人在节礼日来拜访，并非一个大家庭，他们保持距离，斯拉格博姆的母亲已经 86 岁了。她的兄弟们感染了病毒，但却没有任何症状。在一个房间里待了三个小时后，所有人都被感染，发热、虚弱、头痛持续了三周。

斯拉格博姆围着围巾坐在那里。金发，戴着眼镜，眼神亲切，声音温和，聪明，言语简洁，细心温暖。她向我分享了几年前父亲去世时，她是如何给予母亲勇气的。"她突然有了一个想法，即使她有三个孩子，她也不想再活下去了。我对她说：'你知道吗，这恐怕不行。你可能得做我的研究对象。你还要再活上20 年。因为你有这些基因。用它做点什么。'我妈妈转而说，好的，这是一项任务。她学会了用电脑打桥牌，并开始为每一天制订计划，也不再整日待在充满回忆的家中。两年后，她搬到了另一座房子，宽敞明亮，生态地板。她过得很好。"

之后，新冠感染袭来了，老年人的肺部和精神状态面临着双重危险。孤独感也随之来临。不久前，她妈妈对她说："翻看疫情之前的日程表，我真的好羡慕那时的自己。"如今，所有的人见面、庆祝，一切都停滞不前。"她真的很勇敢。疫情暴发以来，我每天都给她打电话。头三个月，我两天就会去看她一次，备好所有的食物。之后，她自己也会去购物。而现在，在第二波疫情中，她变得越来越沮丧。我一再问她，'你在家里能走多少步？你可以到外面去'。以及，'你在吃什么？'还有，'你吃了多少？'还有，'你把饭都吃完了吗？'嗯，食物成了问题。我打电话给家人：'如果你做了好吃的，就多做一份带给我妈妈。这只需花费你一个小时，她却可以因此填饱肚子。'民以食为天。当她知道她的孙子要带着他自己做的美味通心粉来看她时，她很快就恢复了，比我还快。老年人需要远离抑郁，它是第一张多米诺骨牌。"

斯拉格博姆并不需要全天工作。三周隔离，三周居家办公，这也让她有更多时间思考。

"疫情"，她说，"让我们一直在研究的事情变得更加明显。它影响着老年人，但我们无法预测他们中哪些人会患重病，哪些人不会。这不仅仅是超重和虚弱的区别。我们追求的本质，我们的研究，是找到指示生物年龄的分子标记。我要测量分子标记并尝试预测死亡率。我们的理念是能够在医院为所有老年人测量这一标记。这尚不常见。我们只是问：'您几岁？'"

片刻的停顿后，她继续说道，"亚历克斯·康福特是20世纪60年代第一位确定生物学年龄的人。紧随其后的是临床医生为老年人测量的一系列指标：肺活量、握力、步行速度等。一个人的生理年龄的指标"。

新的数值包括"组学标记"、基因组、表观基因组、蛋白质组以及——斯拉格博姆特别研究的代谢及其中间产物——代谢物，例如可以在血液中测量这些代谢物并显示炎症。

"我们在 16 年间研究了 4.4 万人。事实证明，14 种代谢物能够很好地预测未来五到十年的死亡率——感染、心血管疾病和癌症导致的死亡。测试健康的工具。"

她的团队刚刚发表了一项基于 5 万人数据的研究，根据该研究，他们的标记能够显现出谁有患肺炎的风险。这样，我们便能够以完全不同的方式对抗疫情，创建不基于健康状态、也不基于出生登记的疫苗接种序列。

"这很了不起，在数值最高的小组中有 80 多岁的老人。我们并不想看到他们在五到十年内死去。"

测试是否已经存在？我可以让我的医生测量我的标记吗？

"不，这将是我们研究的最后一部分。我只能在一组中测量您的标记。如果您的得分高于平均水平，我可以告诉您：'对不起，您是得分最高的人之一。而这种情况并不乐观，这意味着风险很高。'"

"这还需要五到十年的时间才能成为可能。"她谨慎地说。

斯拉格博姆在思维和行为方式上与大卫·辛克莱或格雷格·费伊截然相反。和硅谷的投资者有些相似，他们在寻求机遇，想要改变世界。虽然历经了九次失败，但那一个想法便比其他任何一个飞得都要远。另外，斯拉格博姆秉持着怀疑精神，并为传统的科学学派辩护：取得成果仅意味着完成了一半的工作。研究人员必须再付出同样的精力，尝试反驳自己的研究。有时，她说，她很怀念这一点。她不太信任药物。

"他们非常关注美国的药品。关于这件事我有两点要说。会有药物能延缓衰老吗？答案是肯定的。这对我们有好处吗？并没有。"她开始谈论老年糖尿病和二甲双胍。"在荷兰，糖尿病患者已经感觉到自己上当受骗了。他们服药长达 20 年，没有人告诉他们，如果他们改变生活方式，就不必服药。禁食一周左右便可以逆转糖尿病。糖尿病患者的一个问题是他们的身体组织无法对胰岛素产生反应，也无法吸收它，所以身体会产生更多的胰岛素，系统就会出现问题。在医生的指导下，胰岛素抵抗通过禁食一周便可以逆转。如果你使系统得到这种提升，它会再次对胰岛素敏感。完全可以忽略二甲双胍。"

但这不也是其他老年病的宝物吗？不一定，斯拉格布姆回答说。她的方法：首先用她的标记来测试你是否衰老得太快，你的生命时钟是否走得太快，是否有生病的风险。如果是这样的话，首先需要在医生的帮助下改变你的生活方式，然后再做一次测试，如果没有帮助，只能说"那很高兴，你属于可以使用二甲双胍的那群人"。她相信的是整体计划，而不是个别药物。

• • •

斯拉格博姆不是真理的守护者，她不在辛克莱之上；但也不在他之下。两种思想流派缺一不可。如果少了一个，世界就会变得更贫瘠。一个意味着发明，另一个则意味着发展。一个从想象力中汲取营养，致力于创造科学，从无到有。另一个则从生活中、从旧有知识中汲取营养。在这方面，科学的运作与汽车有些类似：第一个小轮驱动，第二个小轮转向，第三个小轮刹车。它们互相矛盾，互相阻碍，但又需要彼此，以达到自己的目标。没有异议，就没有科学。而总的来说，抵抗最终会转化为合作。

所有这些增强了我的信心，辛克莱预测的革命似乎正向我们挥手。我的衰老将与威利的不同，我将免于病痛。辛克莱和斯拉格博姆的研究都是我们这座房子中所有人的福气，当然受益最大的人是索菲亚，这位未来的百岁老人。

但如今它意味着什么呢？为了我的计划，现在就为晚年做准备，为以后争取一点时间，为索菲亚、弗兰齐斯卡和我——那时我已是风烛残年。安德里亚斯、兰格和斯拉格博姆的怀疑是否推翻了我迄今为止所听到的、想到的、做过的一切？NMN 是一个空想吗？二甲双胍的希望是骗人的吗？我永远不会从费伊的胸腺疗法中受益吗？辛克莱的山中因子不会恢复我的视力吗？我必须要像威利一样放弃阅读？

不，没有什么能够把它推翻。恰恰相反，我甚至没有对此感到困惑。只有在听到所有这些疑问之后，我才能理解辛克莱、巴茨莱、霍瓦斯、费伊。我能否做出决定：相信他们还是拒绝他们？合上包裹还是订购新的？两者都是合情合理的，都是以严肃的科学为基础的。

我将继续订购它们。疫情使我更容易做出决定，在这个充满不确定性的时代，在短时间内，最重要的药物是实验性的，在这些时候，我继续做巴茨莱激励我做的事情，以及迄今为止对我有好处的事情。

但只是在不久的将来，也许再过一年，我会对新研究保持敏锐的关注。2020 年 12 月底，以严谨著称的《自然》杂志用 23 页的篇幅介绍了 NAD，基于 272 项研究和资料，文章经独立研究人员评估，其中认为 NAD 是有益的。作者的结论是："NMN 的使用为治疗与年龄有关的疾病和增加健康寿命提供了一个振奋人心的治疗方法。"他们还写道，服用它是安全的，但对此仍然缺乏长期研究。我现在急切地等待着许多正在进行的关于 NMN 的研究结果，其中包括对我们的肌肉、阿尔茨海默病、帕金森病、糖尿病、血压、伤口愈合的影响。我知道，在这些研究中，奇迹分子也可以被推翻。胸腺的年轻化问题最早要到 2021 年年底才会被认真研究。而且我必须进行权衡，不断反问自己，是否想像辛克莱一样，长期服用药物。这只不过是一场赌局。而且赌注很高。但这也是一次机遇。

这让我想到：我想把我的幸福与赌注联系起来吗？当然不是。那么，我寻求的方向是否正确？嗯，是的。也许我已经有点迷失方向了。迷路的人，就应该回到起点。

我想到哪里去？目的地是什么？

有两个：

在晚年时能够更加健康。在这一点上，我走对了路。我正在学习相关的知识。

但是第二个目标，是秘密的梦想：为索菲亚和弗兰齐斯卡争取时间——这时我才恍然大悟，我已经在这条路上迷失了方向。

24

秋 天

"……查理和死亡"

外墙的野生葡萄藤，叶子逐渐变了颜色，红得好似晚霞。索菲亚坐在婴儿车里，嘴里含着奶嘴，困得眼睛都快要睁不开了。

我们穿过林间小路，走了半个小时，去看小羊羔。索菲亚目睹了其中一只小羊羔的出生过程。当时，一声响亮的咩咩声将我们吸引了过去。然后我们在棚屋前的稻草中看到了这一幕，棕白相间的小动物来到了这个世界，趴在地上，头微微抬起，它的母亲开始舔它。那天特别冷。小羊羔就那么一直趴着，方圆百里一个农民都没有，其他山羊似乎在用它们的咩咩声召唤着。我应该怎么做呢？我从未遇到过这样的事情，对于我们而言，大自然如此陌生。

索菲亚嘴里叼着奶嘴，戴着毛线帽，站在那儿，一动不动地盯着看。她的眼神认真而平静，看样子好像知道的比我还要多。

"这只小羊羔刚刚来到这个世界上。"我轻声说。

伴随着第一声轻柔的咩咩声，它终于站了起来，双腿叉开，左右摇摆——摸索着去找母羊的乳头。

"哦。"索菲亚说。随后，住在附近的农民克里斯蒂安过来了。

我哼哼地推着索菲亚上坡，我并没有走台阶，而是走了旁边的草地，走在一棵古老的橡树下。已经开始落叶了，苔藓茂盛而深绿，莱奥尼好奇地嗅着一个紫色的蘑菇。我把蘑菇踩在了脚下。它散发出的气味与树叶的气味混合在一起，我们呼吸着秋天的气息。

"那是什么？"索菲亚问。

"一个蘑菇。"

"你为什么要踩着它？"索菲亚特别担心被我踩过的地方，任何花、任何虫子都不能有危险，甚至连弗兰齐斯卡新播种的草叶也不行，虽说它早已坚固，但仍比之前播种的要脆弱许多。

"有些蘑菇是有毒的"，我解释说。"我不在的时候，你可不能吃。"有一次，当莱奥尼还是一只幼崽时，它曾在我们的花园里用鼻子摆弄过一个蘑菇。它没有吃。但半小时后，它嘴里流出了很多水；我们赶紧带着它去看了兽医。医生说："让我们为它祈祷吧。"它勉强活了下来。毒药，不仅存在于化学物品中，也常存在于自然界。山羊豆中的紫色物质不是也有毒吗？

我们回到家后，索菲亚把小羊羔的事告诉了大家。讲到重要之处时，她跑来跑去，没办法安静地坐下来。"它刚刚来到这个世界上。"

自那之后，我们每周都要去两次牧场。索菲亚会用自己拔的草来喂小动物，还会把手伸到它们跟前，让它们闻。所有羊都有名字，"山羊宝宝""山羊妈妈""山羊爸爸""山羊奶奶""另一只山羊奶奶""山羊爷爷"，它们生活在一起，这对索菲亚而言是再寻常不过的了，而对于我们的文明社会而言，却是反常的，与我们的天性相去甚远。

刚进入十月时，外面还绿意盎然，树木茂盛，我们在正午的阳光下赤着脚行走，但几个星期后，周围的花园就变了样子，栗子、橡子和山毛榉坚果从树上掉落，野藤、山毛榉和橡树变成了火红色、橙色、棕黄色。当索菲亚和我在附近寻找水坑，漫无目的地跳来跳去时，弗兰齐斯卡和苏珊拿着耙子站在斜坡上，用树叶填满袋子，有一次我数了一下，花园墙边共有 28 个袋子，第二天，斜坡上和花园里又满是树叶。威利已经很少外出了，他只是在阳台的窗户上看着整个过程，点点头，又坐回床上，看着面前的巨大电视。

他生日时，我去看他，他开玩笑说，生日时收到的按摩油都够用六年的了，市长给他寄的信，因为疫情无法收到，而总理在信中写道，虽然老年生活不可能没有病痛，但他希望，威利可以在家人的关怀下开心地庆祝生日。

"书写得怎么样了？"他问道。我走进他的卧室，在床边坐下，周围摆着深棕色的衣柜，浅棕色的墙纸，地上铺着米色的地毯，墙上贴满了一家人的照片，还有查理·布鲁多恩。照片上是秋天，与现在一样是十月，威利已经和他告别了。赫尔加从他的办公室里拿出了最后一次旅行的相册，一本厚重的蓝皮书，威利用钢笔在照片上做了标记。和相册一起放着的还有裁剪下来的报纸文章，以及在华尔道夫豪华酒店举行追悼会时的淡蓝色信纸。几十年来，威利都未曾触碰过它们。

我翻开了《纽约时报》的讣告。威利通过回忆和话语回到了过去。

• • •

所有人都相信了谎言：员工、股东，久负盛名的《纽约时报》也是如此。

查理·布鲁多恩，海湾与西部工业集团创始人，享年五十六岁

海湾与西部工业集团创始人查理·布鲁多恩，于昨日在多米尼加共和国返回纽约的路上去世。

海湾与西部工业集团发言人杰瑞·谢尔曼称，布鲁多恩先生是在他的私人飞机上去世的，死于心脏病发作。

啊，查理，如果他们知道……

威利上了车。他经常开着车，穿过布朗克斯区，然后出城，沿着阿克朗蒂克河再开一段路，在半路转向一个名叫魔鬼洞穴的自然保护区，一个小时十五分钟之后，到达里奇菲尔德。许多纽约的企业家、音乐家和演员在此处都有自己的消夏别墅，查理的

别墅建在佛罗里达山路上，围墙和别墅高大气派，占地面积 28
公顷，古木参天，还有一个包括马鹿、池塘、喷泉和网球场的保
护区。房子由旧砖石砌成，只有八个房间。查理和威利经常坐到
深夜，喝酒、聊天、谈生意。当然，查理也没有别的朋友，威利
在他身边这些年以来，他只说过一次："威利，我们去度假吧。
不谈生意了。无论发生什么，我都不想去管了。"之后，他们出
发去了圣特罗佩，电话响起时，他们还没有卸下行李。威利拿起
电话，耐心地听着对方说的话，然后回答："对不起，查理
不在。"

"谁打来的？"查理问。

"查理，我们不是不谈生意吗？"

没过多久，又来了一个电话。威利感觉到，隔壁的查理已经
听到了电话声响。

"对不起，查理不在。"

"是谁？"

"查理……"

电话第三次响起，这一次确实是要事：一笔股票交易，涉及
巨额利润。

"我该挂断吗？"股票经纪人问道。

威利犹豫了。

"是谁？"他听到查理询问的声音。

"可你说过，无论发生什么……"

"快说到底是谁？你想让我开除你吗？"

就这样，在行李还未打开时，假期就提前结束了。威利穿着泳裤，研究了两个星期的证券交易所，推动企业收购。

这是怎样一种生活：经营着150家公司，糖、雪茄、马、牛、书、电影。《教父》《爱情故事》，当然，还有《哈罗德与莫德》《毕业生》《唐人街》《了不起的盖茨比》《东方快车谋杀案》《秃鹰七十二小时》《星际穿越》《罗斯玛丽的婴儿》。参观电影节，戛纳、威尼斯、柏林、奥斯卡颁奖晚会、私人飞机、香槟，以及与罗曼·波兰斯基的友谊。

是的，还有多米尼加共和国，牛蹄的轰鸣声，烟草的味道，德国总理的来访。而查理只是说："威利，管理好它们。"

有趣的是，威利中间的名字也叫查理。他们有那么多的共同点。

高层会议，中央公园的塔楼，在顶层与查理共享办公室，比杰瑞·谢尔曼这个必须向《纽约时报》和全世界隐瞒查理死亡的人，还要高出三层。

他们的谈话，查理讲述了他在维也纳的童年，他赚的第一个百万，他的孩子和他房子周围的百年老树。

都消失了，再也没有人知道。查理确确实实已经死了。

威利回忆起前总统杰拉尔德·福特在纪念会上发表的讲话，他在其中谈到了查理第一次拜访他时的情景，查理就像一股清新的空气吹进他的办公室，而查理的继任者马丁·戴维斯说："与查理共事，就像骑在彗星的尾巴上，是一次疯狂却又令人陶醉的冒险之旅。你知道你的生活将永远不会再像从前那般——也无法再由你自己掌控了。"

· · ·

之后是在公墓举办的追悼会。对此，威利记忆犹新，仿佛昨天刚刚发生过。

司机欧文那天并没有转向佛罗里达山路，而是开往了里奇菲尔德北部的公墓。门外没有摄影师或照相机，这是一个为家人、朋友、同伴举办的安静的追悼会。查理去世后八个月，坟墓上落满了棕黄色的叶子，就如同威利95岁生日时在他的花园里的那些落叶一样。

心脏病发作！看看查理的生活方式，这也不足为奇。他每天只睡三四个小时，即便是穿着睡衣，电话也不离手。有一次，在瑞士的一家酒店，他一个晚上花了1.2万法郎。当威利问他时，他说："你知道我赚了多少钱吗？"他在车上放了两个电话，在办公室他经常同时拿着两部电话，威利的房间里有一张照片：查理，两只耳朵旁分别放着两部电话。当海湾与西部工业集团大楼的最后一盏灯熄灭时，查理办公室的灯还继续亮着，长达几个小时。午夜之后，在慕尼黑的晚餐时间，他喜欢给威利打电话。他们总有一些东西可以讨论。查理的儿子，保罗，没什么商业头脑。"别难过，查理。"他不确定罗密·施奈德是否适合出演《凯撒与罗莎丽》。"她的心情很好，赫尔加和我刚刚在雅典娜广场与她一同喝了咖啡。"

是的，聊天到最后，总是会回到一个问题上："你终究还是不想搬到多米尼加共和国吗？"布鲁多恩已经为他找好了房子，在豪华度假胜地的一个网球别墅。这样威利能离他更近一些，从那里乘坐飞机到纽约只需三个小时。而且他可以在那里发展业务。查理是岛上最大的雇主、土地所有人和纳税人。他饲养了6万头牛，2000匹马球马，经营着世界上最大的糖厂和艺术家村查翁小镇（Altos de Chavón），如果没有威利这些就都不会存在。

"那里不是一个很好的度假地吗？建一个咖啡馆，让客人们在那里喝杯卡布奇诺？"威利指着一座小山说，他们乘坐直升机飞过三角洲时，被眼前的景象迷住了。"是的"，查理说。但为什么不想得大胆一些呢？只建一家咖啡馆？可以在那儿建一个村庄。古老的地中海风格。可以请布景师罗伯托·科帕来设计，他曾与费里尼和维斯康蒂合作过。于是，他们先修建了一条路，然后建了一个带有剧场的村庄，并请来了弗兰克·辛纳屈为其开演。"在岛上还有很多能做的事。"查理说。

但威利并不想这样做。他在慕尼黑有自己的家。他与妻子和女儿们住在一栋漂亮的房子里。他们应该像查理所想的一样，和他一起去加勒比海吗？或者威利可以通勤？脱离自己的生活，只和查理在一起？查理和威利经常讨论有关美国梦弊端的问题。威利多希望他曾经能够记录下查理的发言和演讲，可他只保留了笔记、图片和文件。但有一部由法国团队拍摄的影片，向人们展现了查理是一个怎样的人。我们在YouTube上观看视频时，威利兴致很高。

第一个问题是："什么是美国梦？"

"对我来说"，布鲁多恩回答说，"美国梦就是相信一切皆有可能。但这一概念在欧洲并没有得到很好的理解。对我来说，美国梦是没有尽头的。这就如同登月计划"。

做资本家容易吗？

"我的生活中没有任何事情是容易的。"

你工作难度大吗？

"是的，而且我很享受。"

您对自己的团队有什么期望？

查理停顿了很久，他似乎认为提问者对他所要解释的东西一无所知。他说：

"如果你想问我这一切是怎么回事，你可能对以下内容感兴趣：尽管我已经进行了好几次大型收购，但每当我去赌场时，我的赌注只有 2 美元。我游戏的运气不太好。因此到目前为止，我花在赌博上的钱只有 40 美元。赌博对我来说没什么吸引力。"

沉默。

"当然，我们可以对生命的意义进行深入探讨。我很满意我的工作，没有必要去赌场，我只做自己喜欢的事情，那就是建立一个经济帝国。而且没有法律规定我不能这样做。"

他向后靠在沙发上，张开双臂。

"即便明天我失去一切，那也无所谓。我可以随时回到 86 号大街，用 35 美分买一个热狗。我的下属们也是这么想的。我们可以吃上三个小时的工作餐，但我们没有，而是选择拼命工作。如果有必要，我们也会工作一整天，24 小时。我经常凌晨四点给欧洲那边打电话。这就是时差带来的美妙之处。你朝着两个方向工作，提前准备或是争分夺秒。这就是我们的生活方式。这就是我们的梦想，梦想让公司变得更好，效益更好。"

沉默。

"公司的盈利情况对我们 10 万名股东来说非常重要。我们对他们有责任。没有他们，我们就无法开展业务。这就是您需要了解的美国制度。股东是主人，而我们则任由他们摆布。那么问题来了：我们是否心甘情愿地做他们的奴隶？是的，心甘情愿。这就是为什么我们能够实现大家认为不可能的事情。谁能想到我们会收购最大的雪茄公司？我们正在制作有史以来最伟大的电影？我们接管派拉蒙时，它正处于破产边缘。我们销售的雪茄是该国有史以来销量最大的雪茄。糖是如此，汽车零件也是如此。而正是这种乐趣推动着我们。人们总是说：金钱是美国的上帝。我并不完全肯定这句话。至少我的团队并不只是为金钱而工作。工作能够让生活充满活力。我一去度假就会疯掉。"

摄制组问道，您永远都不会停下脚步吗？

布鲁多恩笑了。"是的，当然，在我被埋在地下后，肯定就停止了。"

• • •

从车里出来。威利几乎没有注意到。树叶在秋日的阳光下闪着光，他穿着米色大衣，秋天干燥而温暖，有些热。草地，无数的坟墓，一个人带领他们来到查理的坟墓前。赫尔加向后退了几步，只有威利向前迈了一步。

"啊，查理。你只是有点头晕。"

那次噩梦般的多米尼加共和国之行，威利也在。查理与往常不同。脾气暴躁，命令只有只言片语，也没什么耐心。威利并不理解。公司经营一切正常，而且在多米尼加共和国的事务进行得也很顺利。建设查翁小镇是一个绝佳的主意，每月有5000人来此地参观。郁郁葱葱的植物环绕着河谷，这已经成为这座小岛的橱窗，当地人对此充满了自豪感。白墙红瓦，手工切割的石头，画廊和艺术家们的聚集地，知名画家、雕塑家和摄影师都在此地办过展览。还有历史博物馆，已经有2.5万名儿童来参观过了，他们也因此增加了对历史文化的了解，这一文化首先改变了哥伦布，后来又改变了布鲁多恩。"我必须承认，这是一个伟大的地方。"甚至连曾主张将海湾与西部工业集团国有化的社会主义者、当时的总统候选人胡安·博斯也如此说。

所以有什么可抱怨的呢，威利想，但他决定不去反驳，不像往常那样试图去解决争端。有一次，在瑞士，他甚至把查理从车里扔了出去。不，他还是别说了。查理的行为有些莫名其妙，甚至对他，他的兄弟也是如此。威利想不明白，他返回了网球别墅，坐在那里，直到查理打电话问他想不想坐游艇出海，他可能需要兜兜风。威利很高兴，阳光和咸咸的空气会使他们的头脑清醒，明天他必须回到慕尼黑，让这次不愉快的旅程圆满结束。

船员们带了点酒，让他们独处，两人沉默不语，看着岛屿渐渐变小。威利已经开始期待吃饭、期待制订计划了，他对如何吸引更多的欧洲人来岛上有很多想法，这时查理突然说：

"威利，我有些头晕。你要和我一起飞回去吗？"

"是的，当然。"

他们登上梅塞施密特直升机，飞了回去。查理躺下了，第二天早上，威利只和他简单地告了别，"好好休息吧。"威利不会知道这将是最后一次告别。五年前，查理就患上了慢性白血病，三年前，又确诊了淋巴瘤，他没有告诉任何人，疾病要为金钱让路。在他不得不去医院时，他才透露，我要做"胆囊手术"了，从医院回来后，他的头发比以前更浓密，也不再把头发往后梳了。工作量也没有减少，只是他偶尔在会议上会打瞌睡。查理肯定已经预感到，他可能活不长了，而他这一生都相信一切皆有可能。电话响起时，威利已经在家待了两天："查理去世了。"

他们告诉他，查理死了，死在了他心爱的岛上，离开得如此突然，甚至没有时间回到纽约。怎样转移他的遗体？该发布怎样的通告，即将面临着怎样的利益纠纷？这有点像比利·怀尔德的经典电影《两代情》，其中讲述了一个美国人死于意大利的故事。他们做出决定：把查理送上私人飞机，并发通告说他在纽约突发心脏病。就这样，这个传说来到了世界上。

啊，查理，我的兄弟。只比我小一岁。他躺在那里，没有陵墓，也没有鲜花，只有再普通不过的坟墓，草地里冰冷的石板，上面刻着查理·布鲁多恩的名字。威利的头脑一片空白。金钱已经无济于事了。死亡对穷人和富人一视同仁。威利开始明白，为何查理在最后一次旅程中的言行举止如此不同。他一定很妒忌。为什么威利就能活着？回想起来，这感觉就像朋友、兄弟之间的妒忌。为什么他能得到我想要的东西？更多的岁月，更多的梦想。

这值得吗，查理？我们认识时，你一个朋友都没有。只有商业伙伴。这就是生活吗？

威利转身离开时，他觉得——尽管悲痛欲绝——自己是全世界最富有的人。他有赫尔加，有他的女儿们，他们朝夕相处，谈笑、吃饭、庆祝、旅行、房子、花园、园艺、日光浴，弗兰齐斯卡，第一个外孙女。威利那时57岁，他不知道他还能活久。他只知道，他不想用工作来填满今后的日子了，他想做的不仅仅是追逐梦想，他只想欢庆当下。美国梦，他想庆祝现在，想要渐渐老去。威利决心改变他的生活。

追悼会结束后，他和赫尔加一起去了尼亚加拉大瀑布，三年后他不再工作。后来，他只是以旁观者的身份远远地看着海湾与西部工业集团逐渐走向衰落。

· · ·

我总是会想起威利的故事，以及他对世界的看法。我结束旅行回到家中，会在谈话中提到我与比尔·盖茨、杰夫·贝索斯和拉尔夫·劳伦的交谈内容，威利在听到他们也有各自的烦心事时，会说："看，他们和普通人也没什么两样。他们午餐时也只能吃一个炸肉饼。"

是的，当然，我想。但使我陷入思考的不是这种明显的认知，也不是威利过往生活的魅力：私人飞机、奥斯卡颁奖典礼，与罗密·施奈德的咖啡时间，尽管我也想经常遇见她。这是另一件事，但我很长时间都没有想到它。

直到有一天晚上，我和弗兰齐斯卡谈起这个问题时，我才意识到她对威利有自己的看法。十多年前，我们还不认识，她拍摄电影，给人画像，为乐池中的音乐大师祖宾·梅塔和长野健拍摄影片，当时她也正考虑拍一部关于威利的电影，作为电影学院的毕业影片。我的这次调查再次将尘封的往事都挖了出来。她翻出了我们卧室后面一个房间里积满灰尘的册子，我们有时都能听到老鼠在夜间啃咬的声音，里面装着威利的简历，复印的照片，这些我早就已经看过了，她对我说："你知道的，外公把所有东西都抛下了。他拥有自己的家庭，自己的花园，他不再需要其他的东西了。而他的家人和花园则让他一直活到现在。"

是的，确实是这样的。威利生活中的魅力、动人之处并不在于他拥有什么，而在于他如何轻易地将所拥有的东西抛在身后。他如何下定决心改变自己的生活。和所有人一样，威利当时正处于人生的十字路口，而在关键时刻，他当机立断，做出了正确抉择。在与查理·布鲁多恩见第一次面时，威利就说到了他的心坎上，尤其是在那个时代，权威有着与今天不同的含义，能够决定人们的生活。你只要看看威利在硬盘里保存的那个时代的电影，那些关于员工不敢反抗老板的喜剧片。黑白电影《桃色公寓》，比利·怀尔德的奥斯卡奖成功之作，由杰克·莱蒙和雪莉·麦克莱恩主演，讲述了纽约一家保险公司小职员巴克斯特的故事。为了巴结上司巴克斯特经常将自己的公寓的钥匙借给上司，以便让他和情人们幽会，而他自己不得不睡在公园的长椅上。而与人事经理约会的正是巴克斯特暗恋的电梯女郎库贝莉。巴克斯特只能做出退让。最后，当他拒绝把钥匙交给谢尔德雷克先生而失去工作时，他终于成了一个英雄。

或者由加里·格兰特和多丽丝·戴主演的派拉蒙电影《春泪溅花红》。这部影片讲述了一个富豪开着他的劳斯莱斯穿过水坑，毁了一个失业女人的外套的故事。菲利普·谢恩没有停下来，但当他碰巧看到这个女人走进一家廉价的餐馆时，他让他的财务顾问罗杰带着几美元去找她，让她清洗一下。罗杰是这部喜剧中的关键人物，他以前是一名大学讲师，被谢恩用大量的钱财引诱去做生意，日复一日，他和心理医生坐在一起和抱怨他是如何出卖自己的尊严和灵魂的。虽然他恨菲利普·谢恩，但他无法脱离他；当谢恩想羞辱他时，他便会给罗杰加薪，这只会让罗杰更加愤怒。为了报复他的老板，罗杰鼓动被水溅到的女士，把那四美元扔到谢恩的脸上……

不，如果布鲁多恩问的问题让他感到不舒服，威利不会像巴克斯特那样畏畏缩缩。当布鲁多恩让他成为下属，他的"奴隶"时，他也没有畏缩，就像威利有时开玩笑说的那样，每次他还在休假时，私人飞机就已经在等他了："威利，管好这件事。"

但在最重要的时刻，他选择了自己，选择了自己的家庭。与罗杰不同的是，他没有出卖自己的灵魂，布鲁多恩想把他绑住时，他很清醒。他做出了在我们的生活中足够罕见的、看似完美的决定。

正如我们从心理学家、诺贝尔奖得主丹尼尔·卡尼曼（Dainel Kahneman）那里了解到的那样，决策遵循着一种模式：人类总是在两个系统之间摇摆不定。直觉系统和理性系统，即在腹部和头脑、感觉和分析之间。人们越恐惧，就越愿意用系统2，即头部，来决定。但威利并不害怕。他没有什么可失去的，因为地位和魅力对他而言毫无意义。他的家庭，他的妻子和女儿，以及他的房子对他来说才意义重大。决定就是这么简单。而事实证明，这个决定——加上巧合和良好的基因——将使他在查理死后的40年里一直活着。如果没有他的家人，他早就死了。

这就是我在这所房子里学到的东西，从老人们、赫尔加、威利，尤其是威利那里学到的。

不要在恐惧时做重要的决定。在我开始担心我的年龄，担心我可能无法长久地陪伴索菲亚时，我就做了一个错误的决定。我想用新的医学来应对衰老。这一点对我没有帮助。它不可能是第一种模式的答案，它只能是第二种。

25

分享让时间加倍

"索菲亚和生活"

厨房里。索菲亚。苏珊和赫尔加围着她。

下午两点五十分，遛狗时间。

"你去吗，索菲亚？"我问。

"不去，太无聊了。"

"来吧，我们一起去看看小羊羔。"

"那也没什么好玩的。"索菲亚咧嘴冲我笑，露出了上排的牙缝。

"苏珊外婆？"

"嗯。"

"看点什么？"

"你想看什么？"

"小沙人。"

在 iPad 上。索菲亚喜欢躲在外婆们的房间里，做些我们不允许她做的事情。赫尔加让她吃巧克力（这可不行，至少不能在嘴里塞这么多）或是读一些古早的、已经卷边了的童书，里面有只猫被骂作"讨人厌的家伙"（这也不行，因为索菲亚现在也会这么叫我们）。还有苏珊 iPad 上的故事，比如小国王的故事，索菲亚觉得主人公打嗝时特别有趣，或是像小沙人这样具有教育意义的视频。尽管如此，电子产品是会伤害眼睛的。

"不行，我们得在 5 分钟内出发。"我回答说。

苏珊弯下腰。"索菲亚"，她说，"聪明点。你可以选择，现在看五分钟——或者，等你回来了再看，可以看十五分钟"。

"我要现在看。"索菲亚决定。

"她也活在当下。"苏珊的目光像蜡一样柔和。

"她说得对"，赫尔加说，"她很聪明"。

我想也是的，她活在当下。而现在，她需要我。20 年后就并非如此了。

我想到了安娜·梅钦，我听说她是世界上少数几个研究父亲角色的人之一：父亲是否、何时以及为何重要。我想学习如何成为一个好父亲。她告诉我，母亲和父亲抚养孩子的方式是不同的。

"进化避免了冗余。因此，父亲和母亲所扮演的角色是不同的。孩子需要两者。当父母与孩子互动时，我们可以首先观察到母亲大脑边缘系统被激活，这是感受、关爱、保护所在之处。母亲与婴儿的关系是向内的。对于父亲，我们可以看到新皮层被激活，此处与社会认知、社交和沟通、计划、推动和挑战息息相关。因此，这种关系是向外的。父亲总是渴望将孩子向外推，推向极限，激励孩子发现世界，教他们如何应对风险，甚至是失败。"

我告诉她，弗兰齐斯卡对我与索菲亚相处的方式感到惊讶。有时，我会说天气没那么冷，然后摘掉她的帽子。晚上到了睡觉时间，我会和她打闹一阵儿。

她说：这对索菲亚有好处。教育的多样性能够使她变得强大。而且，父亲与孩子建立关系的速度要更慢。母亲和孩子共同经历出生，这是一个化学过程，是荷尔蒙的交换，这一过程能够激发二者之间的很多东西。相较于父亲，母亲处于领先地位，且母乳喂养也会使母女关系更进一步。"父亲通过互动与孩子建立联系：陪他们做些事情。而爸爸的互动总是过于夸张：回到家，举起孩子，在空中旋转。妈妈们翻着白眼。但这是男性获得类似于母乳喂养这一与孩子建立联系的方式的唯一机会。通过嬉戏、搔痒、打架，重要的结合荷尔蒙得以释放——在父亲和孩子身上。"

她还告诉我，在孩子出生的那一刻，甚至在那之前，我已经有所改变了。我的荷尔蒙，我的心理，所有的一切，包括大脑。"在母亲怀孕期间，父亲的睾丸激素水平就有所下降。各国都是如此，无论何种文化或是社会群体。虽然在孩子出生后，这一激素水平会再次升高，却永远不会恢复到以前的水平。"

为什么？

"睾丸激素越低，你就越是个好父亲。你能够设身处地为孩子着想，了解她的需求。"

她还告诉我，我的大脑正在发生变化。大脑中所谓的灰色物质在增长，你变得更加善解人意，更有条理——成为一个更好的监护人。"但与母亲的本质区别仍然存在：当父亲看到孩子时，大脑中的新皮质会被激活。此外，对于同性恋父亲而言，两个大脑区域都在更大程度上被激活，包括中枢位置，而通常只有母亲才会有这种情况。大脑创建了一种新的连接，使这些区域能够相互沟通。通过这一方式，他们可以同时承担母亲和父亲的角色，孩子便可以同时拥有两者。"这同样适用于女同性恋母亲。

她还提到了她的书《成为父亲——现代父亲的形成》。她在书中写到，在培养孩子心理健康这一方面，在人生的某些阶段，父亲比母亲更重要。我发现这很难让人信服。"但这是事实"，她说，"在孩子生命的某些阶段，母亲更重要——而在其他阶段，父亲更重要。我们可以看到，在儿童长期心理健康的研究中，特别是在青春期，过去与父亲有密切联系的儿童显然更健壮、更健康。父亲的角色对于培养孩子的适应能力非常重要"。

"有很多母亲"，我反驳说，"她们独自一人也能培养出优秀的孩子"。

"不过，这些孩子不与男人接触是个例外。"梅钦向我解释说："也许父亲会定期来看孩子，或者他们身边有叔叔、祖父、继父、爱人，或仅仅是好朋友的陪伴，他们扮演着父亲的角色，接替父亲的任务。而且，正如同性恋父亲或同性恋母亲的大脑会发生变化一样，单身女性也可以通过人类大脑的适应性，承担父亲的角色。归根结底，这与性别无关，而是与功能、将孩子推至极限的大脑激活有关——当然是在合理的限制之内，而不是危险和苛责。"

她还告诉我，父亲在何时发挥着尤其重要的角色：在孩子开始上幼儿园，再到上学时。"因为父亲能够让孩子看到家庭之外的世界。当父亲在孩子童年的某些阶段真正做到关心时，其效果是惊人的。例如，如果父亲在他们7岁时陪他们阅读和练习，这将对他们20多岁时的学术生涯产生很大的影响。这是大声朗读的母亲无法达到的效果。"父亲似乎对孩子自信心和性别认同的形成也特别重要。

她说，孩子在青少年时期与父亲共度时光也至关重要。"父亲在孩子向成年过渡的阶段所产生的影响远大于母亲。在培养自信、独立和自力更生能力方面也是如此。在这个阶段，父亲花时间陪伴孩子是很重要的。这对女儿来说并不总是那么容易，会变得非常复杂。做什么都无济于事。父亲也不必做什么特别的事情：只需花时间和孩子在一起。一起散步，一起做饭，或是洗车，什么都可以。没有什么可以取代和孩子们在一起的时光。"

是的，索菲亚不是刚开始上幼儿园吗？9月21日是她的第一天。她现在需要我，需要这次散步，即便她不感兴趣。因为这不仅关乎散步这件事本身，也关乎理解"现在"对她的未来是多么关键。每一天都至关重要，现在，以及接下来的十年、十五年，我已经给予了索菲亚最重要的东西。如果你想获得时间，我想，你应该学会分享。活在当下，活在此刻。我无权决定我可以陪在索菲亚身边多少年，但我能够决定我现在所能给予她的时刻。而这些时刻才是永恒的。当威利讲述过去时，我看到了属于他的那些时刻。他不记得是具体哪天，也不说是哪个星期，甚至不记得具体那一年。在他谈到过去的时刻时，所剩的只有那些大大小小的事件、经历，时不时会提到布鲁多恩、商业和魅力，但主要是赫尔加，还有他的女儿们，以及这所房子里的日常生活。

　　而索菲亚也会记住这样的时刻，以及在这座房子中发生的种种。她有50%的概率能活到104岁。因此，如果我现在能做个好父亲，2121年时，我仍然可以以另一种方式陪在她身边，不仅在她的基因和牙缝中，也存在于她的记忆、个性、自信和表达能力中，就像在我写这篇文章的这一刻，我的父亲在我身边一样，霍斯特，世界上最好的父亲，他温柔慈祥，细致耐心，热爱家庭，27岁时成了我的父亲。他在大学里担任讲师，讲授文学，在西雅图、卢森堡和萨尔布吕肯研究罗马语言文学。我家中几乎随处可见书的身影，我可以听到他叫我"莫比"，听到我三岁时跳到他的背上，而他在壁炉里烧火时，他对我的责骂。我对他的记忆是一连串的时刻，例如几个月前，我在从斯塔恩堡湖划船回家的路上给他打电话，告诉他这本书的情况。他鼓励我，并添加了一些来自法国的思想，"我们必须照料我们的花园"，这是伏尔泰的著作《老实人》中的最后一句话。在这本书中，主人公坎戴德在经历过战争、疾病、痛苦和死亡的迷途之后，放下了理想，回到了庄园。这个简单的句子包含了双重信息：即便世间的痛苦、苦难和死亡是不可避免的，人也必须不畏艰难，尝试做出改变。以及：如果你要做出改变，应从改变自己开始。多亏我的父亲，我才能将这些思想谨记在心，还有法国和法语，伏尔泰，那本黄色封面的书的作者，自从我读大学以来，每次搬家我都会把这本书放在新书架上，不管是到南锡、巴黎、柏林、汉堡还是慕尼黑。我父亲在学生时代用铅笔将他的思想永久地留在书中，就在安托万·弗朗索瓦·普雷沃斯特和罗曼·加里旁边。还有电影《天堂的孩子》，一部 1945 年的黑白电影，在我父亲出生两年后上映，与我们人类不同，电影永远不会衰老。

　　是的，四个星期后，在他 79 岁生日那天，我父亲在睡梦中中风了，他丧失了语言能力，右腿和右臂都瘫痪了。我们泣不成声——每每回忆起这件事，我就很难受，以至于无法再写下去了。我们都坚信他能够康复，我母亲在家中陪伴他，我的兄弟姐妹蒂娜、托斯滕和延斯也在不远处。在家人们的悉心照料之下，他的身体有所恢复，而我已有几个月没见到他了。疫情迫使我们无法相见，但我相信，疫情只会持续一段时间，不会是永久。偶尔，我会给爸爸打个电话，在打电话之前，我会独自来到一片荒芜的草地上，坐在索菲亚总是想扶正的树干上，给他讲讲，他小孙女的成长轨迹，她正在发现世界，也让我重新认识这个世界，我们读法语书，唱法语歌，《乌龟一家》《云雀》，她的牙齿上有和我们一样的牙缝，她有哪些地方像我，也像他。听筒在他旁边，我母亲离开了房间，只有他和我，我告诉他，索菲亚让我回忆起了我的童年，回想起了我们的游戏，骑在爸爸的身上，在伊岑普利茨池塘边散步，在拉特朗什买瓜子，我们共同度过的那些时光，仍在那里，就像昨天一样。我告诉他，他仍然在我身边，在我心里，即使现在我已经长大了，都快要 50 岁了，我仍然是他的孩子，他也继续指引着我。他所学的语言，他所读的书，他所写的书，都改变了他的基因，并继续改写，这些东西也塑造并改写了我的基因，它们也同我一起创造这本书，这很幸运。他回答我，只能说"是"，我母亲说他应该试试法语，但他坚持用德语，说"是"。我的父亲可以用无数种方式说"是"，这个字可以表达"不""谢谢"等各种含义，这是他在内心的哭泣，一种共同的记忆，即使没有安娜·梅钦的暗示，他也知道如何与我分享时间，与我一起加倍，加倍意味着增多，我们再次经历那些日子，是的。甚至当我们谈到妈妈时，他的"是"也意味着开玩笑，妈妈在厨房里煮巧克力布丁，因为他很喜欢吃，但当事情没有按她的想法进行时，她有时也会责骂，是的，妈妈，她很不耐烦，我们也爱她，是的，妈妈，我们爱你。我们又哭又笑。

26

家人和朋友

"厨房里没有'哎哟'声"

下面发生了什么事？

星期六早上，我躺在沙发上写作，十点半，房子里很安静，家人们都还没醒，狗也是。昨晚，赫尔加、苏珊和弗兰齐斯卡一直在读我尚未完成的书。"储藏室！"她们尖叫着大笑。威利也睡得很晚，苏珊和弗兰齐斯卡给他安装了 Wi-Fi，狗、索菲亚、我，所有人都聚集在他的卧室里，聊得起劲。他笑着，握着护理床上方的灰色把手，弗兰齐斯卡用黑色的小遥控器施展她的魔法。

"你想看什么？《穿普拉达的女王》还是《触不可及》？"

"哈，《触不可及》。"赫尔加说道。这部影片讲述了一位残疾人和他的陪护发生的故事。护工偶尔也会取笑残疾人。"他总是给他剪坏头发。"我们大笑。

"有机会我也给爸爸弄一个。"苏珊这位家庭专业剃须和理发师笑道。尽管如此，这家人显然找对了电影，配的字幕也很好，这是威利最大的心愿。在我凌晨两点半出来遛狗时，威利的灯还亮着。

我也通宵看了一部澳大利亚纪录片，名字叫作《四岁小孩在养老院》，是尼尔·巴茨莱告诉我的。英国和以色列也有类似的主题，这部纪录片很成功，很令人感动。

纪录片主要讲述的是，四岁的孩子进入一个养老院，和老人一起做为期七周的活动，这给老人们带来了活力。医生和老年医学研究人员观察这些老人是否发生了变化以及发生了怎样的变化，这对他们的情绪、力量和性格有何影响。

我的祖母赫蒂也住在养老院，就在我父母和弟弟住的那条街，经常有人去看她，因此这对她来说是个好地方。但她会抱怨身边的老人，不是因为他们做错了什么，而是因为养老院这种混合居住的形式。在这些老人中，几乎一半的人，没有人来看望，最多只有在生日或圣诞节时。因此对我来说，那是一个我从未想过要去的地方。

有一次，我躺在赫尔加房间的羊皮地毯上，脚踩在她的有氧摇摆机上，我的头和背因为写作的缘故异常疼痛，细心的苏珊给我盖好了被子。我躺在那里，打起了瞌睡，赫尔加坐在我旁边，腿上放着 iPad，正阅读着，突然开始谈论起她一直很崇拜的同父异母的姐姐弗里德尔，她比赫尔加大 16 岁。赫尔加说，弗里德尔非常聪明，博览群书，也喜欢周游世界，见过印度的治疗师，也见过阿尔伯特·史怀哲，她不只喜欢倾听，也很爱分享，当她开始讲话时，房间里所有人都会转向她。然而有一天，她的体力越来越差，被送到了养老院。"那是一个让你逐渐沉默的地方"，赫尔加说，"一点点消磨你的意志，磨灭你的精神"。她经常去看望弗里德尔，给她读书，他们在一起时，总是有说不完的话。但其实，弗里德尔正与她的妹妹渐行渐远，她正在脱离赫尔加，在去往生与死之间的地方，而后完全离开。

她在这所房子里非常幸福，赫尔加说。和她的家人在一起。和她的女儿们在一起。"还有你们。索菲亚，今天出去散步了，她唱歌的样子，那陶醉的神情，真可爱。"索菲亚正在计划一个大型化装舞会。莱奥尼扮演公主，宝拉扮演女王，索菲亚自己则扮演一只套着爪子的狗，苏珊外婆扮演独角兽，妈妈和赫尔加扮演独角兽的姐妹们。索菲亚和赫尔加商量了好几分钟，计划了一个大型派对，而这在养老院里根本没法举行，除非我们这个社会从《四岁小孩在养老院》的实验中得到启发。负责人在 YouTube 的小影片中介绍了实验结果，时长三分钟的视频让你惊叹不已。

这段视频以养老院老人们的照片作为开始，画面上是一张张悲伤而又严肃的面孔。"抑郁症和身体衰退给许多澳大利亚老年人造成了困扰"，一个副标题这样写道。随后是老人们的独白。

"我有时会很沮丧。"一位女士说。"我很孤独。"第二位女士说。"非常寂寞。"

悉尼大学老年医学教授苏珊·库尔勒（Susan Kurrle）解释说："当人们感觉孤独寂寞时，就不愿意出门，也不愿意锻炼，更没有社交。这是一个恶性循环。在澳大利亚，这一严重的现象与日俱增。"

十几个孩子走进来，手拉着手，腼腆害羞，像索菲亚一样的个头，穿着五颜六色的衣服。看见他们，11 位老人笑逐颜开，脸上重现了光彩。

他们就这样出发了，历时七周。

绘画。朗诵。鼓掌。唱歌。跳舞。滚蛋比赛。揉面团。远足。观察小鸡的孵化过程。拐杖和助步车比赛。接力。孩子们奔跑着，欢呼着，将亲手画的"冠军"海报送给老人们。欢笑，感动，流泪。

"我非常期待与这些优秀的孩子们在一起。"那位一开始心情沉重的女士说。

"惊人的情绪变化。"医生发现，小组内的抑郁值减半了，从红色下降到绿色。

"您感到快乐吗？"医生问其中一位起初看起来很忧伤的老人。"是的。"他笑着说。

"您感到无助吗？"医生问一个女人。"不。我不是无助，而是独立。"

医生向老人们展示她的图表：每日步数翻倍。平衡感提高 50%。超过四分之三的老人发现自己站和坐都比以前容易了。握力也加倍了。"你的力量增加了 15 千克。"医生用难以置信的语气对一位女士说。

而这一切都是在七个星期内完成的。而且也不必非要和自己的家人在一起。如果是这样就好了，但对于那些不再和家人，或者更喜欢和朋友住在一起，也就是英国人所说的"自己选择的家庭"生活在一起的人来说，这个魔法也同样奏效，只是激发了一个生化过程，将几代人联系在一起，有了陪伴人们就会变得更加年轻。

在我上床睡觉时，我更清楚地意识到，索菲亚为这个家带来了什么样的改变。如果没有这个小家伙，所有的欢声笑语都不复存在，威利、赫尔加和苏珊，又会是怎样的情况呢。尽管年龄最大的赫尔加和威利从未感到孤独，他们有自己的孩子、有长大成人的孙子来看望他们，但日常生活中多添了一个淘气的小孩子是一种全然不同的感受。小孩子是自然界最强大的返老还童之药。如果七周的治疗可以为居民带来这种效果，那么自从我们搬进来之后，索菲亚所提供的 200 周的治疗，她的生物标记，对威利，会有多大好处？

好奇心驱使我走下楼，走进嘈杂的环境。弗兰齐斯卡、苏珊、赫尔加和威利围坐在索菲亚身边。在索菲亚的指挥下，弗兰齐斯卡扮演飞机，必须得把索菲亚带进屋去。小女孩下了飞机，手里拿着一个黄色的气球。她把它扔给威利，"排球"，她喊道，还跳了一下。气球飘了回来，索菲亚又把它扔给了赫尔加，就这样，气球从威利到赫尔加再到索菲亚，持续了半个小时，直到索菲亚在兴高采烈中把头撞到了橱柜上，弗兰齐斯卡吓得把她抱在怀里。索菲亚的小眼睛里充满了泪水，但她挣脱了束缚，把眼泪憋了回去。"不能哎哟。"她说着，继续前进。与赫尔加和威利一起。而且他们两个也没有"哎哟"。

• • •

去年，我在调研过程中曾与十几位教授谈过，其中有医生、遗传学家、化学家、社会学家和人类学家，他们在很多事情上都意见不一，甚至对有些问题争论不休。在科学中并没有所谓的真理，只有思想间的碰撞竞争，才使得知识产生，埃琳娜·斯莱格博姆和辛克莱需要彼此。但在一件事情上，他们的观点是相同的：如果你想保持健康快乐，就应该把人们聚集在你周围。而几代人生活在一起即是理想方式。

"我们自己也考虑过。"大卫·辛克莱说。尤其是在疫情期间，他很担心自己在德国的岳父岳母。每天晚上他都会和在澳大利亚的父亲聊天。"我很欣赏长辈的智慧。历史总是重演。当你在老一辈身边时，他们可以告诉你，自己年轻时在经历相同事情时是什么感觉。我们必须要汲取这种智慧，可我们总是只回放近几年的 24 小时新闻。这就是为什么像这种每隔几代人就会发生的疫情、这样的灾难让我们措手不及。我们总是从头开始。世界如此，家庭也是如此。一人陷入麻烦时，关系就会破裂……老年人一次又一次地看到这一点并且可以提供建议。但他们必须能够做到这一点。更有理由努力让他们保持健康。"

"它是双向的"，他继续说，"众所周知，拥有一个家庭对老年人的身心皆有好处。最大的健康问题之一是孤独和抑郁，当我们将老年人推到一个没有亲戚或朋友的地方时，他们就会感到孤独和抑郁。这实在是太残忍了。世界上人们寿命最长、更健康、更快乐的地方，就是家庭聚在一起的地方。老年人生活得更好，寿命才能更长"。

他在英国参与了一个项目，让老年人住在新建的社区中，他们不再富裕，没有家人在身边，社区有医疗护理，他们与外国人共享家庭生活空间。

他向我讲述了世界著名的"蓝色地带"，即老龄化严重的五个地区，意大利、日本、加利福尼亚、哥斯达黎加和希腊的区域和岛屿。蓝色区域的划定基于探险家兼作家丹·布特纳（Dan Buettner）的研究，他于2005年在《国家地理》杂志上发表了他的发现。科学已经对蓝色区域进行了非常详细的研究，有趣的是，我们似乎正在建立自己的蓝色区域。养老的秘诀是：在花园里工作、健康饮食、多吃蔬菜、少吃糖和少吃肉，以及几代人住在一起，这些重要的原因之一。

"对于蓝区的百岁老人来说，家庭是第一位的。"布特纳写道。"这意味着将年迈的父母和祖父母安置在离家近的地方或家里。这也降低了家中儿童的死亡率和发病率。这些孩子得到了很多时间和爱。"

关于我们的模型，辛克莱和我谈了很长时间，"我认为它很棒，很真实。"

埃琳娜·斯莱格博姆让家人为她的母亲做饭，以对抗她的孤独和抑郁。对于我们家四世同堂的生活，她说道："您为您的父母和外祖父母所做的一切，能够帮助他们驱散压力与沮丧，让他们有一个下床的理由。外祖父母还要照顾索菲亚，即使只是涂上蜂蜜三明治或做一顿像样的午餐。我相信这已经产生了很大的不同。"

尼尔·巴茨莱对百岁老人进行了大量研究。几代人在一个屋檐下？"我听到了很多关于它的消息，我刚刚在世界经济论坛上做了一个演讲，关于它有很多想法：如何让老年人融入社会。这个美丽的节目，这个关于养老院里的四岁孩子的系列。发生在老年人身上的奇迹是一个奇迹，这奇迹也发生在四岁的孩子身上：他们学会了同情。哦，你想玩吗？但他需要帮助才能从椅子上站起来。于是，孩子抓住了他的手。他们爱这些老人，他们再次给了老人们如此多的爱和感情。这是一个我们应该考虑的模式，将敬老院和幼儿园结合起来。"

还有史蒂夫·霍瓦斯，生命时钟的发明者。"我也住在多代同堂的家庭中，和我的岳父岳母一起。"他直接说。他的家庭模式和我们的不太一样。89 岁的岳父和他们一同住六个月，岳母再住六个月——一个轮流计划。"我明白您在说什么。我也是这么看的。每个人都能从中受益。我相信这是智人自然的生活方式。多代人生活在一起。我与研究压力源及其对衰老影响的人共事。科研工作向我们展示了压力，如创伤后应激障碍，是如何增加生物年龄的。"

从事此类研究的女性之一是苏黎世大学的神经表观遗传学教授伊莎贝尔·曼苏伊（Isabelle Mansuy），她在著作《我们可以控制自己的基因！》一书中提到，我们自己可以怎样让基因发出声响。我们可以通过食物、生活方式、所交往的人来影响基因——一切都很重要。当我和她谈起她的研究和我的家庭时，她也开始谈起她自己，充满了渴望：她的女儿和她的丈夫有一个小孩，她喜欢和他们一起聊天。也因为在女儿小的时候，她在事业上很努力，丈夫更关心女儿。如果她能和女儿一家住在一起，也能弥补一点，弥补她错过的。

她说，关于社会经验如何驱动表观遗传学依旧是一个新研究领域。人们都知道，战争或虐待会对基因产生影响，这种影响是会遗传的。但新的研究表明，爱、安全和快乐可能会逆转这种影响。当然，一个充满欢乐的多代屋也能够对表观遗传学产生影响，使我们身体的程序、基因、硬件运转起来。

多代屋似乎会影响我们体内滴答作响的时钟。在能够发展社交并收获不同爱意的孩子中，时钟显然会转动得更慢。它还释放"亲社会分子"，使孩子更容易结交朋友和知己。无论如何，神经学家和遗传学家都说，多代屋可以成为大脑良好刺激的源泉。曼苏伊使用了"丰富的环境"一词，这意味着大脑通过接触、触摸、对话，从外部受到刺激——这正是多代屋，丰富了年轻人和老年人的感官和突触。"在如此'丰富'的环境中生活有着很多积极影响，对健康非常有益。"曼苏伊解释说。生命——形象地说——不仅在我们的遗传物质中留下痕迹，还会呵护它，用愈合和保护性绷带包裹它，或正如专家所说："丰富环境的一种表观遗传特征。"

· · ·

我妈妈过得怎么样？

　　我打电话给她。我们聊了一个小时。聊了她的担忧、我父亲的病情，我听到她的声音在颤抖，可我却无法拥抱她。我觉得自己离她是那么的远。

　　在写这本书时，我意识到一件事。不是每个人都能和家人住在一起。家庭护理改变了一切。即便我们照顾了威利，这是我们能做到的。但也可能会出现事情恶化，家人无法做到的情况。

　　我可能永远无法和我的父母住在一起。我的工作在慕尼黑，我不能搬到萨尔兰，住在父母和兄弟姐妹的身边，但我想了解他们。我只需要对我的兄弟托尔斯滕说三句话，我就又变回了孩子，回到了那个曾经熟悉的世界。不，不是每个人都能与家人团聚。

　　但世界一直在转动。旧的家庭模式也可以是朋友间的模式，像养老院的孩子一样的模式，最好旁边有一个动物收容所，狗对赫尔加健康的影响可不容小觑，她几乎每天都会在森林里遛狗。而当索菲亚站在她身边，模仿狗的顽皮时，她真的有一份工作。幸运的是，她陪着她的朋友露丝，露丝在疫情期间几乎被剥夺了所有陪伴，她给了索菲亚小猪佩奇杯子，她就像索菲亚的第三个祖母。我遇到的人们，在明爱机构居住的老奶奶们，她们都渴望陪伴，比起疫情，他们更害怕孤独。

　　新模式的时代已经开启。在美国，多代同堂的家庭数量激增，五分之一美国人的居住模式都是如此——这是自 20 世纪 50 年代以来的最高数字。且这一数据是在疫情前一年统计的。目前可能会显著上升。根据华盛顿皮尤研究中心民调人员的一项研究，由于疫情，20%的美国人已经搬家或身边的人都在搬家，因为他们失去了工作，无法上班或旅行，或感到孤独。大多数情况下，他们都搬去和家人一起住，或是和朋友一起。

而在德国，90%的人认为，家人对于他们而言是最重要的，25%的人认为，在疫情之后，家人比曾经更重要了。

这种孤独和死亡的经历，自第二次世界大战以来我们从未有过，也让年轻人有了不同的想法。也就是那些在生命结束前回顾自己人生的人。而衡量成功最重要的标准是：在我有限的生命中，我有多少时间是与我爱的人在一起的？与朋友和家人呢？

27

冬 天

"苏珊的眼泪"

　　橡树、山毛榉、栗子都光秃秃的，没了生机。威利的脸色也不太好，有些秃顶，就像树木一样，叶子都掉光了，只显得更加苍白、苍老。

　　晚上，红色的灯光照得鸡窝暖暖的，苏珊和赫尔加在小声笑着。房子里的每个人都在工作，我在写书，苏珊在参加 Facebook 的研讨会，弗兰齐斯卡在弹竖琴，赫尔加在厨房和花园里。地下室关上了。哦，有时她真的很希望房子看起来整洁又干净，所有的窗户都关着，暖气不止有两种温度——冷和热——浴缸宽阔而舒适，这样就可以点香薰了，再给自己倒一杯普里米蒂沃酒，放上音乐，做个好梦。也许还有一个新的灶台……

　　她又把扭结饼放在灶台上快速加热了一下，这是苏珊的小窍门。她从养鸡场回来时，烟雾探测器一直在响，一股大火的味道弥漫了整个屋子。只有威利不在乎——因为面部瘫痪，他再也闻不到任何味道了。我们锁上了楼上的门。

漫长的冬天即将来临。

初冬时的天气还不错，11 月有几天阳光明媚，我们在原来夏天游泳池空旷之处的躺椅上铺着毯子躺下。之后到了圣玛尔定节，索菲亚做了灯笼，丽莎和马库斯带着孩子来我们家串门，他们带来了树棍面包。我做了热葡萄酒和辣椒，我们在花园里摆了一张桌子。弗兰齐斯卡在我们从七个棚子之一拖出来的生锈的大碗里烧柴，狗伸着鼻子：这一幕看起来充满了希望。

列队穿过街道，苏珊和赫尔加牵着索菲亚的手。苏珊说，她本来要工作的，但她还是更喜欢拿着树棍面包在火上烤。

竖琴时间。所有人围在弗兰齐斯卡身边，唱着"太阳，月亮和星星"，"Rabimmel Rabammel Rabumm"，最后，是一个小足球迷的提议，拜仁队队歌《南部之星》。我很好奇他们会给我们的邻居圣诞老人唱什么歌——当他在 12 月穿着我们为他订购的红白相间的服装来时。

我们期待着圣诞节，希望封锁能在 12 月中旬结束。弗兰齐斯卡想在一年前开业的当地咖啡馆里演奏，那里有一个小型舞台和包容日，供残疾人士享用。咖啡馆由汉斯和家人一起经营，他热爱音乐，也有自己的乐队，他买了个壁炉。只是不要被可怕的病毒吓倒！夏天，他在天花板上挂了空气过滤器，在柜台上方放了小型涡轮机，在大桌子和屋角摆设了长凳，我喜欢坐下来写字，置身于都市生活。

"你现在要做什么？"汉斯开玩笑说，按照规定，他要在 11

月暂时关店。他看着我的书长大，一页一页地读完。"我可能不得不取消这本书了。"我开玩笑说。那时我们几乎不知道预期的封锁周会变成几个月。

没有带索菲亚玩旋转木马的圣诞市场，没有去瓦尔兴湖、阿尔卑巴赫的旅行，没有儿童音乐会，索菲亚不再上幼儿园，房子在雾中或雨中。我们坐在小房间里，只有笔记本电脑、竖琴、书籍和乐高积木，墙壁日显逼仄。空气，空间，我们都太渴望了，只有索菲亚仍然无忧无虑，即使她错过了幼儿园。她只是在客厅里来回走动，放着音乐跳舞，直到我下楼去厨房找威利。

"洛伦兹"，他说，"我有话要说"。他看起来很严肃，他的手在颤抖。"我受不了了。一直在跳。就在我头顶上。"

苏珊和赫尔加愣住了。

"三月会好些。"苏珊说，为了缓解一下气氛。

"我是认真的。"威利说。

我什么也没说，一直在听着。

"我没办法改变，我要疯了。如果只有 5 到 10 分钟就算了，但每天早上、下午、晚上都……"

"我理解你"，我说，"但是索菲亚已经三岁了。我不能把她绑起来，她必须动起来。"经过进一步思考："我们怎样才能解决这个问题？"

春天尚未解决的事情依然存在，困境中的感受，被封锁的感受，病毒对家庭的不利，现在也袭击了我们。

"我任凭她摆布"，威利说，"我不能搬出自己的房子"。

"她可以在过道上跑。"我回答说。那不在他卧室的上方。

"我们会给你一部带有大按钮的手机，这样一来如果你被打扰到了，你可以打电话到楼上。"苏珊建议道。

"她可以和我一起在楼下跳舞。"赫尔加说。

我去找了弗兰齐斯卡，我们为索菲亚建造了一个小水池，弗兰齐斯卡将它命名为"噼啪小水池"，在浴室里。我们把工作推到晚上，让她能在早上快点出来，威利早上、下午和晚上都能很放松。

我们在厨房里谈了半个小时，进展很顺利，当索菲亚出现时，气氛更加活跃了，威利对她笑了笑，朝她吐了吐舌头，逗她玩。一周后，这件事逐渐被淡忘了。"谢谢你。"威利只说了这么一句话——但这次谈话却让我思考了一个星期。

一种从未有过的感觉涌上心头。我们当然已经搬进了这座属于赫尔加和威利的房子中，我一直都知道这一点，但却从来没有觉得，这座房子意味着一个大家庭。好吧，在如今这种困难状态下，它也失去了平衡。当然，我们首先必须互相靠近，互相鼓励，互相帮助，互相倾听，为彼此带来欢笑，我们要做很多事。我们喜欢坐在一起，或是开车进入树林，赫尔加、苏珊、弗兰齐斯卡和我，轮流握着索菲亚的手，这种感觉很幸福。但在疫情期间，在这个狭窄的空间里，我们不得不重新划定我与你、我们与你们以及不同世代之间的界限。我们必须要再次设身处地为他人着想，我们要理解威利，毕竟我们正好在他的头顶上走来走去，但威利也在体谅我们，一个无法上幼儿园的孩子，几乎无法见到其他的同龄玩伴。我们必须携手并肩，互相包容谅解。如果无法做到，我们就无法融入这座意味着家庭的房子中，只能作为"常住客人"在其中居住。然而我们不想成为"常住客人"。赞同是这座房子的魔力，对所有人而言都很美好。给予和索取。保持平衡状态。

我们能做到吗？

病毒让这件事难上加难。

赫尔加不能再继续跳舞和唱歌了。

苏珊被困在她的小房间里，她甚至都没法去宠物犬培训学校了。

我埋头于工作中，为了写一篇重要的报纸文章进行了十几次采访。此前，在这样的高峰期，我会在写字楼的办公桌上埋头苦干直到深夜，而现在我坐在这间女士休憩室中，网络很差，视频会议总是中断，所以我偷偷溜进厨房工作，关上了门，惴惴不安，索菲亚和弗兰齐斯卡被悄悄地锁在屋中，这样索菲亚就不会注意到。如果在家庭办公室，索菲亚随时都可以进来，满面笑容，"来看看爸爸"，"写点什么"，"看点什么"，"读点什么"，或者只是跳上沙发，她进来的次数越多，我坐在电脑前的时间就越长。即便在早上，我也匆匆下楼，将门紧闭，继续做我的工作，隐瞒我所爱的人。回想我在过去几个月所学到的东西，这种方式是不恰当的。一边是家人，一边是我必须要完成的工作，我的心里仿佛有一团火在燃烧，心神不安。至少我给予了索菲亚温暖和耐心，她小小的身体靠在我身上时，我就像进入了一个美丽的世界。读书？《小驴和小天使》？好。《爸爸布鲁》？当然。还有《松鼠的朋友》？好的。中午我给她做饭，下午带她出去散步，我尽量留出更多的时间陪伴她，这一倍、三倍、四倍的时间加在一起，便能产生不可估量的价值。

但是弗兰齐斯卡！她的工作呢？疫情期间禁止举行音乐会和音乐家聚会。她的孩子？每天都呆在家，是她的主要负担。她的丈夫？沉浸在思考中，整日坐在电脑前，或者和索菲亚一起散步，她很少一起去，因为她有时也需要时间喘口气，听音乐、洗澡、休息、弹奏竖琴。当一个电视节目向她发来演出请求时，怯场的紧张之感和疫情带来的孤独感一同向她袭来。不，不是那样的。

多代屋，这一旧的模式，你只有在不同于旧模式那样生活时，才能发现它的美好。必须要以 21 世纪的生活方式居住在那里。平衡是如此，男性与女性的角色也是如此。

然后，面对疫情，所有人瑟瑟发抖，摇摇欲坠，当有一块石头落下时，它便会将所有人伤害得体无完肤。我们散步回来，索菲亚睡着了，我把她抱起来，放到床上，楼下传来了一声巨响。苏珊和赫尔加在门前等着弗兰齐斯卡。

马桶堵了。周末。

一定是索菲亚。她往马桶里扔了太多纸。

为什么是索菲亚？以前就从来没堵过。

"好逻辑啊！"我说。我们搬到这里前，还没发生疫情呢。索菲亚也应该为此负责吗？

两天，屋子里都笼罩着异常的安静。每个人都闷闷不乐地走进灌木丛。最后是水管工人。他的判断是：土壤中的植物堵塞了管道。

最后是在剃发的时候。苏珊拿着工具站在威利身边，弗兰齐斯卡也在。苏珊告诉她，如果要建造花园，该如何设计。弗兰齐斯卡惊跳起来。她想让我们搬出去吗？

争吵。直到威利喊道："闭嘴，所有人。"

弗兰齐斯卡跑到我身边，苏珊牵着狗跑进了森林。

晚上我们去了她的房间。还破例同意索菲亚拿着 iPad 看视频，她倚在扶手椅上。

"发生了什么事？"我们问。

赫尔加在厨房里听到了动静，走了过来。

"你们知道，这对我来说意味着什么吗？"苏珊说。

泪水从她的眼中滑落。

椅子不够，我们坐在地板上，赫尔加靠在暖气上。

苏珊解释说，没有比她的空间再小的了。她的小型实验室——还是临时腾出来的。她的书架——太小了。她的衣橱——桌子和床之间的隔断，衣橱的门就是一块布。屋门经常开着，因为总有人进出——太近了。没有人会想着关上中间的门。想要午睡？狗也总是走来走去。还有 Facebook 直播的研讨会——赫尔加会在她身后偷偷看着。

她只是想计划一下。她的想法只是再建造另一所房子。两间房子。在未来的某一天。两间房子足够我们所有人住。现在她想设计房子，规划花园，提交计划。再进行下一步。

她知道：弗兰齐斯卡不想这样，至少目前还不想。我们搬进来时，弗兰齐斯卡和我说过，等七年之后再做改变。那时，威利一百岁，索菲亚也是个小学生了，我们楼上的空间肯定太小了，我们的家庭世界会发生很大变化，我们的生活方式也必须改变。

苏珊想把时间提前。

"你怎么看，赫尔加?"我问。

"你知道，洛伦兹"，她回答说，"我想搬进一栋我不会被门撞到的房子。又漂亮又现代。我已经85岁了。没有那么多时间了"。

我们一起坐了一个小时。四代人，蹲坐在地上。我们聊天，流泪，欢笑。也做了一点计划。重新规划了我们的房子。我们共同的生活。我们共同的目标。

28

我　们

"弗兰齐斯卡和我"

　　汉娜、乔纳斯和他们的妈妈一起来了我们家。"索菲亚在吗？"随后就是咖啡、游戏、儿童节目；天渐渐黑了，汉娜的妈妈想离开了。弗兰齐斯卡还要练习竖琴，离她电视演出的日子没剩几天了。是的，圣诞节前夕，她会在教堂演奏，这里是唯一允许音乐存在的地方。慕尼黑圣马克西米利安教堂的"降临文化"，赖纳·席斯勒牧师不想"取消任何东西，而是想创造一些东西"。第一次降临节和主显节之间的 30 场礼拜将由流行音乐、古典音乐和民间音乐家伴奏。弗兰齐斯卡在组织方面提供了一些帮助，并且还想在平安夜参加比赛。竖琴在客厅，那间旧书房。

　　回家？"不。"汉娜和索菲亚，两个女孩，霸占了竖琴旁边的沙发。这就是竖琴练习。还有我的工作。乔纳斯走到乐器旁，抓住琴弦。

　　我们唱歌好吗？

"好的！！！"

"叮叮当，叮叮当"，"让我们快乐快乐……"——先是拍板和钟琴伴奏，然后女孩们在沙发上跳到最高，脸红颊通，两个小时就这样过去了。苏珊上来，站在门口笑着，乔纳斯摇摇晃晃地走进楼梯间，他的母亲跟在后面。

"现在房子闻起来也像小饼干"，她说道。"太浪漫了。"

楼下赫尔加烤香草新月小酥饼；在玻璃碗里撒上糖粉，她稍后应该会送上楼来。那一刻，可能会是我们共享的事件中最能保留下来的一刻，其中蕴含的力量比疫情带给我们的冲击更强大，足以冲破一再侵扰着我们的、关于空间与安静的争论。威利、赫尔加、苏珊，我们又找到了彼此，我们也更亲近了。

就像这些孩子们的时光一样，十二月就这样来到了，制作花环，锯圣诞树。威利吃早饭的时候，索菲亚坐在他对面的炉子上，弗兰齐斯卡剪了头发，她身边有五把剪刀，除了一把剪刀，没有什么好用的。"我的剪刀是最好的"，威利自豪地说。

平安夜，所有的老人都坐在房子里，在音乐节现场直播前，我在那儿，躲在圣坛旁边，胳膊上抱着索菲亚，感谢这一刻，弗兰齐斯卡，垂下眼睛，跳跃的卷发，百岁的竖琴，她的音乐在心中响起，我不得不深吸一口气，强忍泪水。我们。我们两个。

弗兰齐斯卡怀孕时，我们参加了一个为分娩做准备的课程。讲座，呼吸技巧。弗兰齐斯卡预订了额外的一小时："生孩子，夫妻生活。"我们的心中也充满了惧怕和未知。

当我们搬进来的时候，那种恐惧又在我心里发芽。有一次我坐在歌德广场的旧公寓里，我喜欢这间公寓，宽敞又明亮，墙上挂着一张弗兰齐斯卡在缅甸日出时拍的巨幅照片，是蒲甘的宝塔。我们在去机场的路上，行李被一辆帆布卡车带到飞机上，风和云洞把我们疯狂地抛来抛去，机长不得不在山丘之间使飞机倾斜降落。所以我坐在这间公寓里，我们俩都被困在里面，想着搬家，我拿了一张纸，写了一首小诗：

我们，
我们怎样成为：我们？
我们俩。

在我们搬家前不久，我和安娜·梅钦聊过这件事，我有些恐惧。你们很难，她说，你们有孩子。你自己知道，每个人都知道，你住在一起，但你总是扮演父母的角色，没有休息的时间。每个人都必须小心。"父母是家庭的根基，必须重视并处理好他们自己的关系。否则只有在孩子需要某些东西时，他们才会互为搭档。孩子出生后，父母重新连接很重要。两个人都需要休息时间。"

是的，家中的祖父母可以创造这些休息时间。你可以得到这些馈赠。

我在搬进来之前还问了自己第二个问题，在索菲亚刚出生后不久，那时我们三个人还住在我们自己的公寓里，我们的小窝，对门住着亲切的土耳其人塞尔玛，如果我们住在特雷西亚草坪，她很喜欢扮演索菲亚的奶奶。第二个问题是第一个问题的延伸：我们怎样在这个大家庭中，保留住我们自己的小家庭？大的不会压垮小的吗？

我们找到了几个答案：房门紧闭，每天早上，我们三个紧紧依偎在一起，我们有自己的厨房，自己的汽车，但有时也会让我们与外界隔绝——当界限被打破时，我会感到气愤。在这三年中，没有什么比索菲亚的第一个生日更让我伤心的了。我们用气球和彩带装饰房间直到凌晨两点，那个星期天我睡过头了，醒来后身边已经没了人，我吓了一跳，八点半，从卧室出来，见到了赫尔加、苏珊和弗兰齐斯卡，他们已经和索菲亚一起开始庆祝生日，和我的女儿一起。

每件事都有对立面，你必须要认识到，讲出来，去寻找答案。对于爱情而言，家有老人大有裨益。自打搬进来，我和弗兰齐斯卡就没吵过架。曾经我们独住时，弗兰齐斯卡一直想养条狗，我却不愿意。而现在，莱奥尼总喜欢跟着我，也喜欢去找苏珊讨要吃的。在我做研究期间，我也不能让它缠着弗兰齐斯卡，她本就没有自己的时间。但这并非万无一失，也存在隐患。"尤其是"，梅钦说，"当你在别人家时。你不能说，嘿，你不能想做什么就做什么，就像平时在你们自己家一样。你会因此失去一些权力"。

威利抱怨索菲亚在楼上蹦跳，这也是让我感到压力的原因。我理解他，如果在我们慕尼黑的公寓里，邻居可能也会在下面说："别这样！"但如果我们有自己的房子……我们心中燃起了这一渴望。多代人住在一起？是的，当然，这不是问题所在。但怎么做呢？对于弗兰齐斯卡和我来说，这也是一个关于爱的问题。我们需要相互理解。

・・・

弥撒持续了将近一个小时，索菲亚想去找她妈妈，我们为霍斯特爷爷点了一支蜡烛，他度过了不能说话的第一个圣诞节。一根又一根蜡烛，而后索菲亚饿了。我在车里放了一根香蕉，等了几分钟，弥撒结束了，然后回家打扮圣诞树，到弗兰齐斯卡开的商店，里面有一个小收银机、游戏币、狗饼干、牛奶瓶和迷你萝卜。威利60年前为他的孩子，为他的家人建造了它，当索菲亚有孩子时，它可能仍然存在。第二个大礼物是一只玩具小马，如果你坐在上面，把脚放在马镫上，它就会向前移动。窗户被敲响了，是法妮，弗兰齐斯卡的老朋友，在我和弗兰齐斯卡结婚前，她们曾一同住在莉莉大街的公寓。她是一名大提琴手，在弗兰齐斯卡的鼓励下，为弥撒编曲。"他们还会再继续弹一会儿。"她说。一首古老的农民弥撒曲，两把竖琴，古筝，弗兰齐斯卡的父亲会唱歌。牧师就是如此希望的。

我和索菲亚开车过来。"帮助圣诞老人。"她收拾东西，我在谷歌上搜索如何烹饪鹿肉片。苏珊正在寻找一个铃铛，她很为弗兰齐斯卡自豪，威利和赫尔加以及她在 YouTube 上一直在关注她。"我融化了。她看起来像个天使。我的女儿。"

就像从二楼掉落下来的塑料袋，爆裂了，里面的玉米秆也漏了出来，宝拉把它们吞下又吐了出来。无论孩子多大，父母都要把自己的骄傲与感动之情大声地表达出来。父母的爱是独特的，自然的，其所遵循的规律与夫妻之间的爱不同。但世界上的每一种爱都有一个共同的原则。我们应该珍惜，即便是大家庭里，否则她就会像我们冬季花园里的薰衣草一样枯萎。

"十五年来，我一直在探索爱情。"安娜·梅钦说。"我从研究中得出的结论是，身体接触对所有的关系都至关重要，包括朋友间、亲戚或孩子之间柏拉图式的关系。"疫情让我们知道，没有什么可以取代亲密关系，即便是电话或视频也不行。相比于威利的话语，令我印象最深的是我第一次摸威利的手的那一刻，他的皮肤很光滑。当我惊慌失措地回家时，我和苏珊四目相对，我们在一起的第一个冬天，我把索菲亚的围巾围在我的胸前，我带着她在树林里散步，撑着伞为她挡雪，在一个岔路口，雪下藏着一层冰，我马上就跌倒了，我无法举起胳膊，向前倒在了索菲亚身上。她哭了，我震惊了，一位年长的男士跑来帮忙，把我们送回了家，足足用了十分钟，我手里拿着雨伞和牵狗绳。索菲亚沉默，我几乎无法呼吸，我不知道，她是在睡觉还是受伤了？弗兰齐斯卡和赫尔加从我怀中接过她，看了看、做了检查、叫醒了她，一切都很好，羽绒服和两顶帽子保护了她，我没有压到她。弗兰齐斯卡把她抱了出来，安抚她，我站在那里，像个孩子一样开始抽泣。

这就是有区别的那些时刻。

梅钦告诉我，在夫妻之间，身体接触的重要性是十倍的。大自然有它的把戏，在内啡肽的帮助下，它将恋人聚集在一起，并且以更强大的方式将我们联系在一起。"进化作用希望夫妻能在一起很多年。可能最重要的原因是生孩子。不同于其他哺乳动物，我们人类在胎儿尚未发育完全时，就将他们带到了世界上。在出生后，他们还需要长时间的悉心呵护与照料。为此，父母双方缺一不可。为此，您需要父母双方。这就是为什么爱情会让人上瘾，由大脑释放的 β-内啡肽推动。像海洛因一样，β-内啡肽是一种天然鸦片。它就如同一把枪，将爱释放出来，一个接着一个。如果离开了伴侣，我们会想念，会有压力，我们会退缩。这些戒断症状驱使我们回到伴侣身边，重新在一起。如果在一段关系中没有欢笑、没有抚摸、没有性、没有接触，那看起来就像戒毒治疗。这就是人们要处理好人际关系的原因。"

这样的话让我感到愧疚。我也想给弗兰齐斯卡更多的时间。她看到我在给她做饭了吗？

开烤箱，烤鹿肉，放土豆，苏珊做沙拉，赫尔加在分散索菲亚的注意力，威利在看电影。

最后，传来了汽车的声音，开房门的声音，还有楼梯上的脚步声，我听了成千上万遍的脚步声，起初很慢，然后越来越快。是弗兰齐斯卡。直到现在我才感到自己很完满。

29

跷跷板

一位来自日本的老人——七世同堂

哦，来自日本的邮件。

亲爱的洛伦茨·瓦格纳，

来自秋田的问候——日本北部的一个城市。

我是一个德国的老人。我还会讲德语，但确实有些生疏了。

但是，抱歉，我的电脑只有英语这一种语言。

我也——我人生中大部分时间都是在纽约度过的，生活和工作，当然也有一些其他城市。如今，我在日本定居了，这里是我最后一个爱人的故乡。

我仍然喜欢每天在德国、英国和美国媒体上阅读一些网络文章。

作为一名建筑师，我曾有幸与菲利普·科特利奥·约翰逊合作，也曾与贝聿铭合作多年。

不，这并不容易，但是我很享受参与设计伟大建筑的过程，其中有些可能您也看到过。比如在纽约市：现代艺术博物馆、麦迪逊大道上的 AT&T 大楼、椭圆形的"口红"大楼。

话说回来：几周前，我听说您代表《南德意志杂志》对安娜·梅钦博士进行了访谈，主题是爱。

尽管我现在已经 91 岁了，但爱对我来说仍然很重要——不——对我们所有人来说都是这样的。

我想听一下您二位对爱这一主题有什么见解。

如果我没记错的话，在《爱与生活》中您曾简要提到过平衡这个话题。

类似于两个孩子在跷跷板上体验和享受的上下运动和平衡，一个儿童跷跷板。

换句话说：您们谈到了物理学的杠杆定律。

我对平衡以及如何实现平衡非常感兴趣。

而且，如果我没记错的话，有一些词或短语是关于，在跷跷板上爱会发生什么。

物理学告诉我们如何实现杠杆两端两个作用力的平衡。

在读过您的采访之后，我做了一个十英寸的跷跷板模型。我拼尽全力也无法平衡两个杠杆和两个作用力的力量。

我又做将模型的尺寸增大到两米。

我再次意识到让我的跷跷板达到完全或至少 98% 的平衡

是多么困难。

我问自己，梅钦博士和您是否已经准确地谈到了关于爱的这一点。

重点是：我想知道我是否可以得到一份您的采访拷贝。

或者仅有您和梅钦博士关于"平衡"这一主题的谈话的简要摘录也好。

如果需要支付费用的话，我在埃尔姆斯霍恩的兄弟会付钱。

我非常希望我能得到一个肯定的答复。

无论如何，谢谢您的采访。

我的小细胞也对您说同样的话：

谢谢！（德语）谢谢！（日语）

……

我深受触动，开始回复他：

亲爱的先生……

望您一切都好，在疫情这段时间多加保重。

资料在文章最后的附件中。当然，您不必支付任何费用。

您的来信让我深有感触，做一个跷跷板模型简直是一个绝妙的想法，而有趣的是，它并没有办法达到完全平衡。

也许是因为虽然浪漫的爱情很重要，至少梅钦博士是这样说的，但只相信这种形式的爱并不是明智。她是这样对我说的：

"我的研究教会我认识和欣赏生活中所有形式的爱。许多人花太多时间去寻找浪漫的爱情，忘记了自己身边其他形式的爱——这些爱对我们的生存至关重要。希望您能有很多朋友，因为没有朋友的生活要比没有浪漫爱情的生活困难得多。朋友对健康和幸福有着重要影响。朋友是您人生中第一个由自己选择的关系。与朋友一起，您的生活中充满了爱。而您身边有更多的爱：我有三只狗，我拥有更多的爱。有人爱上帝，上帝也会回报他们的爱。此外，还有孩子、父母、祖父母的爱。拥有浪漫爱情是美丽而重要的，但我们西方人倾向于认为它是最重要的爱。不是这样的。你所需要的只是爱——无论何处。"

梅钦博士说，如果你身边有 15 个关系密切的人，这是一种福气。这样看来，如果只有两个人坐在上面，你的跷跷板或爱的天平就无法平衡。平衡需要更多的人。

• • •

我躺在我的那张心爱的沙发上。我听到莱奥尼趴在我受伤的小脚趾上打鼾，我又被困在浴缸里了，索菲亚和苏珊帮我包扎。索菲亚带着紫色的艾莎公主创可贴，苏珊带着她的一种神秘药膏，她一直忙于处理全家人的小伤小痛，昨天早上，威利身体没有力气，索菲亚割伤了小手指，莱奥尼一直在打喷嚏。苏珊带着她的药物从一个房间跑到另一个房间，索菲亚是三个人中最勇敢的一个。

威利在看电视，弗兰齐斯卡在听音乐，索菲亚跟着苏珊笨拙地走下楼梯，妄图霸占 iPad，只有赫尔加没发出声音，但我透过窗户看到了她。她正跑向鸡群，打开温暖的红灯。下雪了，就像好多年都未下过一样，大片的雪花，落了一整天。赫尔加只穿了一件套头衫，款式很好，黑白相间，她还打着索菲亚的儿童雨伞，颜色鲜艳，上面还挂着一只泰迪熊玩偶。

我慢慢爱上了这些人。

我仍然记得我们坐在厨房里的时候，那时我们还没搬进来，弗兰齐斯卡已经怀孕六个月了。特蕾莎、约翰娜、索菲亚？给女儿取什么名字呢？突然间，赫尔加说出了她母亲的名字，她从来没见过的母亲。我们互相看着彼此。是的，我们取了这个名字。

不是索菲亚。这是她的中间名。我在这本书中用这个名字，是因为我们希望保护女儿的样貌和名字。

当赫尔加告诉我们她母亲的名字时，我们什么都没想——只觉得这名字很好听。将姓氏传下去是一件很有意义的事情。在这所房子里待了几年后，我在其中看到了更多。

欧洲人总是说，一个人活到了五代人的岁数，并把他们留在身边。祖父母，父母，你自己，孩子，孙子——和所有人一起生活，他们都是你的一部分。这种情况可能会延长。弗兰齐斯卡和我有机会活到六代，索菲亚则有机会活到七代。在她的名字中。

赫尔加的母亲生于 1911 年，可以一直活到 22 世纪。

"七代责任"原则可以追溯到北美的易洛魁联盟（Haudeno-saunee），这一联盟由五个部落组成，他们肥沃的土地地位于安大略湖和圣劳伦斯河之间。他们拥有高度发达的文明，但几个世纪以来，这里战乱频仍，直到和平缔造者召集酋长。他将五支箭系在一起，解释了凝聚力的力量。一根箭可以折断，将五根箭捆起来便无法再折断。由妇女掌权的易洛魁联盟随后创建了一个委员会，一个代议制民主国家，负责保卫和平，并给予个人极大的自由权。当英国殖民主义者在 18 世纪与易洛魁联盟人谈判时，赞扬了他们的政府形式与和平力量，马里兰州、宾夕法尼亚州和弗吉尼亚州的一位特使本杰明·富兰克林注意到了这一点。他更仔细地研究了他们的民主制度，并提出了在北美联合英国殖民地的计划。因此，易洛魁联盟成为美国宪法的核心。

易洛魁联盟的意思是"居住在长屋的人们"。他们住在 20 到 50 米长的房子里，许多家庭共同居住于此，两人共用一个壁炉，长屋便是一个大家庭，是他们文化的核心，代代相传。

易洛魁联盟充满活力的文化延续了七代人。当代人向前三代人学习——并传给后人。决策的制定方式既包括老一代人的知识，又包括对下一代的影响。这一原则既保留了传统又与时俱进，既可持续又负责任。

新的政治运动，尤其是环保活动家，认同这一原则，并使"七代责任"一词风靡一时。他们呼吁，在做重要决定时，要首要考虑七代人，涉及与文化同样大的范围。这对我来说似乎有些脱离生活。谁能把未来看得那么远，但每一代人都负有两个方向的责任，即过去三代和未来三代的智慧，我明白这一点，也深受触动。我们不仅有责任保护遗产，而且有责任创造遗产。有了这些认知，我在阅读这些给索菲亚的法语书时看到了更深的意义，这认知竟然是我父亲在我心中种下的，我却一直没意识到——我们三年前通过我的兄弟延斯的研究才发现——我们来自布列塔尼家族，拿破仑的战争把我们瓦格纳家族，以前的劳捷斯带到了德国。当弗兰齐斯卡的父亲弗兰茨带着他的竖琴走来时，他头脑中和手指上未被写下的乐曲和歌曲，如偷猎者之歌、维德勒之歌，在听起来像森林、雪和迷信的音乐中，我更能了解我内心的、虔诚的沉默，像魔法生物和杏仁，以及巴伐利亚森林被白雪覆盖的树木。

从这所房子中收获的东西，也会被带到我们以后的生活中，我在这三四年里学到的东西，是无可估量的。但对于弗兰齐斯卡和索菲亚来说，价值更大，她们巩固了自己的根基，倒推了三代，可以继承那些现在仍然存在、本来会失去的东西，诸如索菲亚的名字、瓷器传统、电影世界、房子和花园，不仅仅是这些，还有家庭的意义，威利还有赫尔加，他们俩都是在没有母亲的情况下长大的，我从未经历过这样的生活，赫尔加在圣诞节独自一人为三个人准备鹿肉，切片吃，或在疫情分发无数的蛋糕，每日的电话，子孙的拜访。他们俩如今都拥有了自己的家庭，拥有直系亲属，他们自己的孩子，还有和我们每日的朝夕相处，还有每天要吃的药物。现在弗兰齐斯卡正坐在威利的屋子里，为他重新设置 Wi-Fi，索菲亚坐在床脚，手里拿着蜂蜜三明治，头上留着冬日暖阳般金色的头发，威利爷爷现在也能看到海蒂了，幸福的人啊。

这种共同生活健康而自然，与易洛魁联盟的智慧相一致。当我目睹"未来星期五"运动并看到学生们如何与祖父母联合在一起时，我心中充满了希望。当我看到84岁的诺贝尔奖获得者格哈德·埃特尔谈起这些年轻人时，我也很高兴。是的，我们生活在一个医学和社会领域充满变革的时代，为了积极应对它，我们应该回首三代，再向前思考三代，无论我们是在谈论气候、正义、遗传学还是干细胞研究。只有世代相聚，我们才能做到这一点。在我与威利和赫尔加住在同一个屋檐下时，我才开始理解老一辈的人。亲近是关键。

· · ·

这种亲密感被病毒夺走了。老年人和年轻人被隔绝开来，这情有可原，也是正确的，这是灾难中的紧急措施，保护人们免受疾病和死亡的威胁。

但这并不人道。从长远来看，这种隔绝状态造成的疾病和死亡比病毒本身还要多。隔绝是种毒药，会荼毒人类，扼杀文化，甚至扼杀整个社会。

疫情过后，必须将老年人和年轻人重新结合在一起。

提到这所房子：我们的愿望是，四世同堂，朝夕共处。但我们也拥有对自由空间的渴望，而这种渴望因疫情而越发强烈。因为我们不想彼此传染。而且因为两个相互矛盾的基本需求过于接近，只有我们的催化剂，这个模型建立在这两个基础上，最年轻的和最年长的。他们是我们的软肋。他们需要在社会中得到保护。这就是社会的意义。所以我们想要同时拥有亲密和自由。对此，解决方案很简单，就在于房子的建筑结构。如果我们想长期生活在一起，我们必须为他们创造一个保护区域，在让威利不被打扰的同时，守护索菲亚的天性，因为他们的健康都很重要。对我们而言，最好的解决办法将是建造另一个小房子，并在房子中划定一块地方，我们每天都可以在那里见面。

如果我们没有建造另一个房子的空间，我们会尝试重建旧房子。我和《南德意志杂志》的同事帕特里克·鲍尔曾经和一位日本建筑师藤本壮介交谈过，他擅长打破空间的限制，这在狭窄的日本往往是必不可少的，而且即便是在小面积的住宅仍然可以创造出自由空间。

在一起和分开，就像呼吸一样自然，呼入呼出，年轻人呼吸，老年人呼吸。

也许这也将成为一个新社会的典范，包容而平衡。

30

春 天

"生与死"

　　我们的圣诞树仍然立在门旁。赫尔加摘掉了树上的圣诞装饰品，挂上了复活节彩蛋，五彩缤纷。她还在花园里放了一个。"这是复活节兔子弄丢的"，当索菲亚找到彩蛋时，赫尔加说。随后，索菲亚肯定会装作沉思的样子，绕上很多圈，说复活节兔子已经来过花园了。弗兰齐斯卡摇摇头，说三月初了。

　　我们的春天比日历上来得早。房子旁边的小山上一有藏红花点缀，我们的春天就到了。黄色、白色、淡紫色、紫罗兰色。数百朵花自由散落在草地上。索菲亚坐在其间。

　　露尾甲、草蛉虫，空中的山雀、燕子，树上的秃鹰。乌鸦在烟囱上搭了窝，另一只乌鸦飞了过来，张开黄色的喙，伸展尾巴，准备进行一场战斗。

　　天色逐渐暗了下来，凉风轻轻吹拂着，苍白的芦苇和五颜六色的彩蛋随风舞动，威利还是不敢走出门。但我们已经开始在抖被子了，还在花园的桌子上铺了垫子，呼吸着吹走冬日草本气息的微风。

经过几天的阳光照射后，四月到了，是时候打理花园了。就像我父亲说的："我们必须照料我们的花园。"耙子、大剪刀和喷壶都准备好了，弗兰齐斯卡拾起了最后一片叶子和草地上的棕色苹果，苏珊修剪野玫瑰，赫尔加为草莓盖上地膜，索菲亚用手推车运送化肥并用表层土填满，两只狗跟在她身边。倒到土里和黏土桶里！用种植器在土里戳几个洞，放入淡青豆。在苗床上种萝卜、番茄、豌豆。

浇水，第一批幼芽长了出来，面对新生命，索菲亚心跳加速，就像小羊出生时那样。

威利也敢出门了，先是苏珊走进他的房间，"不，我不喜欢"，然后是我，"不，洛伦兹，以后再说吧"。最后是弗兰齐斯卡，她有她自己的办法，而不是一进门就发问。她让他待在右手边，苏珊在左手边，就这样，他度过了艰难的日子。

护工现在每天早上来家里，帮威利洗衣服和穿衣服，这样能减轻赫尔加的负担。允许帮助首先要费点力气。

而新尝试的药物，缓解了他脚部的踩棉感，也减轻了疼痛，然而好奇心也随之消失了，连续几天他都无法集中精力，直到苏珊说：不！

他还有些轻微感染，咳嗽。他像个孩子一样叫赫尔加。我们都为他感到难过，像个孩子一样。

他的云杉也死去了，150岁，四个男人和两把锯让它倒下。

我仍然记得去年夏天威利和我坐在这棵树下，他给我讲述他的花园。他的花园实际上就是他的树群。他给我细数了所有树木：这两棵橡树世代相传，供松鼠填饱肚子，入口处的栗子树、栅栏边的菩提树、山毛榉、枫树。还有金云杉，这是他自己种的第一棵树，在苗圃里从小小的一株树苗逐渐长大。苹果树，也是自己种的，我们的冰碛土含有大量砾石和水流，很适合种这种树。十余种树聚集在他的"公园"，正如他所说的那样。还有那棵最高、最古老的树：云杉。

啊，天哪。

在锯子到来之前，威利已经开始痛苦了。苏珊和赫尔加坐在苏珊的房间里，心情也很低落，弯着背脊，耷拉着嘴角。

"唉"，赫尔加说，"威利很悲伤，我又何尝不是呢，我喜欢站在它下面，抬头望向天空，当我去后院看鸡群时，它也总是保护着我"。

"我也很难过"，苏珊说，"我在努力不去想这件事"。

"它真的会生树皮甲虫吗？"赫尔加问。

"是的，我今天又去看了，把甲虫和图片做了对比。护林员没说错。"

"那就这样吧"，赫尔加顿了顿，又说："树也总有一天会死的。"

工人们到了后，威利就躲在他的房间里，没有看向窗外。他不想面对死亡，不想这样。

早上，工人爬上树梢，25 米高，拉紧绳索，锯掉粗壮的树枝，只剩下树干，咖啡时间，树的顶部被锯断，四点左右，最后一段也在黄昏到来前倒下，索菲亚紧紧抓住我的脖子，房子和地面都发生了剧烈的颤抖。

整整一个星期，整条街都散发着云杉、木头和锯末的气味。

整整一周，威利都没有和我们一起吃早餐或喝下午咖啡。"我已经决定了"，他对赫尔加说，"我要卧床不起"。

他伤了我们的心。我们决定做点事情。

威利被女儿和外孙女搀扶着，裹着赫尔加圣诞节送给他的深绿色羊毛外套，走进花园，没有用助步车，两人将他带到躺椅旁，那里被阳光晒得暖暖的。树桩就在距离十米的位置，正是将来我们的房子被建起的地方。在我们脚下，树根仍旧隆起。我从未见过威利如此虚弱，他的脸看起来那么陌生，双目无神，脸色也不好，丢了魂似的。弗兰齐斯卡给威利披上了毯子，围住他的脖子，只露出了脸。他坐在花园里，仰望着这片天空，泪水填满了他的眼眶，花园上空撕开了一个巨大的洞。

索菲亚走过来，她将一把小椅子放在威利的脚前，在弗兰齐斯卡的帮助下，排成一排，第二把椅子，第三把、第四把和第五把。我必须坐在最前面，她在后面，"你是火车司机"。

突，突，突，火车，谁想坐火车？我不想一个人开车，我会带外公一起去。

还有苏珊、赫尔加、妈妈、索菲亚和爸爸。我们一起唱歌，我能感觉到威利在我身后微笑，我们在那里坐了很久，索菲亚一直在梳理她的玩具小马，喂它锯末，"白巧克力"，我们呼吸着树的气味，我们谈论那棵树，赫尔加谈论它的眼泪、松香，苏珊谈论那些黑点，树脂燃烧，弗兰齐斯卡谈论我们旁边的巨大树桩，还有树桩的光滑表面。"我们想用这个"，她说，"为我们的新房子建一张桌子"。威利抬起头说："很好。这样，这棵树就还在这里。"他平心静气地说。

没了云杉之后，花园变得多宽敞啊。有多少光可以落进花园里啊。是的，天空有一个巨大的洞，它被撕裂了。但光线却透了进来。这就是生命，这就是事物的发展方式，我们人类，即使是我们当中最智慧的人，也永远无法改变。

偶尔，我会站在街上，抬头看看房子。那张憔悴的三角状的面容朝我微笑。我比我们把索菲亚带到这里的那天更加聪明、清醒了。我可以把那间"女士休憩室"中的笔记、图片和研究资料统统扔掉了。

堆积如山的文件旁边是最后一个未被拆开的包裹。包裹来自美国，霍瓦斯的时钟。它可以测量我的真实年龄，我的生命时钟走得有多快，我是否应该担心。但我不会打开它，也不想知道。我也没有时间。我还要用时间来生活。"索菲亚！弗兰齐斯卡！写完了。"

致谢

感谢

索菲亚的每一分钟

赫尔加的暖心与贮藏室

苏珊的笑容，狗狗和抽血

威利的话语，这将伴随我的一生

比尔吉特和霍斯特，我亲爱的父母

克里斯蒂安、延斯、托尔斯滕和弗兰茨，让我成为你们家庭的一员

感谢弗兰齐斯卡的爱

感谢

施蒂凡妮·特维娜的信任

马里昂·普鲁斯宝贵的审稿意见，还有你的耐心和善良

蕾吉娜·卡斯滕斯认真细致的编辑

阿尔菲奥·富尔纳里的支持和指导

戈特曼出版社，以及我的代理处兰德威尔

感谢——科学认知和精彩的谈话：

尼尔·巴茨莱教授，

美国阿尔伯特·爱因斯坦医学院衰老研究中心主任以及美国国立卫生研究院内森休克中心主任

史蒂芬·霍瓦斯教授，
加利福尼亚大学洛杉矶分校，人类遗传学和生物统计学教授

安娜·梅钦博士，
牛津大学实验心理学系进化人类学家，国际畅销书《爸爸的一生》作者

伊莎贝尔·曼苏伊教授，
苏黎世大学神经表观遗传学教授，苏黎世联邦理工学院神经科学研究所副所长，欧洲科学院院士

大卫·辛克莱教授，
哈佛医学院遗传学系教授，保罗·F.格伦生物衰老生物学中心主任

埃琳娜·斯拉格博姆教授，
莱顿大学分子流行病学系教授兼系主任，“莱顿长寿研究”负责人

感谢对本书的建议、复读及评审：

安德里亚斯·纳都勒教授，

慕尼黑–路德维希–马克西米利安大学医学院生物化学教授兼阿道夫·布特南特研究所所长